_____님께

감사하며 드립니다.

경영의 품격

고두현의 황금 서재

2

경영의 품격

고두현 지음

한스미디어

서문

고독한 결단의 순간에 더 존경받는 리더
-대한민국에서 CEO로 산다는 것

 우주선 아폴로 13호가 고장 난 것은 달의 중력장 속으로 진입했을 때였다. 안테나와 컴퓨터 스위치, 연료전지가 망가져 통제 불능 상태가 돼버렸다. 보조 우주선이 폭발했고 산소탱크엔 구멍이 뚫렸다. 달 착륙은커녕 무사귀환이 최우선 과제였다.

 관제센터에 비상이 걸렸다. 총책임자인 진 크랜즈는 짧은 시간에 수많은 대안을 떠올린 뒤 "달 궤도를 계속 돌면서 달의 중력으로 추진력을 얻어 자동 귀환 작전을 펴라"고 지시했다. 그러면서 이렇게 외쳤다. "우리는 우주에서 단 한 명의 미국인도 잃은 적이 없다. 그리고 내 눈앞에서 그런 일은 벌어지지 않을 것이다!" 그의 기민한 대처로 아폴로 13호는 산소와 전력 부족, 비상 엔진 분사 등의 난제를 해결하며 극히 희박한 확률을 뚫고 지구로 귀환할 수 있었다.

 고독한 결단의 순간에 더 빛나는 리더의 전형이다. 모든 리더는 이처럼 '최고의 결정'과 '최악의 결정'이라는 경계선에 서 있다. 리더가 상황을 어떻게 판단하느냐에 따라 조직의 운명이 엇갈린다. 한 국가의 대통령이나 기업의 최고경영자, 프로스포츠팀 감독, 전쟁터의 지휘관도 마찬가지다. 뛰어난 판단력이야말로 리더십의 핵심 요소다.

나라면 이럴 때 어떤 판단을 내릴 것인가? 도전과 안정의 갈림길에서는 무엇을 선택할 것인가? 창의적인 발상과 다수결의 원칙 앞에서는 어떤 결정을 해야 하는가? 미래를 창조하는 경영의 비법은 어디에 있는가? 사람을 꿈꾸게 만드는 경영이란 어떤 것인가? 나에게는 어릴 때 씨앗을 심고 가꾸던 추억 속 '비밀의 정원'이 있는가?

탁월한 리더들은 이런 질문의 답을 알고 있다. 남다른 생각의 높이, 경영의 품격을 갖추고 있기 때문이다. 그 품격의 원천 중 하나가 책이다.

성공한 리더들은 대부분 책을 좋아한다. 한 권의 책, 한 구절의 문장을 통해 자신의 품격을 높인다. 책을 대하는 자세와 독서하는 방법도 남과 다르다. 한 권을 읽더라도 성공의 원인을 면밀히 분석하고 어떻게 응용할지를 연구한다. 책 속의 지식을 자기 것으로 완전히 체화하고 실천함으로써 독서와 경영의 품격을 동시에 끌어올린다.

이런 사람들은 책 읽는 데 들이는 시간과 노력을 '비용'이 아니라 '투자' 항목으로 잡는다. 투자한 만큼 꼼꼼히 읽는다. 그러니 성과도 크다. 이들은 사소한 것에서 특별한 것을 발견할 줄 안다. 나무를 자세히 보면서 숲 전체의 모습도 훤히 그린다.

성공의 결과보다 그렇게 되기까지의 과정과 배경을 눈여겨보는 것도 이들의 특징이다. 남들이 미처 보지 못하는 것들을 기막히게 찾아낸다. 책에서 배운 것을 현실에 접목하는 데에도 적극적이다. 책 속의 지식은 현장에서 완성된다. 이 훈련을 반복하면 세상을 보는 눈이 더 달라진다.

《경영의 품격》도 이 같은 책읽기 과정에서 얻은 결실이다. 이 책은 '고두현의 황금 서재' 시리즈 중 두 번째 권이다.《생각의 품격》《교양의 품격》과 함께하는 시리즈의 문패를 '황금 서재'로 정한 이유는 따로 있다. 그동안 읽은 책과 그 속에 담긴 선각자들의 지혜 덕분에 생각의 층위를 하나씩 높일 수 있었기 때문이다.

수많은 책 가운데 가려 뽑은 명저의 핵심 메시지와 내용, 내가 읽으면서 느끼고 깨달은 점들을 녹여냈다. 엄선한 책은 각 70권 안팎, 모두 합쳐 200여 권이다.

  삼성, 현대, 포스코 등의 경영진이나 중소기업 CEO들이 추천한 책도 포함돼 있다. 문학다방봄봄 공부모임, 숭례문학당 토론 멤버들과 공유한 '공감도서'까지 들어 있다.

  다산 정약용의 독서법에서 큰 가르침을 얻었다. 다산은 책의 뜻을 새겨 가며 깊이 읽는 정독(精讀)을 중시했다. 꼼꼼하게 읽지 않으면 글의 의미와 맛을 제대로 음미하기 어렵기 때문이다.

  중요한 부분을 발췌해서 옮겨 쓰는 초서(抄書)도 귀하게 생각했다. 그걸 항아리에 담아뒀다가 항아리가 가득 차면 하나씩 꺼내 읽곤 했다.

  책을 읽다가 떠오르는 생각이나 느낀 점, 깨달은 것들을 기록하는 일도 게을리하지 않았다. 500여 권의 저서를 남길 수 있었던 비결이 여기에 있다.

  한마디로 '정독하고, 초서하고, 생각을 기록하는 독서법'이 다산의 공부 스타일이었다. 그는 유배지에서 아들에게 보낸 편지에서도

"책에서 핵심을 잘 잡아내면 일관되게 꿰는 묘미가 있다"고 했다.

다산은 또 부지런히 읽기를 권했다. 제자 황상이 '둔하고, 막혀 있고, 미욱한 점'을 걱정할 때 그 약점을 장점으로 삼을 수 있다며 '부지런하고勤, 부지런하고勤, 또 부지런하라勤'고 조언했다. 이것이 다산의 '삼근계三勤戒'다.

이를 스스로 실천한 그는 책상 앞에 오래 앉아 있느라 발목 복사뼈踝骨에 구멍이 세 번이나 났다. '과골삼천踝骨三穿'의 일화다. 앉을 수가 없자 선 채로 독서를 할 만큼 그는 잠시도 책을 놓지 않았다. 공자가 책의 가죽끈이 세 번이나 끊어질 정도로 독서에 매진했다는 위편삼절韋編三絶의 고사보다 더하다.

나는 이를 '다산의 3·3·3 독서법'이라고 부른다. 그 경지에는 도달하기 어렵지만 책 읽고 글 쓰는 공부의 등불로 삼고 있다. 그래서 책을 읽을 때마다 천천히 뜻을 새기고, 내용을 뽑아 옮기며, 생각을 메모하는 습관을 길렀다. 부지런함이야 '삼근계'를 따르지 못하고 진득하기야 '과골삼천'에 이르지 못하지만, 미욱함을 넘어서는 데에는 큰 도움이 되었다. 나아가 '경영의 품격을 높이는 독서법'까지 발견할 수 있었다.

바쁜 CEO와 임원들은 '현미경 독법'과 '망원경 독법'을 병행하라고 권하고 싶다.

스티브 잡스는 클레이튼 크리스텐슨 교수의 《혁신기업의 딜레마》에 나오는 "고객은 자신이 진짜 무엇을 원하는지도 모른다"라는 대목을 읽고 '고객의 새로운 니즈를 창조하는 방법'을 생각해냈다. 현미경처럼 가까이 감각의 렌즈를 들이대면 한 줄의 문장에서 세계 시장을 휩쓸 아이디어를 발견할 수 있다.

망원경 독법을 활용하면 전체 얼개를 조망하면서 큰 그림을 그릴 수 있다.

유니클로 창업자인 야나이 다다시 회장은 맥도날드 창업가 레이 크록의 책 《로켓 CEO》를 읽고 무릎을 쳤다. "푸르고 미숙하기 때문에 성장할 수 있다. 과감하게, 남들보다 먼저, 뭔가 다르게 하라"는 메시지에서 힌트를 얻어 맥도날드 시스템을 연구하고 이를 유니클로에 적용함으로써 매출 1조 원 목표를 단숨에 달성했다.

차례

서문 • 4

1장 결단의 순간, 무엇에 의지할 것인가?

모두를 살리는 선택의 비밀 《올바른 결정은 어떻게 하는가》 • 17

선택의 갈림길… 당신의 결정은? 《대통령의 결단》 • 22

리더가 되는 21가지 방법 《존 맥스웰 리더의 조건》 • 28

'변화의 물결' 놓치지 말고 빠르고 유연하게 판단하라 《판단력》 • 33

잡스를 프레젠테이션하다 《스티브 잡스》 • 39

두려움을 이겨야 위기를 지배한다 《위기를 지배하라》 • 46

스토리를 만든 뒤 전략을 세워라 《히스토리가 되는 스토리 경영》 • 53

역사·군사·경영의 흐름을 바꾼 '전략적 사고' 《전략의 역사 1, 2》 • 58

기업경영 성공과 실패의 역사를 말하다 《경영의 모험》 • 64

2장 도전과 안정, 무엇을 선택할 것인가?

상대의 마음을 움직이려면 성향을 파악하라 《어떻게 의욕을 끌어낼 것인가》 • 73

목표를 이루려면 '직원의 열정'을 끌어내라 《부스터!》 • 80

사용자 입장에서 보고 생각하고 창조하라 《구글은 어떻게 일하는가》 • 85

조직 변화를 꿈꾼다면 눈에 보이게 하라 《경영의 가시화》 • 90

보이는 조직이 강하다 《미에루카 경영전략》 • 96

치열하게 생각하라, 해답은 있다 《답을 내는 조직》 • 102

기업 혁신·성장의 키워드는 사람이다 《휴먼 시그마》 • 108

'일, 가정, 공동체, 자신'의 조화가 성공 이끈다 《와튼스쿨 인생 특강》 · 113
창조적 혁신… 수평조직을 키워라 《지금 중요한 것은 무엇인가》 · 119
실패, 자신의 습관에서 원인을 찾아라 《실패하는 사람들의 10가지 습관》 · 125
소리 없이 사라지는 돈을 잡아라 《마른 수건도 다시 짜라》 · 132
마음을 사로잡는 설득의 마술 '유혹' 《유혹의 기술》 · 138
인간과 사회, 시장의 본질을 파헤치다 《허드, 시장을 움직이는 거대한 힘》 · 144
경제학 프리즘을 통해 본 세상과 편견 《거의 모든 것의 경제학》 · 150
혁신보다 중요한 '피플 퍼스트' 경영 《한국인의 경영코드》 · 156

3장 창의적인 발상은 다수결과 다르다

스타벅스, 애플… 기존 사례에서 '힌트'를 찾다 《어떻게 미래를 선점하는가?》 · 165
혁신의 시대, 슘페터를 다시 읽다 《혁신의 예언자》 · 171
기업과 고객은 가치창출의 '동업자' 《새로운 혁신의 시대》 · 177
10년을 내다본 '도요타의 힘' 《도요타 제품 개발의 비밀》 · 182
기업의 흥망성쇠… '숫자 경영'에 달렸다 《숫자로 경영하라 3》 · 188
역경을 이겨내는 힘은 만들어진다 《절대 회복력》 · 194
백만장자 예술가의 몰락 《밴버드의 어리석음》 · 201

4장 미래를 창조하는 경영

'아마존'…'성장, 혁신'은 계속된다 《아마존, 세상의 모든 것을 팝니다》 • 211

미래를 만들어가는 '혁신의 승부사' 《엘론 머스크, 대담한 도전》 • 216

성공조건 갖춘 작은 도시가 글로벌 기업 키운다 《작은 도시 큰 기업》 • 221

'에너지 창의력'에 주목하라 《2030 에너지전쟁》 • 228

경쟁보다 협력으로 승부하라 《콜래보 경제학》 • 234

상상 이상의 미래… 예측하고 준비하라 《미래가 보이는 25가지 트렌드》 • 240

이코노미스트, 2050년 종합 미래예측서 《메가체인지 2050》 • 246

우주관광·뇌파소통·노화방지…미래를 대비하라 《유엔미래보고서 2040》 • 252

2030년 세계의 중심은 '아시아' 《글로벌 트렌드 2030》 • 258

세계 경제순위가 바뀐다 《넥스트 컨버전스》 • 263

그들은 어떻게 거목이 되었나 《새로운 자본주의 선언》 • 269

10년 후, 나는 무슨 일을 하고 있을까 《일의 미래》 • 275

과학기술이 '풍요의 미래' 연다 《어번던스》 • 281

5장 사람을 꿈꾸게 만드는 경영

미래의 디지털 소통… 약인가 독인가 《에릭 슈미트 새로운 디지털 시대》 • 289

흔들리는 세계 기축통화 달러…금융대전 '안전핀' 뽑히나 《커런시 워》 • 295

도시는 어떻게 인간을 더 풍요롭게 만들었나 《도시의 승리》 • 300

불평등이 경제성장 촉진… 풍요사회 만든다 《위대한 탈출》 • 306

한일 갈등 해법…'박태준의 지일극일'이 답이다 《박태준이 답이다》 • 312

차이나머니의 '자원 독식'을 막아라 《승자독식》 • 318
미·중 긴장구도가 금융위기를 불러왔다고? 《전쟁의 경제학》 • 324
초대형 은행들… 탐욕을 보라 《위험한 은행》 • 330
새로운 자본주의가 온다 《국가는 무엇을 해야 하는가》 • 336
사물인터넷 활용 공유경제 시대 온다 《한계비용 제로 사회》 • 342
100년 안에 지구상의 절대빈곤층 사라진다 《새로운 부의 시대》 • 347
덩치 커진 중국, 그래도 미국을 넘을 수 없는 이유 《미국의 세기는 끝났는가?》 • 352
검은대륙을 주목하라 《아프리카 파워》 • 358

6장 당신에게는 '비밀의 정원'이 있는가

길을 찾는다면 고전을 보라 《CEO, 고전에서 답을 찾다》 • 367
고전을 통해 배우는 내면의 깊은 성찰 《일침》 • 373
순간에서 영원을 보다 《시 읽는 CEO》, 《옛시 읽는 CEO》 • 378
언품이 있어야 마음을 얻는다 《언품》 • 388
인생을 바꾸는 한 줄의 힘… 어떻게 쓸 것인가 《명사들의 문장강화》 • 395
동서양사의 씨줄과 날줄을 꿰다 《종횡무진 역사》 • 402
진취적 개혁가 한 무제…2000년 중국 문명을 설계하다 《한 무제 평전》 • 408
고통 속에서 핀 꽃… 역작 '사기' 《사마천 평전》 • 414
나만의 비밀정원에 '10개의 씨앗'을 심자 《마이 시크릿 가든》 • 420

1장

결단의 순간, 무엇에 의지할 것인가?

모두를 살리는 선택의 비밀
《올바른 결정은 어떻게 하는가》

필 로젠츠바이크 지음, 김상겸 옮김, 엘도라도 펴냄

'허드슨 강의 기적'부터 얘기해야겠다. 2009년 1월 15일, 승객과 승무원 155명을 태운 에어버스320 여객기가 뉴욕에서 이륙한 지 얼마 안 돼 기러기 떼와 충돌해 양쪽 엔진이 모두 고장 났다. 허공에서 엔진이 동시에 멈춰버린 초유의 사태가 벌어진 것이다.

기장 체슬리 슐렌버거는 침착하게 관제탑에 무전을 보내고 뉴욕 라과디아 공항으로 돌아가는 방법과 뉴저지 주의 테터보로 공항에 착륙하는 방법 등을 냉철하게 고려했지만 모두 불가능하다는 결론에 도달했다. 고도가 너무 낮은 데다 양쪽 공항 중 어느 쪽에도 도달할 수 없는 절체절명의 상황이었다. 냉철하고도 신중한 판단이 필요한 순간, 일단 그는 허드슨 강에 비상 착륙하기로 결정했다.

그런 다음에는 모든 초점을 실행 모드에 맞췄다. 그는 허드슨 강에 불시착할 테니 구조대를 급파해달라고 관제탑에 요청했다. 그리고 온 신경을 집중해 고층빌딩이 밀집해 있는 맨해튼을 우회해서 강을 따라 고도를 낮추기 시작했다. 양 날개를 정확하게 수평으로 유지한 상태로 기수는 약간 위로 올라와야 했고 비행이 가능한 최소 속도를 유지하면서 기체가 수면과 평행을 이루도록 해야 했다. 그렇게 그는 살얼음판이 된 영하 7℃의 허드슨 강에 한 치의 오차 없이 불시착하는 데 성공했다.

그는 곧바로 여객기 앞쪽의 비상구 2개만 열고 뒤쪽 2개는 열지 않도록 조치했다. 기체가 떠 있을 시간을 벌기 위해서였다. 승객들은 비상구를 빠져나와 여객기 날개 위에 서서 구조를 기다렸다. 잠시 후 구조선이 도착했다. 여객기 동체가 창문 높이 정도 물에 잠길 무렵이었다. 기장은 전원 탈출 후 다시 한 번 기내에 남은 승객이 있는지 확인하고 마지막으로 구조됐다. 희생된 사람은 한 명도 없었다. 1시간 뒤 여객기는 수몰됐다.

올바른 결정에 필요한 2가지 열쇠

《올바른 결정은 어떻게 하는가 Left Brain Right Stuff》의 저자 필 로젠츠바이크는 이 과정에서 기장이 두 가지 핵심 요소를 완벽하게 갖췄기 때문에 기적을 이뤄낼 수 있었다고 말한다. 그것은 '이성적 사고 left brain'와 '이상적 자질 right stuff'이다. 이 책의 영문판 제목이기도 하다.

기장이 어느 공항에도 도착할 수 없는 극단적인 상황이라는 것을 파악하고 허드슨 강에 불시착하기로 판단한 순간까지의 과정이 '이

성적 사고'다. 도심 마천루 등 최악의 조건을 극복하며 동체 폭발 없이 강물 위에 무사히 안착할 수 있도록 이끈 실행 능력은 '이상적 자질'에 해당한다.

그는 "이 사례야말로 하나의 사고방식에서 다른 사고방식으로 전환함으로써 계획적인 사고의 혜택을 얻은 다음 초점을 바꿔 온전히 실행으로 옮긴 최고의 본보기"라고 평가했다.

그는 "좌뇌로 대변되는 '논리적 판단'과 반드시 해낼 수 있다는 '불굴의 의지'야말로 올바른 결정을 내리는 데 필수적인 요소"라고 말한다. 이는 저자가 스위스 국제개발경영대학원IMD 교수이자 컨설턴트로서 오랫동안 리더들이 어떻게 결정을 내리는지 살펴본 결과여서 더욱 관심을 끈다.

의사결정에 관한 기존의 원칙들을 뒤집다

그는 "자신의 운명을 통제할 수 없다고 생각해서 결과에 괴로워하기보다는 그것을 통제할 수 있다고 생각하는 것이 더 바람직하다"고 말한다. 아무것도 할 수 없다고 생각하는 것보다 뭔가 할 수 있다고 믿는 오류를 범하는 게 훨씬 낫다는 것이다. 심지어 "올바른 결정을 내리기 위해서는 현실을 왜곡할 수 있을 만큼 자신감을 가져야 한다"고 주장한다.

그런데 지나칠 정도의 자신감이 오히려 올바른 결정에 도움을 준다니 이상하기도 하다. 기존 의사결정 원칙들과는 정반대 개념이 아닌가. 하지만 그는 여태까지 올바른 결정의 방해 요소로 꼽혀온 확증, 과신, 기저율(의사결정에 필요한 사건들의 상대적 발생 빈도) 무시, 위치 상향 인식, 과대평가 등도 나쁜 요소가 아니라고 반박한다.

올바른 선택이 생존을 좌우한다

그는 1970년 달 탐사선 아폴로 13호의 폭발사고 사례도 분석한다. 짐 러벨 등 3명의 승무원을 태운 아폴로 13호가 지구에서 약 32만 2000km 떨어진 상공에 도달해 달의 중력장 속으로 진입했을 때 사고가 터졌다. 곧 주모선主母線이 고장났고, 안테나가 오작동을 일으켰으며, 컴퓨터 스위치가 망가졌다. 연료전지도 작동하지 않아 통제불능 상태가 돼버렸다. 보조 우주선 폭발로 극저온 장치와 연료전지가 찢겨져 나갔고, 산소탱크에 구멍이 뚫렸다. 순식간에 미션 목표가 바뀌었다. 달 착륙이 아니라 무사귀환이 문제였다.

비행 총책임자인 관제센터의 진 크랜즈는 갖가지 대안을 고려한 끝에 자동귀환 궤도를 따라 비행하라는 지시를 내렸다. 계속 달의 궤도를 돌면서 달의 중력을 이용해 추진력을 얻으려는 생각이었다. 그러면서 이렇게 외쳤다. "우리는 우주에서 단 한 명의 미국인도 잃은 적이 없다. 그리고 내 눈앞에서 그런 일은 벌어지지 않을 것이다!" 결국 아폴로 13호는 산소와 전력 부족, 이산화탄소 축적, 비상 엔진 분사 등 수많은 문제를 해결하면서 지극히 희박한 확률을 뚫고 사흘 만에 무사히 귀환했다.

이 과정 역시 올바른 결정의 전형을 보여준 것이다. 돌발상황에서 논리적인 판단력으로 '이성적 사고'를 하고, 모든 문제를 하나씩 분류하며 해결하는 '이상적 자질'을 발휘함으로써 '모두를 살리는 올바른 결정'을 할 수 있었던 것이다. 이처럼 추락하는 비행기와 우주선에서도 살아남는 결정의 비밀이 곧 '이성적 사고 & 이상적 자질'이라는 것과 이 두 열쇠가 우리 일상의 모든 분야에도 그대로 적용된다는 것을 그는 동시에 일깨워준다. 전작《헤일로 이펙트Halo Effect》에서 비즈니스계에 만연한 '후광효과' 등 9가지 망상을 지적한 방식대로 이 책 역시 치밀한 논증으로 빚어낸 것이어서 설득력이 크다.

함께 읽으면 좋은 책

- 《심플러》
  카스 R. 선스타인 지음 | 장경덕 옮김 | 21세기북스
- 《똑똑한 사람들의 멍청한 선택》
  리처드 H. 탈러 지음 | 박세연 옮김 | 리더스북

선택의 갈림길… 당신의 결정은?
《대통령의 결단》

닉 래곤 지음, 함규진 옮김, 미래의창 펴냄

1945년 7월 16일 오전 5시 29분, 미국 뉴멕시코 주의 외딴 사막 한가운데서 최초의 원자폭탄이 폭발했다. 세계 최고 물리학자들이 미국 정부를 위해 몇 년간 20억 달러 이상의 비용을 쓰며 추진하던 일급비밀 계획 '맨해튼 프로젝트'가 완성되는 순간이었다. 이 프로젝트에 몸담았던 과학자들과 민간인들은 이 신무기를 어떻게 사용할 것인지 잘 몰랐다. 그러나 이 계획을 진행하던 군과 행정부 인사들은 이 폭탄을 최대한 빨리 일본에 떨어뜨려 전쟁을 끝내야 한다고 확신했다.

트루먼 대통령도 마찬가지였다. 프랭클린 루스벨트 대통령의 갑작스런 서거로 '부통령직을 맡은 지 석 달 만에' 대통령직을 떠안게 된 트루먼은 전쟁 수행의 여러 측면을 빠르게 파악하고 있었다. 그 중에는 '그 폭탄(원자폭탄을 지칭한 용어)'에 대한 일도 포함돼 있었다.

막 취임한 대통령이 그렇게 역사적인 결정과 바로 마주 섰던 일은 일찍이 없었다. 좋든 싫든 그 결정은 그의 대통령 임기를 성격 지을 것이며, 어떤 점에서는 20세기의 성격 자체도 결정지을 사안이었다 (그는 결국 원자폭탄 투하로 일본의 항복을 받아냈다).

트루먼은 '결정을 놓고 전전긍긍하는' 유형이 아니었다. 그는 전무후무할 정도로 자신의 감과 배짱을 믿는 대통령이었으며 빠르고 확실하게 행동하는 자신을 자랑스러워했다. 그는 자신에게 쏟아지는 비난을 진지하게 생각했고 집무실 책상에 앉아 이렇게 말했다. "최종 책임은 내가 진다." 그리고 대통령에게 주어지는 압력에 관해 유명한 말을 남겼다. "뜨거운 열기를 못 견디겠으면 주방에서 나가야지."

그러나 한국전쟁이 가장 치열한 상황에서 맥아더 장군을 사령관 직에서 해임한 결정은 그를 몇 달 동안이나 괴롭히게 된다. 여러 해가 지나 그는 맥아더 장군을 해임할 때까지 너무 오래 기다렸으며 그를 몇 달 전에 해임했어야 옳았다고 탄식했다. 그는 자신의 행동이 옳았다는 데 대해서는 결코 회의하지 않았고 오직 그 시기만 후회했다.

첫 번째 장면은 트루먼 대통령이 원자폭탄 투하로 제2차 세계대전을 종결지은 과정, 두 번째는 중국과의 전쟁도 불사하겠다는 맥아더 장군을 해임함으로써 '탄핵 위험까지 감수하면서도 전쟁 확산을 막은' 결정에 관한 대목이다.

나라의 운명을 바꾼 미국 대통령 13인의 결단

《대통령의 결단》은 이처럼 국가의 운명을 바꾼 미국 대통령 13명의 이야기다. 리처드 닉슨 대통령의 중국 방문 결정, 토머스 제퍼슨 대통령의 루이지애나 매입 등 국가지도자의 결정에 얽힌 일화가 흥미롭게 전개된다.

저널리스트이자 베스트셀러 저자인 닉 래곤은 이 책에서 미국 대통령들의 직무에 대한 가치평가를 하는 게 아니라 그들이 주어진 상황에 어떤 결정으로 국가를 이끌어갔는지를 집중적으로 관찰했다. 그러나 링컨은 좋은 대통령이고 닉슨은 나쁜 대통령이었다는 식의 이분법적 판단은 하지 않는다. 로널드 레이건 대통령은 무슨 생각으로 대통령으로서의 위엄과 체면을 무시하고 소련을 '악의 제국'이라 몰아대며 극단적인 비방을 서슴지 않았는지, 왜 존 F. 케네디 대통령이 막대한 국가예산을 들여 아폴로 프로젝트를 2년 만에 성공시키라며 실무자들을 압박했는지 등을 이야기체로 쉽게 풀어낸다.

여기에 대통령의 발언과 편지, 연설문, 인터뷰, 관계자들의 증언, 보도자료를 입체적으로 곁들여 신빙성을 더한다. 등장인물은 토머스 제퍼슨에서 버락 오바마까지, 1800년에서부터 현재까지 미국을 움직이는 최고지도자들이다.

신생 독립국인 데다 불안정한 연합체제로 시작한 미국이 영토를 확장하고 정치적 안정을 이루어 성장하면서 세계 최강국으로 도약하는 과정에서 대통령들은 수많은 선택의 갈림길에 서야 했고, 고뇌에 찬 그들의 결정이 역사의 흐름을 바꿨다. 그렇지만 그들이 항상 좋은 평가를 받은 것은 아니다. 대통령들은 거센 반대여론과 의회의 반발을 잠재울 방법을 고심하고, 반대파들의 의견을 수렴하고 그들을 설득하며 뜻을 펼칠 때를 기다렸다. 때로는 저돌적으로 몰아붙이고, 적을 이용하고, 우회적인 방법을 쓰기도 했다.

이들이 다 성공한 것도 아니었다. 윌슨 대통령은 국제연맹 가입을 의회에서 통과시키기 위해 미국 전역을 돌며 국민에게 호소하고 고립주의 정치인들을 설득하기 위해 고군분투했지만 결국 뇌졸중으로 쓰러지고 말았다. 옳은 결정이라도 당시에는 환영받지 못하고 온갖 불이익을 당하기도 했다. 나중에야 국가의 미래를 위한 결정이었다고 재평가된 결정들도 있다.

과감한 결단력과 뛰어난 정치력에서 나온 진정한 리더십

테디 루스벨트(시어도어 루스벨트) 대통령의 파나마운하 건설 관련 내용을 보자. 그의 외교정책은 무엇이든 이 운하를 중심으로 돌아갔다. 운하를 건설하면 미국 해군력에 크고도 요긴한 도움이 될 것이고 아메리카 대륙에서 누구도 넘보지 못할 패권을 장악하게 될 것이며, 세계열강의 하나로 우뚝 설 발판을 마련하게 될 것이라고 믿었다.

"대통령으로서 그의 첫 번째 지시는 국무장관에게 영국과 조약을 재협상하면서 미국이 지협 관통 운하를 건설하고 운영하며 방비하는 일에 아무런 제약이 없게 하라는 것이었다. 국무장관은 곧바로 임무에 착수했고 루스벨트 취임 두 달 만인 1901년 11월 대통령의 마음에 들 만한 협상 결과를 보고했다. "흡족하오!" 백악관의 반응이었다. 상원 역시 그랬으며 비준은 빠르게 처리됐다."

프랭클린 루스벨트가 제2차 세계대전을 승리로 이끈 '무기대여법' 제정 과정도 재미있다. 저자는 "'미국의 세기'를 이룩함에 있어 무기대여법은 파나마운하와 더불어 세계 속에서 미국의 역할을 크게 바꾼 계기였다"고 평가한다.

"냉전이 진행되면서 루스벨트가 말한 '민주주의의 무기고'는 빠르게 '세계의 경찰'로 바뀌어갔다. 서유럽은 황폐해지고 동유럽은 철의 장막에 갇히고 중국은 공산화로 치닫는 상황에서 미국은 자유와 자본주의를 위해 세계의 총독 역할에 나서는 수밖에 달리 선택의 여지가 없었다. 프랭클린 루스벨트의 수많은 업적과 성공 중에서 무기대여법은 별로 언급되지 않는다. 뉴딜정책, 대공황 극복, 제2차 세계대전 중 2개의 전선에서 승리를 거둔 일 등은 갈채를 받아 마땅하며 그 밖에도 몇몇 위업들을 상찬할 수 있다. 하지만 그것만 보는 것은 좁은 시야다. 그 사실은 만약 루스벨트가 무기대여법안을 마련하지 않았더라면 전쟁이 어떻게 끝났을지 상상해보기만 하면 바로 알 수 있다."

그는 이런 대통령들의 면모와 그 결정에서 하나의 공통점을 발견했다. 그것은 바로 과감한 결단력과 뛰어난 정치력에서 우러나오는 진정한 리더십이다. 미국 번영의 기초를 닦고 일류국가로 발돋움시킨 토머스 제퍼슨과 링컨, 테디 루스벨트부터 초강대국 미국을 만든 프랭클린 루스벨트와 트루먼, 냉전에서 승리하고 '세계의 경찰국'으로 우뚝 선 미국을 만든 아이젠하워와 케네디, 존슨, 레이건, 미국에 평등한 국민복지의 장을 열기 위해 의료보험제 개혁이란 칼을 빼어든 오바마의 리더십을 지금 되짚어보는 의미도 여기에 있다.

함께 읽으면 좋은 책

- 《대통령의 리더십》
  마이클 베슐로스 지음 | 정상환 옮김 | 넥서스BIZ
- 《대통령의 말하기》 윤태영 지음 | 위즈덤하우스

리더가 되는 21가지 방법
《존 맥스웰 리더의 조건》

존 맥스웰 지음, 전형철 옮김, 비즈니스북스 펴냄

성공한 리더들의 특별한 방법

지혜로운 경영자들은 어떤 리더의 조건을 갖춰야 하는가. 어떤 조직은 유능한 지도자의 능력으로 승승장구했고, 어떤 조직은 잘못된 리더의 오판으로 파산하기도 했다. 사람을 끌어당기고 성과를 끌어올리는 리더는 어떤 DNA를 가지고 있는 걸까.

리더십의 대가 존 맥스웰이 쓴《존 맥스웰 리더의 조건》은 전작 《리더십 불변의 법칙》과 함께 리더십의 바이블로 평가받는 명저이다. '리더를 키우는 리더'로 유명한 그가 '뛰어난 리더들만이 지닌 자질'의 핵심요소들을 담아냈다. 벤저민 프랭클린과 오프라 윈프리 등의 일화를 통해 이른바 '최고의 리더를 닮아가는 21가지 특별한 방법'을 알려준다.

그는 이 책에서 수많은 성공 리더들의 사례에서 그 자질을 하나씩 뽑아내고 분석한다. 리더의 어떤 면이 사람들을 끌어당기는지, 왜 사람들은 특정 리더를 열정적으로 따르는지, 리더십에 해박한 이론가와 실제 현장에서 리더로 성공한 사람의 차이는 무엇인지를 개인의 성품과 자질에 맞춰 해부한다.

첫 번째 자질인 '성품'에 대해서는 "바위처럼 되어라-성품은 순간의 비용보다 가치 있다"(빌 리어), 두 번째 자질인 '카리스마'에 대해서는 "첫인상이 결정한다-상대방이 스스로 오게 하라"(벤저민 디즈레일리)는 가르침을 전한다. 이를 통해 "리더십이란 사람들을 하나의 공통된 목표에 규합시키는 의지와 능력, 그리고 신뢰감을 심어주는 성품"(버나드 몽고메리)이라는 것을 일깨워준다.

세 번째로 '헌신'의 중요성과 관련해서는 미켈란젤로와 에디슨의 이야기를 접목한다. 먼저 미켈란젤로가 시스티나성당 천장화 작업을 수락하고 그린 과정을 보자.

"현대 학자들의 연구에 의하면, 사실 그러한 수락의 이면에는 당시 미켈란젤로를 질시했던 라이벌들의 계략이 있었다고 한다. 미켈란젤로가 일을 거부하여 교황의 환심을 잃거나, 설사 일을 맡는다 하더라도 평판이 떨어지게 될 거란 생각에 이 일을 맡도록 그를 몰아댔다는 것이다. 하지만 일단 일을 받아들인 미켈란젤로는 혼신의 힘을 다해 그 일에 몰두했다. 오히려 예수의 12제자를 넘어 창세기에 나오는 9가지 장면을 뽑아 400명이 넘는 인물을 그려나갔다. 그것은 헌신이었다."

그는 미켈란젤로의 방법이 쉽지 않다면 에디슨의 방법을 사용해 보라고 권한다.

"만일 헌신으로 가는 첫 단계에 문제가 있다면 토머스 에디슨이 했던 것처럼 해보는 것도 좋다. 그는 좋은 발명품에 대한 아이디어가 떠오르면 각 신문사에 전화를 걸어 기자회견을 예고했다. 그러고는 곧장 연구소에 들어가 어떻게든 그 시간 내에 발명을 마무리했다. 자신의 계획을 사람들 앞에서 공포하라. 그것을 이루기 위해 더욱 헌신하는 자신을 보게 될 것이다."

소통하고 싶다면 메시지를 단순화하라

또 '소통'은 단순히 우리가 말하는 내용만을 의미하는 것은 아니라며 "말하는 방법이야말로 가장 중요한 포인트"라고 강조한다. "어떤 교육가들의 가르침과는 반대로 효과적인 의사 전달의 열쇠는 '간단함'에 있다. 거창한 말이나 복잡한 문장으로 사람들에게 깊은 인상을 주려는 생각은 버려야 한다. 사람들과 진정으로 통하고 싶다면 메시지를 단순화시켜라. 나폴레옹은 그의 부관들에게 늘 이렇게 말했다. '누구나 알 수 있게, 누구나 알 수 있게, 누구나 알 수 있게 하라고!'"

그는 최고의 전천후 커뮤니케이터였던 로널드 레이건 전 미국 대통령을 예로 들면서 "소통에 미숙하다면 당신은 늘 혼자일 것이며 소통에 익숙하다면 당신은 늘 인기를 끌 것"이라고 말한다. 메시지를 전달하는 글쓰기법에 관한 교훈도 참고할 만하다. "먼저 모든 사람을 휘어잡을 수 있는 감동적인 인사말을 적어라. 그다음 사람들이 실천하고 싶도록 만드는 극적인 결론과 맺음말을 적어라. 그리고 가능한 한 그것들을 연결시킬 수 있도록 본문을 적어나가라."

그의 리더십 자질은 '능력'(능력을 키워라. 사람들이 몰려들 것이다-해시계가 그늘 아래 있다면 무엇에 쓰겠는가, 벤저민 프랭클린), '용기'(용기를 지닌 한 사람은 다수와 맞먹는다-두려움 없이는 용기도 있을 수 없다, 에디 리켄베커), '통찰력'(풀리지 않는 미스터리를 밝힌다-언제나 문제의 본질을 꿰뚫어야 한다, 퀴리 부인), '집중력'(노력하면 할수록 당신도 예리해진다-장점 하나로 명예의 전당까지, 토니 그윈) 등으로 이어진다.

존중하고 배우는 마음 있어야 진정한 리더

늘 허리를 구부려 듣는 오프라 윈프리를 통해서는 귀를 이용해 사람들의 마음과 소통하는 '경청'의 지혜를 배우고 토머스 에디슨에게서는 할 수 있다고 믿으면 그대로 되는 '긍정적인 태도', 월마트 설립자인 샘 월튼에게서는 불평만 하지 말고 문제해결을 위해 나서라는 '문제해결 능력', 현대의학의 아버지로 불리는 윌리엄 오슬러에게선 "만일 혼자 모든 것을 다 가지려 한다면 그들은 당신을 홀로 남겨두고 떠날 것"이라는 '관계'의 중요성을 체득하게 한다.

책장을 덮은 뒤에도 "용기를 갖기 위해서는 두려움 또한 감수해야 한다. 자신의 잠재력을 믿고 적극적으로 뛰어드는 마음을 가져

라. 우리의 삶은 용기에 비례하여 커진다"는 대목 등 오래 여운을 남기는 문장이 많다. 스스로 자신을 돌아볼 수 있도록 자가진단 코너 및 각각의 품성과 자질을 키우기 위한 실천방법들도 친절하게 소개돼 있다.

그가 이 책에서 들려주는 것처럼 다른 사람을 존중하고 배우려는 마음, 긍정적인 시각을 가질 때 리더의 자질이 단련된다는 것, 나에게 부족한 요소는 무엇이고 잘못된 행동은 무엇인지를 깨닫고 앞으로 닥칠 문제들에 대해 어떤 리더십으로 그것을 해결해나갈지를 체득할 수 있다면 우리는 이미 절반쯤 훌륭한 리더의 조건을 갖춘 것인지도 모른다.

함께 읽으면 좋은 책

- 《리더의 조건-제니퍼소프트, SAS, 그리고 우리가 꿈꾸는 리더들》 박상욱 외 지음 | 북하우스
- 《톱 리더의 조건》 권광영 지음 | 클라우드나인 펴냄

'변화의 물결'
놓치지 말고 빠르고 유연하게 판단하라
《판단력》

워렌 베니스·노엘 티시 지음, 김광수 옮김, 21세기북스 펴냄

조직의 운명을 가르는 리더의 판단

"세기의 경영자로 칭송받던 잭 웰치의 뒤를 이은 제프리 이멜트 제너럴일렉트릭 최고경영자. 그는 주가 하락 상황에서 매출 증대라는 목표 부담을 안고 과감한 조직 개편과 경영모델 재편으로 매년 약 8%의 성장률을 달성했다. 거대하고 노쇠한 기업 P&G의 앨런 래플리는 심각한 경영난을 해결하는 동시에 질레트 인수라는 과제를 성공적으로 마무리했다. 반면, 1997년 AT&T의 CEO로 취임한 마이클 암스트롱은 1300억 달러의 가치를 자랑했던 회사를 8년 만에 한때 자회사였던 SBC에 넘겨주고 말았다. 매각 대금은 고작 169억 달러였다. 또 기업재편 전문가로 명성을 누리던 칼리 피오리나는 컴

팩 인수로 HP에서의 부진을 만회하고자 했으나 결국 분노한 이사진에 의해 쫓겨나고 말았다."

무엇이 이들의 운명을 갈랐을까. 위기에 빛을 발하는 리더의 첫 번째 조건은 무엇일까.

세계적인 리더십 전문가 워렌 베니스와 노엘 티시는 두말없이 '판단력'이라고 대답한다. 이들은 함께 집필한 책《판단력》에서 "판단은 한순간의 결정이 아니라 계획적이고 세밀한 프로세스에서 이뤄진다"고 설명한다.

상황을 판단하는 능력은 이후 진행될 일의 방향과 성패에 영향을 미친다는 점에서 무엇보다 중요하다. 직감이나 상황에 의존한 결정보다는 프로세스 전체를 효율적으로 관리할 수 있는 노하우를 배워야 하는 이유가 여기에 있다.

탁월한 판단으로 위기를 기회로 바꾼 리더들

저자들은 판단의 모든 과정을 구체적으로 다루면서 뛰어난 판단력에 힘입어 위기를 기회로 바꾼 리더들의 사례를 분석한다. 이를 통해 리더의 핵심 능력이자 경험의 총합인 판단력이 얼마나 큰 결과를 만들어내는지 확인시켜준다.

연구개발 전략으로 회사를 키운다는 제프리 이멜트의 '판단력' 덕분에 제너럴 일렉트릭의 기술성장 속도가 세계 최고 수준인 것을 보면 진짜 그렇다. 보잉의 최고경영자 짐 맥너니는 어떤가. 그는 펜

타곤의 조달사업 스캔들에 대한 전략적 결정 덕분에 기업 내부 문화와 리더십을 획기적으로 혁신하고, 기업 경쟁력과 윤리성을 한꺼번에 회복했다.

베스트바이의 CEO 브래드 앤더슨은 매장 직원들이 전략적 판단에 따라 제품을 선별하고 그에 맞는 마케팅을 추진하도록 뒷받침해줌으로써 조직 역량을 극대화했다. 뉴욕 시 교육행정 책임자 조엘 클라인은 교사, 학생, 학부모 모두에게 변화를 요구하는 학교장 리더십 아카데미를 개설해 학교 체계를 근본적으로 혁신했다.

은퇴한 4성장군 웨인 다우닝이 파나마의 군사독재자 마누엘 노리에가 체포작전 수행 중 급박한 상황 변화에도 새로운 기회를 놓치지 않고 작전을 완수한 것 또한 탁월한 판단력 덕분이었다. "판단이 올바르다면, 나머지는 문제 될 게 거의 없다. 판단이 올바르지 않다면, 나머지는 아예 문젯거리조차 될 수 없다."

저자들의 표현처럼 한 국가의 대통령이나 기업의 최고경영자, 프로 스포츠팀 감독, 전쟁터의 사령관 등 모든 리더는 '최고의 결정'과 '최악의 결정'이라는 경계선에 서 있다. 불확실하고 이중적 요구에 직면했을 때 리더가 상황을 어떻게 판단하느냐에 따라 그 조직의 운명이 엇갈린다. 이것이 곧 판단력을 리더십의 핵심으로 치는 이유다.

올바른 판단력은 항상 '거기에 합당한 결과'를 가져다준다. "의사결정에서 가장 중요한 것은 성공과 실패, 즉 결과다. 장기적인 성공이야말로 현명한 판단의 유일한 지표다. '수술은 성공적인데 환자가 죽었다?', '영리하게 처신했는데도 결과가 시원찮다?' 이런 경우를 성공이라고 부를 수는 없다. 판단이란 그 조직이 애초에 기대한 목표를 달성했을 때 비로소 성공적이라고 할 수 있다. 그게 전부다. 열정과 의지, 부단한 노력도 중요하겠지만 만족스러운 결과 없이는 모두 무용지물이다.

판단력은 하나의 프로세스다

현명한 판단은 상식이나 직감과 전혀 다른 개념일까, 행운의 결과물일까. 이 대목에서 저자들은 시간을 두고 전개되는 '프로세스'로서의 판단 개념에 주목한다. 이는 줄거리와 등장인물, 예상치 못한 갈등과 반전이 뒤섞인 드라마와 유사하다.

이들에 따르면 판단력은 인물, 전략, 위기의 세 영역으로 구분된다. 이는 준비(감지·규명, 구체화·명명, 동원·가동)와 결정, 실행(학습·수정)의 세 단계로 나뉜다.

이 과정에서 이해관계자(정보습득, 실행수단)와 적극적으로 교류하고 자신과 조직 전체의 의사결정 역량을 높이기 위해 충분한 지식(자신, 인맥, 조직, 주변 상황과 관련된 지식)을 확보하는 것이 핵심과제다.

이들은 또 "조직의 미래와 직결된 TPOV(가르칠 수 있는 관점)가 필요하다"고 강조한다. 이것은 조직의 성공에 필요한 아이디어와 운영진에 필요한 가치관, 구성원의 의욕을 북돋우기 위한 방법의 총체라 할 수 있다. 성공한 리더가 훌륭한 이유는 TPOV를 활성화하는 데 많은 시간과 노력을 투자해왔기 때문이다.

"TPOV는 변형 리더십의 핵심이며 타인을 리더로 성장시키는 버팀목일 뿐 아니라 리더 자신의 판단력과 실행력을 유도하는 데 중요한 역할을 한다. 펩시코의 수장이자 세계적 수준의 교사이기도 했던 로저 엔리코는 '하나의 관점은 IQ 50과 맞먹는 가치가 있다'고 말했다. 따라서 하나의 관점을 가진 사람에게 또 하나의 관점을 교육하는 것은 결국 판단 과정에서 50의 IQ를 추가하는 것과 같다. 조직의 성공을 위해 스토리라인을 구축하려는 리더에게는 TPOV의 중요성도 상대적으로 크다. 살아 있는 이야기는 리더의 판단에 도움을 줘 그것을 현실화하는 데 기여할 뿐 아니라 다른 사람들의 의욕과 실천을 촉구하는 좋은 사례가 되기도 한다."

이들은 여기에서 한발 더 나아가 "리더에게 주어진 또 다른 역할은 다른 리더들도 현명하게 판단할 수 있도록 성장시키는 것"이라고 역설한다. 그리고 모든 구성원과 함께 '변화의 물결' 위에서 '생명체처럼 유연한' 판단을 내리는 것이 중요하다고 말한다.

"혼돈은 이제 이론이 아니라 엄연한 현실이다. 혼돈을 받아들이고 함께 진화하는 방법을 배우는 것이야말로 오늘의 환경에서 성공을 이루는 핵심이다. 잭 웰치는 우리에게 '혼돈을 거부하면 앞으로의 방향도 알 수 없다'고 말했다. 모든 것의 속도가 점점 빨라지고 있다. 생각할 시간도, 머릿속의 지식에 의존할 시간도, 육감을 동원할 시간도 점점 부족해진다. 과거의 조직과 최근 조직에서의 생활차이는 골프와 서핑의 차이에 비유할 수 있다. 요즘은 끊임없이 변화하는 물결에 올라탈 수 있어야 한다. 따라서 장비도 수시로 바꿔야 한다. 결정을 내리기 위한 시간이 웬만큼 있다 하더라도 리더가 모든 요소를 '완전히' 꿰뚫을 수는 없다. 상황은 계속해서 변하므로 판단도 그에 맞춰 유연하게 내려야 한다."

> **함께 읽으면 좋은 책**
>
> • 《생각을 확장하다》
>   콜린스 헤밍웨이, 슬로모 브레즈니츠 지음 | 정홍섭 옮김
>   흐름출판
>
> • 《워렌 베니스의 리더와 리더십》
>   버트 나누스, 워렌 베니스 지음 | 김원석 옮김 | 황금부엉이

잡스를 프레젠테이션하다
《스티브 잡스》

월터 아이작슨 지음, 안진환 옮김, 민음사 펴냄

2003년 암 선고를 받은 스티브 잡스는 이듬해 월터 아이작슨에게 전화를 걸었다. 그는 아이작슨에게 자신의 전기를 써달라고 했다. 그러나 최고의 전기작가인 아이작슨은 "당신은 이제 겨우 경력의 중반부에 와 있다. 전기를 쓸 단계가 아니다. 10~20년 후 의뢰하면 그때 써주겠다"며 거절했다. 잡스가 암에 걸린 사실을 몰랐던 것이다.

그로부터 5년 뒤인 2009년. 잡스는 두 번째 병가를 냈고, 그의 발병 사실이 세상에 알려졌다. 이번에는 잡스의 부인 로렌 파월이 아이작슨에게 "이왕 쓸 거라면 지금 써달라"고 부탁했다. 아이작슨은 즉각 수락했고, 2년 동안 잡스와 함께 어린 시절의 집을 방문하거나 산책하며 40여 차례 인터뷰했다. 그의 친구와 가족, 동료뿐만 아니라 그에게 반감을 가진 인물이나 라이벌까지 모두 100여 명을 만났다.

아이작슨이 인터뷰한 100여 명 중에는 잡스의 최대 라이벌이던 빌 게이츠를 비롯해 애플 공동창업자 스티브 워즈니악, 애플의 핵심 디자이너 조너선 아이브, 후계자 팀 쿡 등도 포함돼 있다. 아이작슨은 이를 바탕으로 실리콘밸리에서 보낸 잡스의 유년기부터 마지막 순간, 아주 개인적인 일화부터 공식적인 사건, 괴팍한 채식주의 믿음과 선불교의 영향, 애플의 혁신정신 등을 입체적으로 기록했다.

이 과정에서 잡스는 미리 약속한 대로 집필에 어떠한 영향력도 행사하지 않았고 사전에 보여달라고 요구하지도 않았다. 덕분에 그의 공식 전기에는 내밀한 이야기가 가장 객관적으로 수록돼 있다. 그동안 자세히 드러난 적 없는 그의 복잡한 가족사와 연애사도 망라돼 있다. 생모와 친여동생을 만나게 된 일화, 나중에 인정한 딸 리사와의 관계, 그가 만난 여인들, 죽기 전까지 만나지 않았던 친아버지와 사실은 마주친 적이 있다는 내용도 들어 있다.

우리가 몰랐던 잡스의 모든 것

비밀주의를 고수하던 잡스가 아이작슨에게 책을 써달라고 부탁한 이유는 무엇일까. 평생 예술과 기술을 결합한 '완벽한 제품'을 추구해온 그가 이번에는 자신의 생애를 '완벽하게' 기록하기로 결심한 것이다.

"몸이 아프기 시작하니까 내가 죽고 나면 다른 사람들이 나에 관한 책을 쓸 거라는 생각이 들더군요. 하지만 그들이 뭘 알겠습니까?

제대로 된 책이 나올 수가 없을 겁니다. 그래서 누군가에게 직접 내 얘기를 들려주어야겠다 싶었지요."

그래서 이 책은 잡스가 자신의 모든 것을 밝힌 처음이자 마지막 기록이다. 그가 프레젠테이션 말미에 늘 사람들을 기대에 차게 했던 것처럼 그의 생애 최후의 'And One More Thing(그리고 하나 더)'인 셈이다.

또 다른 이유는 아이들이었다. 죽기 며칠 전 마지막 인터뷰에서 그는 이렇게 말했다. "우리 아이들이 나에 대해 알았으면 했어요. 아이들이 나를 필요로 할 때 항상 곁에 있어주진 못했지요. 그래서 아이들이 그 이유를 알기를, 내가 무엇을 했는지 이해하기를 바랐습니다."

놀라운 혁명을 일으킨 창조적 기업가이자 기술과의 소통방식을 바꾼 미디어 혁명가, 기술의 대중 친화력을 중시한 미니멀리스트이자 기술과 인문학을 결합시킨 디지털 철학가, 끝없는 열정에 미친 남자. 평생 한순간도 멈추지 않고 달렸던 그가 스스로 밝힌 삶의 여정과 마지막으로 아이들에게 남긴 깊은 사랑의 마음은 여느 전기보다 더 특별한 감동을 안겨준다.

잡스는 왜 하필 아이작슨을 선택했을까. 책에도 나와 있지만 아이작슨이 잡스에게 "왜 나냐?"고 물었더니 잡스는 "당신이 다른 사람들의 입을 여는 데 큰 소질이 있기 때문"이라고 답했다. 잘 알려진 것처럼 아이작슨은 시사주간지 〈타임〉 편집장과 케이블TV CNN 사장을 지낸 인물이자 세계적인 전기작가다.

여정 자체가 보상이다

아이작슨에 따르면 잡스는 2가지 유산을 남기고 싶어 했다. 하나는 '혁신과 변혁을 선도하는 위대한 제품을 만드는 것'이고, 다른 하나는 '영구히 지속되는 회사를 구축하는 것'이었다. 그런 잡스의 열망이 고스란히 투사된 회사가 곧 애플이었다. 잡스는 1970년대 대학 시절을 이렇게 회상했다. "선(禪)과 마약이 대학가를 휩쓸던 신비의 시대에 성년이 됐다. 돈을 버는 것보다 멋진 무언가를 창출하는 것, 할 수 있는 한 최선을 다해 모든 것을 역사의 흐름과 인간 의식의 흐름 속에 되돌려놓는 것이 중요하다는 것을 알게 됐다."

이는 애플의 기업문화에 속속들이 스며들었다. 잡스는 1982년 매킨토시 PC를 개발할 때 직원들에게 "여정 자체가 보상이다Journey is reward"라는 격언을 들려주며 독려했다. "긴 세월이 흘러 지금 이렇게 함께 보낸 시간을 돌이켜보면 고통스러웠던 순간은 잊어버리고 황홀했던 절정기만 떠올리게 될 것"이라고 강조했다.

기업가로서 탁월한 실적과 명성을 쌓아올리면서도 잡스는 멈추지 않았다. 오히려 더 몰입하고 열정적으로 변해갔다. 직영 매장인 '애플 스토어'를 준비하는 과정은 기업가로서 그의 의식을 지배한 것이 무엇이었던가를 확인시켜준다. 2000년 10월 애플 스토어 시안이 거의 마무리됐을 때 실무자인 롭 존슨은 매장 구조를 완전히 바꿔야 한다고 건의했다. 잡스는 "무려 6개월이나 여기에 매달려놓고 무슨 소리냐"며 격노했지만 불과 7분 뒤에는 건의를 받아들였다. 진정한 혁신을 위해서는 무엇이든 하는 성격을 그대로 보여주는 장면이다.

그의 열정적인 장인정신은 아버지에게 배운 것이었다.

"이 철학의 가장 극단적이고 두드러진 실천 사례는 잡스가 칩과 다른 부품들을 부착하고 매킨토시 내부 깊숙한 곳에 들어갈 인쇄회로기판을 철저하게 검사한 경우였다. 어떠한 소비자도 그걸 볼 일이 없었다. 하지만 잡스는 인쇄회로기판을 심미학적인 토대로 비평하기 시작했다. '저 부분 정말 예쁘네. 하지만 메모리칩들을 좀 봐. 너무 추하잖아. 선들이 너무 달라붙었어.' 새로 들어온 엔지니어 중 한 명이 끼어들어 그게 무슨 상관이냐고 물었다. 잡스는 '최대한 아름답게 만들어야 해. 박스 안에 들어 있다 하더라도 말이야. 훌륭한 목수는 아무도 보지 않는다고 장롱 뒤쪽에 저급한 나무를 쓰지 않아'라고 말했다."

잡스는 또 '큰 그림을 보며 동기를 부여하는 능력'을 가졌다. 매킨토시 개발팀도 단지 수익을 올리는 제품이 아닌 훌륭한 제품을 만들고자 하는 잡스의 열정을 공유하게 됐다. 매킨토시 출시 및 마케팅 계획을 세우는 과정에서 맥 가격을 500달러 더 올릴 필요가 있다는 의견이 나왔을 때 잡스는 강하게 반대했다. "그러면 우리가 지향하던 신념이 완전히 깨집니다. 나는 맥으로 이윤을 짜내고 싶은 게 아니라 혁명적인 제품을 선보이고 싶은 거라고요."

'인재' 부분에서는 회사에 '머저리(이류 인재)'가 넘쳐나지 않도록 경계했다. 그래서 특정 부서 지원자들을 해당 부서 관리자가 아닌

팀 쿡, 조너선 아이브 등 수뇌부와 만나도록 했다. 잡스는 특히 제품에 대한 열정을 중시했다. 1981년 한 입사 지원자가 맥의 원형 제품을 보고 눈을 반짝이며 호기심 어린 태도로 마우스를 조작하자 합격시키기도 했다.

'기업'에서는 영속성 있는 회사를 만드는 데 초점을 맞췄다. 창의적인 한 사람보다 체계를 갖춘 훌륭한 조직이 훨씬 더 커다란 혁신을 일궈낼 수 있다는 사실을 알았기 때문이다. 엔지니어가 아닌 세일즈맨이 기업을 운영하는 것에 대해서는 부정적이었다.

잡스가 우리에게 남긴 유산

'죽음'에 관한 인식도 특별했다. 그는 죽기 전 환생과 영적 초월에 대해 얘기했다. 신의 존재를 믿느냐는 문제에 대해서는 50 대 50이라고 했다. "죽은 후에도 나의 무언가는 살아남는다고 생각하고 싶군요. 그렇게 많은 경험을 쌓았는데, 어쩌면 약간의 지혜까지 쌓았는데 그 모든 게 그냥 없어진다고 생각하면 기분이 묘해집니다. 그래서 뭔가는 살아남는다고, 어쩌면 나의 의식은 영속하는 거라고 믿고 싶은 겁니다."

이 대목에서 그는 오랫동안 말을 아꼈다가 다시 입을 열었다. "하지만 한편으로는 그냥 전원 스위치 같은 것일지도 모릅니다. '딸깍!' 누르면 그냥 꺼져버리는 거지요. 아마 그래서 내가 애플 기기에 스위치를 넣는 걸 그렇게 싫어했나 봅니다."

신비주의로 일관하던 그가 죽음을 앞두고 전기를 써달라고 요청한 진짜 이유는 평생 살아오면서 쌓은 '약간의 지혜'를 세상에 남기고 싶어서가 아닐까. 그 '약간의 지혜'는 그의 육성에서 찾을 수 있다. "내 열정의 대상은 사람들이 동기에 충만해 위대한 제품을 만드는 영속적인 회사를 구축하는 것이었다. 그 밖의 다른 것은 모두 2순위였다. 물론 이윤을 내는 것도 좋았다. 그래야 위대한 제품을 만들 수 있었으니까. 하지만 이윤이 아니라 제품이 최고의 동기부여였다."

함께 읽으면 좋은 책

- 《이노베이터》
  월터 아이작슨 지음 | 정영목, 신지영 옮김 | 오픈하우스
- 《CEO 스티브 잡스가 인문학자 스티브 잡스를 말하다》
  이남훈 지음 | 팬덤북스

두려움을 이겨야 위기를 지배한다
《위기를 지배하라》

김경준 지음, 위즈덤하우스 펴냄

동서양을 망라한 역사 속 리더들은 어떻게 위기를 극복했을까. 이 시대 CEO들이 기업 경영에 반영할 수 있는 14가지 위기극복 전략과 리더십을 제시한다. 정확한 정세 분석의 윈스턴 처칠, 불굴의 추진력을 보여준 선박왕 헨리 카이저, 인력 배치의 달인 조지 마셜 등의 사례를 통해 위기의 파고를 넘을 수 있는 길을 안내한다.

영국 전역이 독일의 폭격으로 폐허가 되어가는 중에도 처칠 총리는 승리에 대한 확신을 잃지 않았다. 처칠은 피폭 지역을 찾아가 연설을 했고 손가락으로 승리 사인을 그리며 결전을 독려했다. 이 같은 그의 투지는 국민을 바꾸어놓았다. 자신감을 회복한 영국은 점차 상황을 주도적으로 이끌어갔다. 일본이 진주만을 공습하자 영국 의회는 미국보다 먼저 선전포고를 했고 이후 미국, 러시아와 연합전선을 형성해 전쟁의 강도를 높여갔다. 1945년 5월 8일 마침내 처칠은 유럽 전선에서 승리를 거두었다고 국민 앞에 선언했다.

김경준 딜로이트컨설팅 대표의 《위기를 지배하라》 앞부분에 나오는 얘기다. 저자는 처칠의 사례를 들려주며 "자신감과 투지를 조직에 전파해야 위기를 지배할 수 있다"고 말한다. '위기의 일상화 시대'인 21세기에는 조직의 성장과 발전을 위해 위기를 극복할 능력을 갖춘 리더가 절실하다는 것이다.

그는 정확한 정세 분석으로 영국의 승리를 이끌어낸 윈스턴 처칠뿐만 아니라 핵심인력을 요직에 배치하는 전략으로 미 육군을 세계 최강으로 키워낸 승리의 설계자 조지 마셜, 불굴의 추진력으로 선박왕이 된 헨리 카이저, 현장을 직접 뛰어다니며 제록스를 위기에서 구해낸 앤 멀케이, 친위세력을 구축하고 규장각을 설치해 노론 일색의 정국을 타개한 정조, 국가 개조라는 원대한 비전을 갖고 경부고속도로를 건설한 박정희 전 대통령 등 위기를 재도약의 계기로 삼은 역사 속 리더들의 성공 스토리를 CEO들에게 상기시킨다.

이를 통해 그는 'CEO를 위한 14가지 위기극복 전략과 리더십'을 제시한다. 그는 먼저 자신감과 투지를 조직에 전파한 다음에는 '합리적 낙관주의로 무장하라'고 조언한다.

역사에서 찾은 위기극복 전략과 리더십

"리더가 두려움을 이겨야 조직 전체가 위기에 맞설 수 있다. 그리고 현실을 냉정하게 바라보고 낙관적인 사고를 가져야 한다. 현실을 피해서도 안 되지만 비판은 더 도움이 되지 않는다. 소수정예의 핵심인력을 꾸려 결정사항을 행동에 옮기는 것도 중요하다. 자신의 마음에 드는 사람들만 모으라는 의미가 아니라 널리, 하지만 철저히 검증된 인재를 모아야 한다."

이 같은 주장의 근거는 뭔가. 그는 위기 상황의 특수성 때문이라고 말한다. 평화 상황과 위기 상황의 패러다임은 다르다는 것이다. 평화로울 때는 안정된 환경에서 새로운 가능성을 찾아 확장해야 하지만 위기에서는 격변하는 환경에서 생존력을 높여야 하기 때문이다. 즉 평화 상황에서는 자율경영, 분권화, 권한위임이 키워드이지만 위기에서는 중앙통제와 집중화가 키워드라는 것이다.

리더는 아무리 미래가 불투명한 상황에서도 조직의 이정표를 제시해야 한다. 그 결단의 순간마다 말할 수 없이 많은 고민을 한다. 요즘 같은 위기 상황에서는 충분히 생각할 시간도 많지 않다. 그러나 그는 "리더가 조직 그 자체이기 때문에 약한 모습을 보여선 안 된다"고 강조한다.

또 "오직 위기만이 진짜 변화를 만들어낸다"는 밀턴 프리드먼의 말처럼 성장과 발전은 위기극복의 연속 과정이라는 것을 잊지 말라고 한다. 단계별로 찾아오는 위기는 조직의 특성과 환경에 따라 다른 양상을 띠지만 성장 과정에서 필연적으로 수반되는 것이기도 하다. 다만 성공하는 조직과 실패하는 조직은 위기에 맞서고 극복하는 방식에서 차이가 난다는 것이다. 성공하는 조직은 위기를 맞아 더욱 강해지고 이를 도약의 계기로 삼는 반면 실패하는 조직은 위기가 오면 무너진다. 그러면 지리멸렬한 리더십이 드러나고, 조직은 사분오열되며, 구성원은 방향성을 잃고 마는 것이다.

그가 "위기를 극복하는 과정에서 가장 중요한 점은 경제주체들의 자신감"이라며 "현재 상황을 지나치게 비관적으로 보지 말라"고 하는 이유가 여기에 있다. 개인의 삶이나 기업의 비즈니스나 '미래는 만들어가는 것이고 가능성을 찾아가는 과정'이라는 것이다.

그는 고대 로마가 국가 존망을 걸고 카르타고와 전쟁을 치르면서 지중해의 패자로 올라섰고, 근대 서양의 포르투갈과 스페인, 영국이 어려움을 견디면서 변방 약소국에서 강대국으로 변모했으며, 우리나라 대표 기업이 외환위기 때 국제통화기금IMF에서 구제금융을 받고 글로벌 기업으로 도약한 과정을 떠올려보라고 말한다.

위기를 뛰어넘어 '평범'을 '비범'으로 만들자

'핵심인력으로 컨트롤 타워를 구성하라'는 대목에 조지 마셜 얘기가 나온다.

"조지 마셜은 통찰력과 효율성을 중시하는 인물이었다. 그는 짧은 시간에 군대를 개혁하고 원하는 수준에 오르게 하기 위해서는 인사 문제에 손을 대는 수밖에 없다고 생각했다. 당시 군을 장악하고 있던 인물들은 노련하기는 하나 현대 전쟁에 대한 이해가 부족하고 관료적 성향을 갖고 있었다. 그는 핵심 포스트를 자신이 눈여겨보았던 인물들로 채우기 위해 의회에 진급제도 개정안을 올려 통과시켰다. 법안의 핵심은 '전시나 국가 유사시에 정규군 장교들은 자신의 영구보직을 포기하지 않은 채 임시로 상위계급으로 진급할 수 있다'라고 명시된 부분이었다." 이는 자신이 원하는 젊은 장교들을 등용한 후 고위직으로 임명할 수 있는 권한을 지니게 된다는 것을 뜻했다.

다국적기업 쉘은 '최악의 상황을 가정해서 대책을 세워라'는 전략을 효과적으로 활용한 사례다. 1960년대에 이 회사는 75년 이상 생존한 기업들의 경쟁력에 대한 내부 검토에 착수했다. 장수기업 중에서도 우량한 30개사의 생존 비결은 재난을 정확하게 예측하지는 못했지만 재난 발생 가능성을 경쟁자들보다 먼저 알아차리고 대처한 것에 있다고 결론을 내렸다. 쉘은 여기에서 아이디어를 얻어 재난을 가정하고 역으로 시나리오를 만들어보았다. 그리고 재난을 예고하는 현상들의 목록을 정리하고 실제 환경 변화가 비슷하게 진행된다는 가정 하에 재난 발생에 대비하는 방식의 시나리오 경영 개념을 창안했다.

'핵심 지지기반을 확고히 하라'는 지침도 중요하다. "마오쩌둥은 자신들이 국민당에 비해 유리한 것은 농민들의 지지라고 판단했다. 농민 출신인 마오쩌둥은 농민의 생리를 잘 알고 있었다. 마오쩌둥은 대장정 도중에 밤마다 집회를 열어 지역 농민들에게 자신들이 추구하는 혁명에 대해 선전했다. 농민들은 공산당에 대해 우호적인 태도를 보였고 자발적으로 홍군에 합류하는 농민도 늘어났다. 전력 열세를 극복하기 위한 그의 게릴라전은 농민들의 협조 속에 효과적인 전술로 자리 잡아갔다. 기습전을 펼쳐 적을 섬멸하고는 농민들의 무리 속에 숨었기 때문에 국민당으로서는 속수무책이었다."

그는 "역사라는 거울로 현재를 비추어보고 위기에 대처하는 영감을 얻는 사람이 미래를 지배할 것"이라고 역설한다. 이순신 장군도 평범한 사람이었지만 일생에 걸쳐 수련하고 역경 속에서도 외부 환경을 탓하지 않으며 수많은 위기를 뛰어넘는 과정에서 '평범'을 '비범'으로 만들었다는 것이다. 그러면서 한마디 덧붙인다. "결국 위기를 지배할 수 있는 자는 용기를 발휘할 수 있는 자이다."

CEO를 위한 14가지 위기극복 전략과 리더십

① 자신감과 투지를 조직에 전파하라

② 합리적 낙관주의로 무장하라

③ 핵심 인력으로 컨트롤 타워를 구성하라

④ 위기극복을 위한 근본가치를 재정립하라

⑤ 유연하게 대처하되 원칙은 철저히 고수하라

⑥ 내부분열 요소는 초기에 제거하라

⑦ 판을 바꿔서 새로운 가능성을 찾아라

⑧ 핵심 지지기반을 확고히 하라

⑨ 최악의 상황을 가정해서 대책을 세워라

⑩ 약한 적은 공격하고 강한 적은 무력화하거나 친구로 만들어라

⑪ 심리를 활용하고 심리전에서는 반드시 이겨라

⑫ 위기를 재도약으로 이끄는 제도개혁의 기회로 만들어라

⑬ 확실한 보상구조를 만들어라

⑭ 통합과 포용의 리더십을 확보하라

저자의 다른 책

- 《오륜서 경영학》 김경준 지음 | 원앤원북스
- 《지금 마흔이라면 군주론》 김경준 지음 | 위즈덤하우스

스토리를 만든 뒤 전략을 세워라
《히스토리가 되는 스토리 경영》

구스노키 겐 지음, 이용택 옮김, 자음과모음(이룸) 펴냄

"다른 사람에게 이야기하고 싶을 정도로 재미있는 스토리를 갖고 있는가. 그렇다면 당신 회사는 분명히 성공할 것이고, 그렇지 않다면 경쟁에서 뒤처질 것이다." "전략의 우열을 가르는 기준은 전략 속에서 생생하게 살아 움직이는 스토리가 보이느냐 안 보이느냐 하는 것이다."

일본 히토쓰바시대학교 대학원의 구스노키 겐 교수는 2011년 일본 비즈니스서 대상 수상작인 《히스토리가 되는 스토리 경영》에서 "경영전략의 진수는 스토리"라면서 "남에게 자랑하고 싶어 안달이 날 정도로 재미있는 이야기를 만들라"고 말한다. 이젠 단순한 경영전략으로는 경쟁에서 이기기 어렵고 다른 회사의 모범 사례나 성공법칙을 따르는 것도 효과가 없다는 것이다.

구스노키 겐 교수는 "아무도 예상하지 못한 콘텐츠로 자신만의

스토리를 완성하는 것이 미래 경영의 핵심"이라며 스타벅스의 '직영 방식', 사우스웨스트항공의 '허브 공항을 사용하지 않는 방식', 아마존의 '거대 물류센터'처럼 경쟁 기업의 허점을 찌르는 스토리로 경영전략을 구성하라고 권한다. 이런 스토리는 기존 관점에서 볼 때 '비합리적'일 수 있다. 그러나 그는 누구나 납득할 수 있는 '합리적인' 전략은 다른 경쟁사도 금세 따라 할 수 있기 때문에 경쟁사가 쉽게 추격할 수 없는 전략으로 기업의 경쟁력을 높이라고 강조한다.

일본 기업인 걸리버인터내셔널과 마부치모터 등의 사례도 곁들인다. 그는 비합리적인 것처럼 보여도 전체적인 맥락에서 합리적인 역발상을 '크리티컬 코어critical core'라고 부른다. 크리티컬 코어는 축구에서 아무도 예상하지 못한 절묘한 패스로 득점과 연결시키는 '킬러 패스'와 같다. 킬러 패스를 구사하며 성공한 기업들의 사례를 한번 보자.

스토리 경영의 성공 사례

미국 시애틀의 작은 커피 소매회사이던 스타벅스는 1987년 하워드 슐츠가 CEO에 취임하면서 급성장하기 시작했다. 슐츠가 구상한 경영전략은 '크리티컬 코어'가 있는 한 편의 드라마틱한 스토리였다. 그는 사람들이 직장도 가정도 아닌 새로운 공간을 원한다는 것을 파악하고는 '스타벅스를 제3의 장소로 만드는 것'을 콘셉트로 스토리를 짰다. 스타벅스가 프랜차이즈 대신 '직영 방식'을 고수한 것도 이 때문이다. 다소 비합리적으로 보이는 것 같지만 이 킬러 패스야말로 오늘날 스타벅스를 만든 스토리의 힘이었다.

미국 국내선 항공사인 사우스웨스트항공은 허브 공항을 이용하지 않는 킬러 패스로 스토리를 만들었다. 허브 공항은 항공사들이 특정 공항을 중심으로 승객이나 화물을 집결·분산시키는 중계지 역할 공항을 말한다. 다른 국내선 항공사들이 허브 공항을 이용할 때 사우스웨스트항공은 이를 이용하지 않기로 결정을 내렸다. 이와 함께 단거리 국내편 특화, 기내식 서비스 폐지, 좌석 지정제 폐지, 대리점 발권 폐지와 자사 직접 발권, 비행기 기종 통일(보잉737) 등 비용과 시간을 줄일 방법을 고안해냈다. 이 전략의 처음과 끝을 잇는 것이 바로 사우스웨스트항공의 성공 스토리다.

일본 기업의 사례도 흥미롭다. 국내에는 잘 알려지지 않았지만 걸리버인터내셔널은 포화 상태인 중고차업계에서 급성장한 회사다. 창업자 하토리 겐이치는 "직접 경험해보고 절실히 느낀 것은 중고차 판매업이 근본적인 모순을 안고 있다는 것"이라며 20년 가까이 몸담은 중고차 유통업계에 한계를 느끼고 걸리버를 창업했다.

걸리버가 내세운 구호는 '자동차업계의 유통혁명'이었다. 가장 큰 특징은 전시장에서 소매를 하지 않고, 소비자로부터 중고차를 매입하는 데 역점을 두었다는 점이다. 걸리버는 매입한 자동차를 주로 경매를 통해 매각한다. 1994년 출범한 걸리버는 10년 연속 매출과 이익을 성장시키면서 2004년에 괄목할 만한 실적을 거두었다. 2004년 매출액은 전년 대비 28% 증가한 1218억 엔, 영업이익은

46% 증가한 76억 엔을 기록했다.

세계적인 모터 생산업체인 마부치모터는 1954년 종업원 10명으로 시작했지만 세계 시장의 60%를 차지하는 글로벌 기업으로 발돋움했다. 창립 때부터 지금까지 만드는 것은 소형 모터 하나뿐이다. 용도는 장난감에서 AV, 가전기기 등이지만 높은 이익률을 자랑한다.

이 회사의 최대 위력은 '표준화'다. 모든 규격의 '기준'을 장악하고 있으니 세계 시장을 휘어잡을 수 있는 것이다. 여기에 가업 경영의 장점도 더해졌다. 경영자의 민첩한 판단과 강력한 리더십, 사내 결속력 강화 등이 그것이다. 현재 이 회사의 이익잉여금이 2000억 엔을 넘어 총자산을 웃도는 비결도 여기에 있다.

기업의 경영전략을 어떻게 스토리로 만들 것인가

이 같은 사례 분석을 통해 그는 "스토리 경영에 그치지 말고 스스로 히스토리가 돼라"고 조언한다. 경영전략이란 '미래의 세상이나 환경이 이렇게 될 것이기 때문에 그 변화에 적응해야 한다'는 예측이 아니라 경영자 스스로 '세상을 이렇게 만들겠다'고 콘셉트를 세운 뒤 탄탄한 스토리로 전략을 구성해내는 것이라고 그는 강조한다. 실제로 이런 기업들은 업계의 모순점과 한계점을 파악하고 그것을 바꿀 수 있는 전략을 만드는 데 성공했다.

그는 경영전략을 스토리로 세우는 방법과 필수 요소, 줄거리가 좋은 스토리의 조건 등을 알려주면서 스토리를 만들 때 필요한

'10가지 골격'도 제시한다. '끝에서부터 거꾸로 생각하라, 보통 사람의 본성을 직시하라, 현명한 사람의 맹점을 찔러라, 남에게 불쑥 이야기하고 싶게 하라' 등이 핵심이다. 하지만 기업 경영에서 '이렇게 하면 반드시 된다'는 절대 법칙은 없기 때문에 어느 누구도 생각하지 못하는, 완벽하게 새로운 전략을 만들겠다는 야망은 버리라고 충고한다. 엄청난 목표를 세워놓고 그것에 쫓기기보다는 옆에 있는 동료나 상사를 감동시킬 수 있는 생활 속의 스토리부터 만들어보라는 것이다. 그렇다. 그의 말처럼 '강물에 뛰어드는 정신'이 가장 중요하다.

"망설임 없이 뛰어들어 강 저편으로 헤엄쳐 가라. 강이 생각보다 얕다면 그대로 달려서 건너면 되고, 생각보다 깊다면 헤엄쳐 건너면 된다."

함께 읽으면 좋은 책

- 《스타벅스, 공간을 팝니다》
  주홍식 지음 | 알에이치코리아(RHK)
- 《왜 나이키는 운동화에 아이팟을 넣었을까》
  에이드리언 C. 오트 지음 | 노지양 옮김 | 랜덤하우스코리아

역사·군사·경영의 흐름을 바꾼 '전략적 사고'
《전략의 역사 1, 2》

로렌스 프리드먼 지음, 이경식 옮김, 비즈니스북스 펴냄

묵직한 명작이다. 국제전략 연구의 권위자인 로렌스 프리드먼 교수(킹스칼리지런던 전쟁연구학부)가 3000여 년에 걸친 국가, 인간, 군사, 경영의 전략문명사를 1400여 쪽(전 2권)의 방대한 분량에 담아냈다. 그는 인류의 기원부터 18세기까지의 전략의 계보를 먼저 살피고, 사회주의 태동 이후 혁명시대의 전략과 과학기술 및 경영학, 경제학이 발달한 시기의 새로운 전개 모습을 생생한 사례와 함께 소개했다. 이 책은 〈파이낸셜타임스〉 '올해의 책'에 선정됐다.

1권에서는 침팬지 사회에서조차 전략을 활용할 줄 아는 똑똑한 녀석이 힘센 녀석보다 우위에 선다는 사실을 통해 전략적 사고의 원천을 되짚고 인류 역사와 기독교 성경, 고대 그리스 신화, 손자와 마키아벨리 등으로 이어지는 전략의 발전 과정을 연구한다.

"진화론자들은 희소하고 필수적인 자원 및 생존 투쟁의 자연적

인 결과가 전략이라고 보았다. 그러나 그것은 원초적인 힘과 본능적인 공격성 차원의 최적자 생존의 문제만은 아니다. 생존자는 도태된 적들보다 생각을 더 빨리 많이 했을 것이고 사회적인 관계를 보다 잘 이해하고, 또 이런 관계들을 이용했을 것이다. 처음부터 힘이 세야 성공할 수 있었던 것이 아니라 머리가 똑똑한 것도 그만큼 성공 가능성을 높였던 것이다. 그리고 적을 압도하는 과정에서 다른 구성원들을 동원하는 것이야말로 지능적인 행동이었다. 이런 패턴들은 이른바 문명기 이전 단계 인류의 전쟁에서도 확인된다."

전략이란 원하는 목적을 달성하기 위해 동원 가능한 수단을 갖고 가장 효율적이면서도 현실적인 방법을 찾는 것이다.

"전략의 영역은 위협과 압박뿐만 아니라 협상과 설득, 물리적이거나 심리적인 영향력, 또한 행동뿐만 아니라 말까지 아우른다. 전략이 정치적 기술의 중심인 이유도 바로 여기에 있다. 전략은 주어진 상황에서 더욱 많은 것을 얻어내는 과정을 다룬다. 그러므로 단지 힘의 균형에서 출발하는 것보다 훨씬 많은 의미가 담겨 있다. 전략은 힘(권력)을 창조하는 기술이다."

군사 전략의 변천사

군사적인 측면에서 전략은 어떻게 사용됐는가. 이전에는 모든 목적과 수단이 전투 지휘관에게 집중됐다. 그러나 군대가 대규모로 바뀌면서 장군들은 전문 참모들을 구성해 실행계획을 세우기 시작했다. 이런 변화의 시기에 조미니와 클라우제비츠는 군사전략 이론을 만들어냈고, 나폴레옹 전쟁과 두 차례 세계대전을 겪으면서는 군인이 아니라 기계장치 중심의 전략을 경험했다.

이후 냉전체제와 핵무기 등장으로 전략이론의 모든 체계가 재편됐다. 미국과 소련이라는 비슷한 힘을 지닌 강대국 사이의 힘의 균형 문제가 대두됐고, 정규전 외에 게릴라전도 전략을 실행하는 중요한 요소 중 하나가 됐다. 핵무기라는 공멸의 무기가 개발되면서부터는 승자가 없고 모두 다 패자인 전쟁으로 이어지게 됐기에 전략은 새로운 양상을 띠게 됐다. 이제는 전쟁의 목적이 승자가 아니라 싸움 억제에 있게 된 것이다. 고대에는 속임수나 간계, 지략 등으로 싸웠고 중세에는 대규모 군대를 이끌고 작전을 펼쳤으나 핵무기가 개발된 후에는 그것으로 어떻게 힘의 균형을 이룰 것인가 하는 문제가 더 중요해졌다는 얘기다.

이념 전략의 변천사

2권에서는 공산주의 태동과 함께 아래(민중)로부터의 변화 모습을 보여주고, 기술 발달에 따른 경영전략의 변화와 미래상을 살펴본다.

19세기에 마르크스의 프롤레타리아 혁명 바람이 유럽에서 들불처럼 번졌다. 수정주의자와 무정부주의자가 나타났고 점점 복잡해지는 조직체계와 전문가 참모의 필요성 등을 이유로 관료제도가 전면에 드러났다.

혁명의 시기가 지나가고 기술이 발전하면서 미디어 매체가 발달했다. 이는 자연스럽게 언론의 성장으로 이어졌고, 선전(프로파간다)의 중요성이 대두됐다. 여론에 영향력을 행사하는 방법이 훨씬 정교해지면서 정치전략에 변화가 생겼고, 선거전략도 다양해졌다. 많은 정치인이 승리하기 위해 갖가지 전략을 펼쳤고, 흑인사회와 제3세계에 불어닥친 변화의 바람으로 급진적인 움직임이 일기도 했다. 토마스 쿤과 미셸 푸코의 등장으로 이념과 권력을 다루는 사고방식에도 변화가 생겼다.

특이한 전략 중에는 '비폭력의 힘'도 있다. 세계가 야만과 격변의 소용돌이에 휩싸여 있던 시기에 간디는 가장 소박한 옷과 음식을 입고 먹으면서 정신적인 메시지를 통해 평화의 화신으로 우뚝 설 수 있었다. 그러면서 그는 확실하고도 성공적인 대중운동을 이끌었다. 그는 파업과 보이콧 등 약자에게 익숙한 전술을 선택하면서도 이런 것들을 더욱 장엄하고 고귀한 내러티브의 한 부분으로 활용할 줄 알았다. 적의 내부에 있는 선함으로까지 손을 뻗자는 그의 주장과 화해 가능성에 대한 그의 믿음은 타협 가능성을 훨씬 넓혀주었고 실제로 성공했다.

"인종차별과 분리가 만연해 있던 미국 남부에서 전개된 흑인 시민권 운동에도 간디의 영향력이 미쳤다. 비록 비폭력적인 전술을 구사할 수 있다는 이야기가 양차 대전 사이에서 언급되긴 했지만 제2차 세계대전 이후에야 비로소 이런 방법론들이 시민권 운동에 도입되었고 이들은 향후 놀라운 성공으로 연결됐다."

자본주의의 발달과 함께 경영 전략이 중요해져

경제 분야에서도 전략은 중요해졌다. 대규모 공장이 생기고 경영자 층이 등장하면서 조직 상층부 사람들이 내리는 의사결정이 곧 전략이 됐다. 프레더릭 테일러와 헨리 포드, 존 록펠러, 알프레드 슬론 등은 자본주의 시대 초기에 어떻게 회사를 경영할 것인가 하는 문제를 제기했고 각자의 방식으로 대규모 공장을 운영했다.

그러나 1950~1960년대에 유행한 경영계획 모델이 제대로 작동하지 않으면서 군사적 가르침이 경영으로 유입됐다. 다시 클라우제비츠와 손자 등의 가르침이 활용된 것이다. 조직의 계획과 정책을 전략적으로 조정해 어떻게 하면 합리적인 선택을 할 수 있을 것인가 하는 문제를 놓고 많은 사회학자, 심리학자, 경제학자 등이 논의를 이어갔다.

처음에 경영자들은 '어떻게 하면 노동력을 더욱 효율적으로 사용할 수 있을까' 하는 문제에 집중했다. 명확하게 정리된 규정을 바탕으로 과학적인 경영의 한 형태를 추구하고자 한 것이다. 이른바 테일러주의였다. 그러나 인간성을 무시한 방법들에 불만이 생기고 직원들의 자율성과 인간적인 대우가 생산성을 높인다는 게 밝혀졌다.

현대적인 기업의 경영을 학문적인 차원에서 탐구한 사람은 피터 드러커였다. 그는 1950년대 경영자와 자본가의 의미를 분리하고 경영의 직무를 '바람직한 어떤 기대 사항을 우선 가능하게 만들고 그다음에 실제 현실에서 실현하는 것'이라고 규정했다. 이로써 전략의 개념이 한층 넓어졌고 활용범위도 확대됐다.

우리는 이 방대한 분량의 전략문명사를 통해 '힘'을 창조하는 기술로서의 전략과 그 기술을 활용할 줄 아는 전략가의 중요성을 다시 한 번 깨달을 수 있다.

함께 읽으면 좋은 책

- 《역사를 바꾼 50가지 전략》
  다니엘 스미스 지음 | 최윤영 옮김 | 시그마북스
- 《전략의 신》 송병락 지음 | 쌤앤파커스

기업경영 성공과 실패의 역사를 말하다
《경영의 모험》

존 브룩스 지음, 이충호 옮김, 쌤앤파커스 펴냄

빌 게이츠가 극찬한 경영서의 고전

마이크로소프트 창업자 빌 게이츠가 '투자의 귀재' 워런 버핏을 처음 만난 1991년 어느 날. 그는 버핏에게 제일 좋은 경영 관련 서적을 추천해줄 수 있겠느냐고 물었다. 버핏은 조금도 주저하지 않고 "존 브룩스의《경영의 모험》이라네"라고 말했다. 그때까지만 해도 게이츠는 존 브룩스의 이름조차 몰랐다. 이미 절판 상태였기 때문에 그는 버핏에게서 그 책을 빌렸다.

그로부터 한참이 지난 2014년 여름. '게이츠'는 자신의 홈페이지와 〈월스트리트저널〉에 '내가 읽은 최고의 경영서'라는 제목의 글을 실었다. "버핏에게 책을 빌린 지 20년도 더 지났으며, 초판이 나온 지 40년도 더 지났지만《경영의 모험》은 내가 지금까지 읽은 최고의 경영서로 남아 있다. 존 브룩스는 지금도 내가 제일 좋아하는 경영서 작가다."

그는 이 책이 왜 불변의 가치를 지니고 있는지를 하나하나 설명하면서 특히 '제록스 제록스 제록스 제록스' 편에 대해서는 '저널리즘 명예의 전당'에 이름을 올릴 만하다고 극찬했다. 이후 재출간을 돕기 위해 팀까지 만든 그는 저작권자인 존 브룩스의 아들을 찾아냈고 마침내 43년 만에 불후의 명저를 되살려냈다. 이 이야기가 전해지면서 책은 미국에서 재출간 직후 베스트셀러에 올랐고 '억만장자의 바이블'이라는 별명까지 얻게 됐다.

도대체 어떤 내용이기에 그럴까. 저자인 존 브룩스는 뉴요커의 금융 부문 저널리스트이자 작가로서 비즈니스와 금융에 관한 글로 호평을 받았던 사람이다. 단순명쾌한 이야기나 문장으로 인물을 압축해서 설명하는 특별한 재능을 지닌 그는 신제품 개발과 주식시장, 세금, 기업 협력 같은 경영의 역사에 담긴 사례뿐만 아니라 기업가 본연의 정신, 기업의 내부 소통 등 근본적인 숙제들을 깊이 파고들었다.

그가 들려주는 12개의 이야기는 3가지 주제로 나뉜다. 5개는 포드자동차의 신차 개발 프로젝트, 제록스라는 혁신기업의 탄생 과정, 기업 비밀보호법과 인사관리에 관한 사례들을 다룬 것이다. 그 다음 5개는 급격한 주가 변동과 내부 정보를 이용한 주식 거래, 투자자 보호 문제, 주가 조작, 주주총회 현장의 생생한 목소리 등 증권시장 관련 주제들을 통해 인간의 탐욕과 좌절을 파헤친 것이다. 그리고 나머지 2개는 소득세를 둘러싼 대립과 파운드화의 평가절하를 둘러싼 국제 공조 이야기로 지금 우리의 거시경제 정책 이슈와도 맞닿아 있는 내용이다.

포드의 에드셀은 왜 실패할 수밖에 없었나

 포드 역사상 최악의 실패작인 에드셀의 경우를 보자. 포드는 자동차산업이 호황을 누리던 1952년에 중간 가격대의 신형차 프로젝트에 착수했다. 개발 비용만 당시로선 천문학적 숫자인 2억 5000만 달러를 쏟아부었다. 소비자 조사와 홍보에도 심혈을 기울였다. 드디어 1957년, 입이 딱 벌어질 만큼의 엄청난 광고와 함께 에드셀을 출시했다. 회사는 투자금을 회수하기 위한 노력의 첫 단계로 첫해에 최소한 20만 대가 팔리길 기대했다.

 하지만 결과는 참담했다. 그로부터 2년 2개월 동안 팔린 차는 고작 10만 9466대에 불과했다. 그중 많은 경우는 조바심을 내던 포드의 임원들과 딜러, 영업사원, 홍보회사 직원, 조립라인 노동자 등이 산 것이었다. 결국 같은 기간 미국에서 팔린 승용차의 1%에도 못 미치는 초라한 성적이었다. 견디다 못한 회사는 3억 5000만 달러의 손실을 안은 채 에드셀 생산을 영구히 중단했다. 열대우림 오지에 사는 원주민이 아니라면 들어보지 못한 사람이 거의 없을 정도로 참담한 실패였다.

 어떻게 이런 일이 일어날 수 있었을까. 돈과 경험, 고급 두뇌까지 부족한 게 없는 회사가 어떻게 그런 엄청난 실수를 저지를 수 있단 말인가. 당시 에드셀의 비극에 대해 미국 언론은 시장조사를 맹신한 게 잘못이었다고 지적했다. 그러나 브룩스가 심층 취재한 결과 실제 사정은 그와 정반대였다.

포드 수뇌부는 결정적인 순간마다 시장조사 결과를 외면하고 직관적인 결정을 내렸다. 차 이름을 결정하게 된 과정도 어처구니가 없었다. 홍보대행사가 길거리 조사를 통해 추린 후보 6000개를 내놨지만 경영진이 택한 것은 창업자의 손자이자 당시 최고경영자였던 헨리 포드 2세의 아버지(에드셀 포드) 이름이었다. 헨리 포드 2세도 처음엔 부친 이름을 따는 것에 반대했지만 별다른 대안이 안 나오자 결국 찬성으로 돌아섰다.

에드셀은 실패작임이 분명하다. 하지만 브룩스는 에드셀 탄생을 이끈 인물들의 그 후 이야기를 상세하게 들려주면서 '과연 에드셀 프로젝트가 실패이기만 했는가'라고 되묻는다. 그리고는 '성공한 사람은 결코 알 수 없는 어떤 장엄함을 실패한 사람이 가질 수 있는 시대가 왔음을 의미할지도 모른다'는 의미심장한 평가를 덧붙였다.

복사기 업체 제록스의 사례는 어떤가. 이건 우리가 익히 아는 구글이나 애플 이야기와 비슷하다. 무모할 정도의 도전이자 회사의 존폐를 건 결단이었으며 믿어지지 않을 정도의 성공으로 이어진 드라마라고 할까. 조잡한 실험실에서 외로이 연구한 발명가, 가족 중심의 작은 회사, 초기의 거듭된 좌절, 특허제도 의존, 고대 그리스어를 바탕으로 한 상표명, 마침내 자유기업제도의 우수성을 입증하는 영광스러운 승리…. 그것은 완벽한 성공 모험담의 전형이었다. 저자는 이 위대한 기업 이야기를 통해 경영이 본질적으로 이상주의자들의 모험이라는 사실을 상기하면서 '제록스는 20세기 기업의 전위였다'고 평가했다.

그의 관심은 '기업의 책임이 어디까지인가'라는 주제로 확대된다. 제록스 경영자들이 기업가의 책임과 성공의 대가를 깊게 고민한 사람들이었다는 것도 발견한다. 지역 사회와 대학에 대한 기부뿐만 아니라 공공 문제에 대해 열정적으로 목소리를 냈다는 점 역시 다른 기업들과의 차이점이었다. 정치적 반대파의 불매운동 압박에도 국제연합을 지지하는 전국적인 TV 캠페인을 벌인 게 대표적인 예다. 제록스 사장 윌슨은 한 연설에서 "기업은 중요한 공공 문제에 대해 분명한 입장 표명을 거부해서는 안 됩니다"라고 말했다.

이렇게 주주와 직원, 고객뿐만 아니라 전체 사회에 대한 책임감을 발휘한 측면에서 제록스는 대부분의 19세기 기업과 정반대의 행동을 보여주었고, 그 덕분에 '다른 차원의 이야기를 지닌 기업'으로 거듭나게 됐다.

저자가 최우수 기자상을 받았다는 '주식시장을 움직이는 손'도 주목된다. 1962년 5월 마지막 주에 일어난 주가 폭락 사태를 한 편의 추리소설처럼 다룬 것이다. 대공황의 기점인 1929년 10월의 '블랙 프라이데이' 이후 최대치의 주가 폭락이 일어났고 사흘 만에 기적적으로 반등했다. 폭락이나 반등의 원인은 불분명하다. 그는 이 사태를 다루면서 주식시장의 본질적인 위험성과 놀라운 회복력, 인간의 투기 심리를 동시에 보여준다. 현상과 본질에 대한 철학적 보고서라 할 만하다.

"그해 5월에 일어났던 일이 또 일어날 수 있느냐고 묻는다면, 물론 그럴 수 있어요. 나는 사람들이 1~2년 동안은 더 조심스러운 태도를 보일 거라고 생각해요. 그리고 나서는 다시 투기 행위가 쌓이다가 또 다른 위기가 찾아올 테고, 그런 양상은 신이 사람들을 덜 탐욕스럽게 만들 때까지 반복될 거예요."

비즈니스의 핵심은 결국 '인간적 관계'에 있다

이처럼 비즈니스의 영광과 고난의 역사를 집약한 이 책의 주제는 명쾌하다. 기업 경영과 가치의 창출은 돈이나 성과가 아니라 '인간'과 수많은 '인간적인 관계'를 통해 '멋지고 아름답게' 실현된다는 것이다.

그의 이야기들을 따라가다 보면 경영의 울타리를 벗어나 문학과 예술, 역사와 사회 속으로 발을 들여놓게 된다. 그것은 바로 연속성과 확장성 덕분이다. 노련한 베테랑 경영인이나 비즈니스 현장 멤버들만이 아니라 일반인들에게도 특별한 즐거움을 선사하는 이유가 여기에 있다. 게이츠가 "이 책의 내용은 오래됐음에도 여전히 유효한 게 아니라 오래됐기 때문에 유효하다. 이는 사실 인간 본성에 관한 것이고, 바로 그래서 시간을 초월한다"고 말한 이유도 알 것 같다. 이른바 '문학적 저널리즘'의 품격과 깊이를 함께 갖춘 책이다.

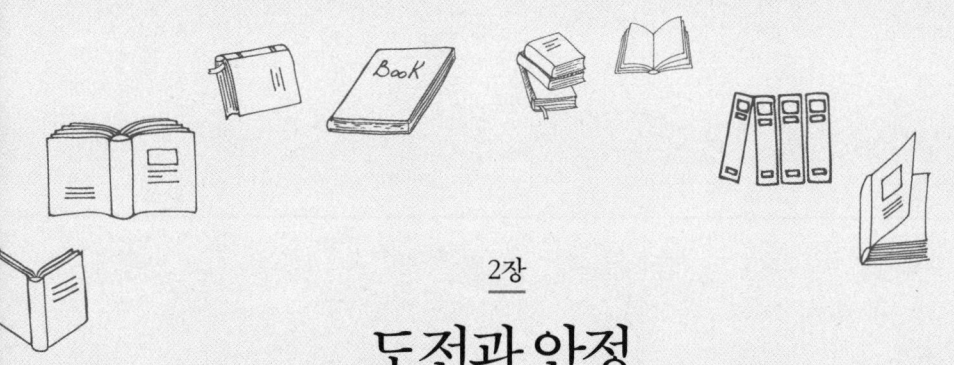

2장

도전과 안정,
무엇을 선택할 것인가?

상대의 마음을 움직이려면 성향을 파악하라
《어떻게 의욕을 끌어낼 것인가》

하이디 그랜트 할버슨·토리 히긴스 지음, 강유리 옮김, 한국경제신문사 펴냄

인간의 2가지 성향에 관한 흥미로운 탐구

 미국 컬럼비아대학 동기과학센터MSC는 인간행동 연구와 심리실험을 통해 동기부여에 관한 문제를 오랫동안 연구해왔다. 그중에서도 하이디 그랜트 할버슨과 토리 히긴스는 사람들에게 '성취지향promotion focus'과 '안정지향prevention focus'이라는 2가지 성향이 있다는 것을 밝혀냈다.
 두 사람은 《어떻게 의욕을 끌어낼 것인가》에서 어떤 동기가 더 지배적인가에 따라 사람을 두 유형으로 나누고 각각의 목표를 어떻게 이끌어낼 것인지를 알려준다. 이들은 동기과학센터 연구원인 레이와 존을 예로 들며 얘기를 시작한다.
 레이는 천성적으로 밝고 천하태평인 낙관론자다. 아이디어를 중

요하게 여기는 그는 사소한 일에는 신경 쓰지 않기 때문에 늘 이것저것 잘 잃어버리고 외모에는 관심이 없다. 창의적이고 혁신적이며 지적 모험을 감수한다. 이른바 성취지향형이다. 반면 존은 사사건건 잘못을 지적하고 일이 잘못될 가능성을 끊임없이 생각하는 비관론자다. 말쑥한 외모에 부지런하고 실수하지 않기 위해 필사적으로 노력하는 안정지향형이다.

성취지향형의 특징은 이익을 극대화하고 기회를 놓치지 않는 것이다. 낙천적이고 큰 그림을 생각하는 레이처럼 뭔가를 이루고, 남보다 돋보이고, 열망을 채우고, 칭찬받고자 하는 욕망이 행동을 주도한다.

그러나 안정지향형은 손실을 최소화하고 상황이 계속 굴러가도록 하는 것을 중시한다. 매사에 신중하고 꼼꼼한 존처럼 안전과 보안을 유지하고 실수를 피하며, 의무와 책임을 다해 신뢰할 만하고 확고부동한 사람으로 비치고자 애쓴다.

이처럼 사람들이 무엇에 주의를 기울이고 어떻게 해석하는지는 그 순간의 성향에 따라 결정된다고 한다. 심리학자들이 동기 성향에 주목하는 이유도 마찬가지다.

저자들은 업무 태도부터 자녀 양육, 연애, 의사결정 방식, 정치적 관점까지 성향의 영향을 다양한 실험과 사례로 살핀다. 이를 통해 자신의 성향을 활용하는 방법과 필요에 따라 전환하는 방법, 상대방의 동기에 맞춰 의욕을 끌어내는 방법을 제시한다.

사람들은 똑같은 상황에서도 전혀 다른 이유로 움직인다. 열심히 일하는 이유가 승진을 목표로 하는 '성취지향형'일 수도 있고 해고당하지 않기 위한 '안정지향형'일 수도 있다. 그래서 각자의 성향에 적합한 동기부여 방식이 필요한 것이다.

저자들에 따르면 인간은 태어날 때부터 보살핌을 받고자 하는 욕구와 안전하게 보호받고 싶어 하는 욕구를 갖고 있다. 보살핌을 받는다는 건 먹을 것, 마실 것, 포옹과 애정의 손길, 재정적 지원까지 원하는 긍정적인 것을 다른 사람들이 준다는 뜻이다.

안전하게 보호받는다는 것은 포식자, 독극물, 예리한 물체 등 부정적인 것을 피할 수 있도록 다른 사람들이 도와준다는 뜻이다. 그런데 어째서 한쪽 성향이 더 우세한 걸까. 가장 설득력 있는 답변은 양육방식의 차이다.

먼저 성공하면 애정 어린 칭찬을 듬뿍 주고 실패하면 애정과 관심을 철회하는 방식의 양육법이 있다. 이런 방식으로 길러진 아이들은 인정받기 위해 전진하고, 칭찬할 만한 성과를 내는 것에 초점을 맞춘다. 이와 반대로 실패하면 비판이나 처벌을 하고 성공하면 일상의 평화가 유지되도록 하는 양육법도 있다. 이렇게 길러진 아이들은 부모의 못마땅한 반응을 피하고 주어진 의무와 책임을 다하면서 평온을 지키는 데 초점을 맞춘다.

물론 부모의 영향만 있는 것은 아니다. 문화나 환경도 작용한다. 보통 미국인은 동아시아인에 비해 성취지향적인 성향이 더 강하다. 미국 문화는 독립심을 높이 평가하고 개인의 성취를 강조하므로 성취지향적인 태도를 장려한다. 반면 동아시아 문화는 상부상조에 중점을 두고 개인보다는 집단을 중요시하므로 안정지향적 성향을 갖게 만든다.

이렇게 우세한 성향이 무엇인지를 알고 나면 그 사람의 유형을 이해하기 쉽다. 그러나 모든 사람이 늘 같은 방식으로 동기부여를 받는 것처럼 단순하게 생각해서는 안 된다.

각기 다른 영역에서 우세한 성향이 달리 나타나는 경우는 흔하다. 일에서는 성취지향적인 사람도 가족이나 재무 관계에서는 안정지향적이 되어 신중해진다. 반대로 안정지향적인 사람도 배우자가 지나치게 자녀를 억압하면 성취지향적 육아 성향을 높임으로써 양쪽의 균형을 맞추기도 한다.

이는 진찰 순서를 기다리는 동안에는 안정지향적 성향이 우세해지고, 복권 당첨 번호가 발표되는 동안에는 성취지향적 성향이 우세해지는 것과 비슷하다. 회사에서 판매실적이 높은 사람에게 많은 보너스를 주겠다면 성취지향적 분위기가 조성되고 실적이 낮은 영업사원을 해고하겠다면 다들 안정지향형으로 옮아가는 것과도 같다.

매년 새해 결심의 단골 메뉴인 금연과 체중 감량을 주제로 한 연구 결과를 보자. 성취지향 동기가 높은 사람들일수록 처음 6개월 동안 담배를 끊고 체중을 줄이는 데 성공한 비율이 높았다. 하지만 다음 해까지 성공을 그대로 유지한 건 안정지향적 동기가 높은 사람들이었다.

처음에는 의욕적으로 시작하지만 갈수록 흐지부지되는 사람이라면 약간의 안정지향적 사고가 필요하고, 처음부터 용기를 내기 힘든 사람이라면 약간의 성취지향적 사고가 필요하다는 것이다.

기업에서도 마찬가지다. 저자들은 "기업과 팀은 혁신과 유지, 속도와 정확도를 모두 높이기 위해 성취지향형과 안정지향형 동료들이 서로의 관점을 존중하며 협력하는 게 무엇보다 중요하다. 그런 점에서 한쪽 성향의 강점이 다른 쪽의 강점을 효율적으로 보완할 수 있다는 사실을 감사히 여겨야 할 것"이라고 강조한다.

성향에 따라 설득의 메시지를 달리 하라

자, 그러면 성취지향형과 안정지향형이 똑같이 일을 잘하게 도우려면 무슨 말을 해줘야 할까. 저자들은 그 비결을 '동기 적합성'에서 찾는다.

'동기 적합성'이란 동기부여 방식과 개인의 성향이 조화를 이루는 상황을 가리킨다. 사람들은 일의 종류나 처리방식, 주변의 피드백 등이 성향과 일치할 때 동기 적합성을 느끼게 된다. 메시지를 상대방의 성향에 맞출 때 훨씬 더 효율적으로 동기부여가 된다는 얘기다.

이때 중요한 건 사람들이 원하는 것과 그걸 손에 넣는 방법까지 일치시키는 일이라고 한다. 자동차를 팔 때 연비에 대해 이야기한다고 가정해보자. 성취지향형에게는 '더 높은 연비'라고 해야 하지만, 안정지향형에게는 '더 낮은 연료비'라고 설명해야 한다.

성취지향형은 최신이나 최고를 원하므로 자동차 구입 시 누릴 부가 기능으로 관심을 끌어야 하고, 안정지향형은 열등한 제품을 구입하는 실수를 원치 않는 사람이므로 구매하지 않는 게 어떤 실수인지를 강조해야 한다.

이 두 타입의 고객은 똑같은 상품을 사더라도 구매동기는 완전히 상반된다. 이렇듯 특정한 메시지나 제품에서 어떤 버전이 누구에게 효율적으로 다가갈 것인가가 동기 적합성을 만들어내는 요령의 핵심이다.

성취지향형은 치약을 살 때 미백·구취 제거 등 얻을 수 있는 효과에 초점을 맞추고 안정지향형은 치약이 충치, 치석, 치은염 예방에 어떻게 도움이 되는지에 더 관심이 많다는 것도 일맥상통하는 얘기다.

사랑과 결혼에서도 이 같은 동기 성향은 중요한 영향을 미친다고 한다. 성취-성취형 커플은 눈만 맞았다 하면 순식간에 급행열차에 올라타는 회오리바람형 로맨스에 빠지기 쉽다.

로미오와 줄리엣이 이런 경우다. 안정-안정형 커플은 느리지만 꾸준하게 나아가는 짐마차형 로맨스를 중시한다. 제인 오스틴의 《오만과 편견》 주인공 같은 스타일이다.

그런데 성취-안정형 커플은 서로 다른 방향으로 움직일 것 같지만 뜻밖에도 가장 만족감이 높은 커플이라고 한다. 각기 우세한 성향이 혼합된 커플이기 때문에 모든 것을 혼자 도맡을 필요가 없고 서로 뛰어나거나 부족한 부분을 메워가며 균형을 잘 잡아준다는 것이다.

이른바 뜨거운 가슴과 냉철한 머리로 조화를 이루는 낙관-비관, 공세-방어, 동물성-식물성의 조합이야말로 영원한 사랑의 짝꿍이라니 이 또한 흥미로운 분석이다.

성취지향형 인물 특징

① 일 처리 속도가 빠르다.
② 여러 가지 대안을 고려한다.
③ 새로운 기회를 순순히 받아들인다.
④ 미래를 장밋빛으로 전망한다.
⑤ 긍정적인 피드백을 추구하고 그게 없으면 활력을 잃는다.
⑥ 일이 순조롭게 흘러갈 때 기쁨과 자신감을 느낀다.

안정지향형 인물 특징

① 일 처리가 느리고 주도면밀하다.
② 만반의 준비를 한다.
③ 짧은 마감 시한에 스트레스를 받는다.
④ 알려진 일 처리 방식을 고수한다.
⑤ 칭찬이나 낙관론을 거북스러워한다.
⑥ 일이 순조롭게 흘러갈 때에도 경계심을 잃지 않으려 한다.

목표를 이루려면 '직원의 열정'을 끌어내라
《부스터!》

김종수 지음, 클라우드나인 펴냄

"내가 야단을 치지 않아서 나를 우습게들 아나요?" "아니요…." "공부 못하는 아이가 야단을 많이 맞아서 공부 잘하게 됐다는 이야기를 들어본 적 있나요?" "없습니다." "직원들이 야단을 더 많이 맞으면 일을 더 잘하게 될까요? 정 부장은 야단을 많이 맞아서 일을 잘하게 된 적이 있나요? 아니면 야단을 많이 맞아서 아주 유능한 인재가 되어 능력을 발휘하게 된 사람을 알고 있나요?" "없습니다." "그렇다면 왜 야단을 쳐야 하지요?" "…."

《부스터!》의 첫머리에 나오는 대화 내용이다. 저자 김종수 씨는 포스코와 한세실업 등을 거쳐 2005년 동화홀딩스에 입사한 뒤 6년 3개월 만에 사장까지 5계급 초고속 승진한 입지전적 인물이다. 입사 5년 만에 한국, 말레이시아, 베트남, 뉴질랜드 4개 법인을 총괄하는 CEO가 된 기록도 갖고 있다. 그는 이렇게 눈부신 성과를 낼 수 있었던 비결을 경영학이 아니라 인간학에서 찾았다고 말한다. 인간을 통제 대상으로 삼거나 경제적인 이익만을 좇아서는 높은 성과를 낼 수 없다는 것이다.

기업의 리더가 꼭 알아야 할 인간중심 경영학

이 책의 제목 '부스터Booster'는 기업에서 직원들의 기운을 북돋우고 동력을 높인다는 의미를 담고 있다. 그는 "높은 성과를 창출하기 위한 부스터는 강제적인 하드 파워가 아니라 부드러운 소프트 파워"라며 "직원들에게는 승진과 경제적 보상을 뛰어넘는 욕구가 있는데 그걸 성과로 연결하도록 조직을 운영하면 탁월한 결과는 저절로 따라온다"고 말한다.

그는 제너럴일렉트릭GE과 마이크로소프트MS의 직원 평가 방식이 왜 오래가지 못했는지를 알려준다. 잭 웰치는 GE 최고경영자였을 때 '활력곡선vitality curve'을 적용해 임직원을 '상위 20%, 필수 70%, 하위 10%'로 나눴다. 20%에게는 보너스, 스톡옵션, 승진으로 보상하고 70%에게는 상위 20%에 들도록 독려했으며 10%는 해고했다. 많은 기업이 웰치의 상대평가 성과관리체계를 모방해 도입했다.

마이크로소프트의 최고경영자 스티브 발머도 10년 이상 '스택 랭킹stack ranking'이라는 상대평가 시스템을 활용했다. 1~5등급으로 나눈 뒤 최하등급 직원들을 내쫓는 방식이었다. 그런데 마이크로소프트가 2013년 11월 이 평가 시스템을 전격 폐지했다. 대신 간부들이 직원들과 1년에 2번 정도 만나는 '커넥트 미팅' 제도를 도입했다. 직원들에게 보너스를 줄 때도 유연성을 보장하기로 했다.

왜 폐지하게 됐을까. 경쟁의식을 높이려고 도입한 제도가 협업 분위기를 망쳤기 때문이다. 직원들은 구글 등 외부의 적과 경쟁하지 않고 내부 동료들과 경쟁했다. 성과를 내더라도 기계적인 비율에 따라 하위등급 직원이 나올 수밖에 없는 구조여서 관리자에게 얼마나 잘 보이느냐에 따라 평가가 달라지는 폐단도 드러났다.

그런데 '스택 랭킹'을 시작한 제너럴일렉트릭은 그 한계를 알고 일찌감치 이 시스템을 버렸다. 2001년 최고경영자에 오른 제프리 이멜트가 직원들에게 업무 개선점을 알려주는 등의 적극적인 피드백 방식으로 인사관리 시스템을 바꾼 것이다. 다른 회사들도 상대평가를 폐지하거나 완화하고 있다. 〈포춘〉 500대 기업 중 30% 정도만 상대평가제도를 유지하고 있다. 그것도 최하위 등급을 10%가 아니라 2%에만 주도록 하는 식으로 느슨하게 운영하고 있다. 한국에서는 두산그룹이 인사고과에 따른 승진 관행을 없앴다.

물론 야후처럼 역주행해서 곤혹을 치른 경우도 있다. 2013년 최고경영자 마리사 마이어가 관리자들한테 직원 등급 평가를 요구하자 몇 주 사이에 600여 명의 직원이 회사를 떠나버렸다. 마이크로소프트가 최악의 아이디어를 땅에 묻었는데 야후는 그것을 채택했다는 빈정거림이 뒤따랐다.

어느 직장에서든 마찬가지다. 대부분의 경영자는 직원을 당근과 채찍으로 통제하고 관리하려 든다. '만인의 만인에 대한 투쟁'을 촉발하는 상대평가제도에 솔깃할 수밖에 없다. 그러나 이는 인간의 고차원적인 욕구에 정면으로 반하는 것이라고 그는 지적한다. 미국 산업심리학자 에이브러햄 H. 매슬로가 "모든 인간 존재는 아름다움, 진실, 정의 등 고차원적인 가치에 대한 본능적인 욕구를 갖고 있다"고 한 이유도 같은 맥락이다.

좋은 리더가 되려면 먼저 인간을 깊이 이해해야

그렇다면 도대체 무엇을 해야 할까. 그는 "인간을 깊이 이해해야 한다"고 강조한다. "인간은 끝없이 사랑을 갈구하는 존재이기 때문에 조직에서도 상사와 동료로부터 인정받고 싶어 한다. 조직에서 '인정'은 그 어떤 인센티브보다도 강력한 보상이다. 따라서 직원을 인정하는 일이 제일 우선이 되어야 한다.

그다음에는 "직원을 통제하려 들지 말라"고 조언한다. 경영자들은 직원들을 장악하고 통제하고 관리하려 들지만 그 때문에 많은 사람이 좌절하고 절망한다는 것이다. "그들은 가치를 인정해주는 조직이나 보스를 만나 뜻을 펼치기를 갈망한다. 그들의 갈망을 충족시켜준다면 중국 전국시대 위나라 오기 장군의 부하들처럼 목숨을 걸고 전투에 임할 것이다."

그는 또 "자신이 가치 있다고 믿는 일을 하면 깊은 만족감을 갖는 것처럼 직장에서도 일의 가치에 대한 확신을 심어주는 게 중요하다"며 "거기에 '주도적으로' 일할 수 있도록 자유와 재량권을 주면 더욱 좋다"고 말한다.

"그렇게 내버려두라는 뜻이 아니다. 직원들의 가슴속에 용암처럼 끓고 있는 잠재된 힘을 끌어내라는 뜻이다. 그들의 가슴속을 들여다보고 깊숙한 곳에서 끓어오르는 욕구의 힘으로 조직을 움직이라는 것이다. 그래서 조직의 인간 본성에 반하는 속성을 중화시키고 조직 역량을 극대로 끌어올리는 방법을 찾아내자는 것이다. 그 결과 인간의 본성적 욕구가 충족되게 해서 구성원들도 좀 더 행복해지게 하자는 것이다."

그는 "이런 방식의 좋은 점은 리더도 행복하고 직원들도 행복하고 회사도 행복해진다는 것"이라며 "이렇게 일하면 채찍을 휘두르며 협박하고 야단치는 사람보다 훨씬 탁월한 성과를 내며 승승장구할 수 있다"고 덧붙인다.

마치 재미있는 강연을 듣는 듯하다. 생생한 현장 경험과 오래 숙성된 성찰의 결과를 맛깔나게 녹여냈다. 경영학과 인간학의 행복한 만남이랄까, 계산기를 두드리기보다 인간의 마음을 깊이 이해하라는 메시지가 따뜻하게 다가온다. 마지막 장 '리더를 리드하라'도 신선하다. 특히 "보스에게도 업무상 리더십을 발휘하라"는 대목에서 무릎을 쳤다.

사용자 입장에서 보고 생각하고 창조하라
《구글은 어떻게 일하는가》

에릭 슈미트 외 지음, 박병화 옮김, 김영사 펴냄

구글 창업자 래리 페이지가 2002년 5월 어느 금요일 오후 구글 사이트를 뒤지다 짜증을 냈다. 검색어를 칠 때마다 전혀 무관한 광고가 자꾸 떴기 때문이다. 구글의 광고 프로그램이 사용자에게 쓸데없는 메시지를 강요한다는 것에 강한 충격을 받은 그는 그 페이지를 인쇄해서 당구대 옆 주방 벽에 걸린 게시판에 붙였다. 그리고 커다란 글씨로 "이런 광고는 너절해!"라고 써놓고는 집으로 갔다.

정상적인 기업이라면 불량을 발견한 최고경영자가 당장 책임자를 호출할 것이다. 문제점을 토론하기 위해 회의도 열 것이고 해결 가능성을 타진한 다음 행동방침을 결정할 것이다. 이 과정에 몇 주가 소요될 것이다.

하지만 래리는 그런 방식으로 하지 않았다. 그런데 72시간도 지나지 않아 '기적'이 일어났다. 월요일 새벽 5시 5분에 검색 엔지니어 중 1명인 제프 딘이 그에게 이메일을 한 통 보내왔다. 4명의 동료와 함께 래리의 글에 공감했다며 왜 이런 문제가 발생했는지에 대한 상세한 분석과 함께 주말 동안 만든 해결책까지 링크해놓았다.

그 핵심은 온라인 광고의 품질을 측정하는 것이었다. 검색어와 연관 광고의 품질을 평가해 점수를 매긴 뒤 그 광고가 어느 부분에 들어가야 하는지를 결정하는 방법이었다. 이것이 곧 최적의 광고를 연결해주는 '구글 애드워즈 엔진'의 기초가 됐고 수십억 달러 규모의 사업으로 확대됐다.

이들은 광고와는 직접적인 연관도 없었고 광고부서와 접촉한 적도 없었다. 하지만 주말을 소비해가며 자발적으로 누군가의 문제를 이롭게 해결해준 것이다. 구글 문화의 힘이 무엇인지를 보여주는 단적인 예다. 회사의 과제가 무엇인지 알고 자유롭게 뛰어들어 고쳐보는 직원들, 그런 문제 해결사를 발굴하고 채용해서 키워내는 회사. 이것이 구글의 진짜 힘이다.

검색엔진에서 시작해 구글 맵, 안드로이드, 유튜브, 크롬, 구글 글라스, 무인 자동차, 태양광발전소, 인터넷 풍선으로 끊임없이 뻗어나가는 혁신의 아이콘도 여기에서 비롯됐다.

에릭 슈미트가 직접 공개한 구글의 기업문화

《구글은 어떻게 일하는가》는 2001년 구글에 합류해 2011년까지 최고경영자로 회사의 성장을 이끌었고 현재는 회장으로 정책 자문과 대외협력을 책임지고 있는 에릭 슈미트가 구글의 기업문화를 직접 밝힌 첫 책이다. 수석부사장을 지낸 조너선 로젠버그와 커뮤니케이션 책임자 앨런 이글도 공동저자로 참여했다.

1998년 래리 페이지와 세르게이 브린이 구글을 창업했을 때 두 사람은 사업에 대한 훈련이나 경험이 전혀 없었다. 다만 몇 가지 단순한 원칙을 세우고 회사를 운영했다. 구글이 스탠퍼드대학 기숙사에서 먼로 파크의 차고로, 팰러앨토의 사무실로, 마운틴뷰의 거대한 사옥으로 옮기는 과정에서도 이 원칙은 바뀌지 않았다.

그 원칙의 첫 번째는 모든 제품의 초점을 사용자에게 맞춘다는 것이다. 뛰어난 서비스를 제공하면 돈은 저절로 따라온다고 믿었기 때문이다. 이들은 최고의 서비스를 만들기 위해 최고의 인재를 구했다. 능력 있는 소프트웨어 엔지니어를 채용한 뒤 그들에게 최대한의 자유를 줬다. 고급 요리를 마음껏 먹을 수 있는 구내식당과 개인 트레이너가 딸린 체육관 등은 기본이다.

구글의 핵심 가치는 '전문성과 창의력'

이처럼 자유로운 업무환경을 추구한 까닭은 '전문성과 창의력'을 키우기 위한 것이었다. '전문성과 창의력'은 일종의 사시社是다. 저자는 "사업이 빠른 속도로 변해야 한다는 통찰력과 리스크를 무릅쓰고 그 변화의 일부가 되는 용기, 최고의 전문성과 창의력을 갖춘 인력을 끌어들이고 이들에게 그런 변화를 일으키게 하는 자세와 능력이 필요하다"고 강조한다.

또 위계보다는 실력을 중시한다. "히포의 말을 듣지 말라"는 말도 그래서 나왔다. 여기서 히포는 '하마'가 아니라 '최고 급여를 받는 사람의 의견Highest-Paid Person's Opinion'을 의미한다. 구글의 광고 책임자가 회의에서 공동 창업자인 세르게이 브린의 의견을 받아들이지 않고 원안을 관철시킨 사례도 여러 번 나온다. 중요한 것은 아이디어의 질적 수준이지 누가 말했느냐가 아니라는 것이다.

틀에 얽매이지 않는 자유로운 사고와 긍정의 태도 역시 구글의 독특한 에너지다. 몇 년 전 유튜브의 책임자 살라르 카망거도 그랬다. 주간 직원회의에서 고화질 재생장치 신제품을 논의하는 자리였다. 테스트는 완벽하게 진행됐다. 그는 당장 출시해도 아무 문제가 없지 않겠느냐고 물었다. "그런데요. 일정상으로는 몇 주 뒤에나 시판하게 돼 있습니다. 좀 더 테스트를 해보고 최종적으로 이상이 없다는 것을 확인해보는 게 어떨까요?" 직원 한 명이 말했다. "일리가 있군요"라고 그가 말했다. "그런데 일정 외에 지금 출시할 수 없는 다른 이유가 또 있습니까?" 아무도 이유를 대지 못했다. 그 고화질 유튜브는 그다음 날 시판됐다. 아무런 문제도 발생하지 않았고 시판을 가로막을 다른 장애물도 없었다. 수많은 유튜브 사용자가 이 긍정적인 결정 덕분에 몇 주 빨리 혜택을 본 것이다.

이들의 목표는 단순히 경쟁사를 이기는 것이 아니라 진정한 혁신을 이루는 데 있다. '모든 조직개편은 하루에 끝내라', '폐쇄보다 공개를 기본 설정으로', '면접시간은 30분으로', '80%의 이익에 80%의 시간을 소비하라', '일단 내놓은 다음 개선하라', '가장 어려운 질문을 제기하라' 등의 경영원칙도 모두 혁신과 창의를 위한 것이다.

직장인이 꼽은 가장 일하기 좋은 회사, 기업 브랜드 가치 세계 1위, 10억 명의 구글 맵 사용자, 구글 안드로이드 스마트폰 80% 점유…. 이 모든 구글 신화의 최종 모토는 바로 "상상할 수 없는 것을 상상하라!"다. 세상에서 가장 혁신적이고 미래지향적인 기업 구글의 혁신전략과 성공법칙, 미래기업의 조건도 여기에 함축돼 있다.

세상을 바꾸는 구글의 힘

- 긍정의 문화를 세우라: 해도 된다는 말을 자주 하라. 긍정의 말은 일을 진척시키는 핵심이다.
- 폐쇄보다는 공개를 기본으로 설정하라: 혁신을 추진하고 비용을 낮추기 위한 최선의 방법은 개방이다.
- 배움을 멈추지 않는 사람을 채용하라: 늘 학습하는 사람은 두려움이 없어 변화에 대처하는 능력이 뛰어나다.
- 고개만 끄덕이는 인형을 조심하라: 조직을 결속하고 궁극적인 결정에 이르게 하는 힘은 서로 다른 의견에서 나온다.
- 계급이 아니라 관계를 형성하라: 시간을 들여 사람을 파악하라. 문제해결의 실마리는 인간관계에 있기 마련이다.
- 일단 내어놓은 다음 개선하라: 너무 잘하려다 망친다. 새로운 아이디어는 결코 처음부터 완벽할 수 없다.

조직 변화를 꿈꾼다면 눈에 보이게 하라
《경영의 가시화》

나가오 가즈히로 지음, 김윤수 옮김, 다산북스 펴냄

보고가 올라오지 않아 몰랐던 사실을 갑자기 알게 돼 당황한 적이 있는가? 회사가 어디로 가고 있는지 몰라 허둥댄 일이 있는가? 전략을 실행하라고 외쳐도 직원들이 잘 움직이지 않는가?

일본 NI컨설팅의 나가오 가즈히로 대표도 이런 고민을 수없이 했다고 한다. 그는 "직원들이 움직이지 않는 것은 눈에 보이지 않는 가치 있는 정보들을 제대로 활용하지 못하기 때문"이라며 "회사의 모든 지식과 정보를 눈에 보이게 하라"고 말한다. 사소한 문제까지 공개해서 전 사원의 눈에 보이게 '가시화'하라는 것이다.

그러면 회사가 현장 변화를 실시간으로 감지하면서 이에 신속하게 대응하는 '실행력 높은 조직'으로 변하게 되고, 직원들도 경영자 의식을 갖고 일하는 '자율경영조직'으로 거듭날 수 있다고 한다.

이는 그의 저서 《경영의 가시화》에 자세히 설명돼 있다. 이 가운데 핵심은 "눈에 보이면 깨닫게 되고, 깨달으면 움직인다"는 것이다. 어찌 보면 간단하다. 사원들이 자신의 생각과 지혜를 다른 직원들과 공유하고 가시화하도록 조직 풍토와 시스템을 바꾸자는 것이다. 문제는 늘 구체적인 방법이다. 머릿속의 지혜나 지식, 정보는 눈에 잘 보이지 않기 때문에 더 그렇다.

보이면 움직이고… 움직이면 변한다

기업 컨설턴트이기도 한 그는 2200개 회사에 가시화 경영 시스템을 적용하면서 '변화를 눈에 보이게 한다 → 보이면 깨닫는다 → 깨달으면 움직인다 → 움직이면 변한다'는 사이클을 확인했다. 그가 이 과정에서 터득한 전략 수립·실행법 3가지는 다음과 같다.

첫 번째는 '전략의 가시화-비전·전략·전술 맵을 만들라'다. 사원들이 회사의 전략을 이해할 수 있도록 현 위치와 목적지를 명확히 보여주라는 것이다. 즉 20년 후 꿈같은 미래를 그리는 '비전 맵', 현재와 20년 뒤를 연결하는 '전략 맵', 각 연도의 방침을 명시하는 '전술 맵'을 만들어 공유하면 사원들이 경영자 의식을 갖게 된다는 얘기다.

두 번째는 '매니지먼트의 가시화-액션 플랜으로 전략을 검증하라'다. 도달해야 하는 목표와 현재의 차이를 스코어 카드로 명확히 드러냄으로써 문제가 무엇인지 알게 하고, 어떻게 실행해야 하는지를 알려주는 것이다. 업무 과정이 눈에 보이면 모니터링을 할 수 있어 상사나 동료의 피드백을 통해 어떻게 페이스를 조절할지도 궁리하게 된다.

세 번째는 '현장의 가시화-가시화 일지를 작성하라'다. 여기서 일지는 단순한 업무보고용이 아니라 전 직원이 활용할 수 있는 '살아 있는 업무 매뉴얼'이 돼야 한다. 가시화 일지에 매일의 업무 내용, 진행 과정 중의 고민, 향후 계획 등을 기록하면 후에 자신의 계획이 왜 성공했고 실패했는지 알 수 있다. 이는 성장에 도움이 될 뿐만 아니라 다른 사람의 피드백을 통해 중간에 계획을 수정·보완할 수도 있어 일석이조다.

그는 이 같은 3가지 포인트를 체크한 다음에는 "모든 데이터를 한눈에 볼 수 있는 경영 조종석을 갖추라"고 조언한다. 질적 정보와 양적 정보를 실시간으로 파악해서 경영 상태를 제대로 진단하라는 얘기다. 예를 들어 '자사 상품 A의 평판이 아주 좋다'는 평이 담당 영업자의 일지에 올라왔다고 해서 상품 A의 물량을 무조건 늘리지 말고 관련 데이터를 면밀히 분석하는 게 필요하다. 실제로는 관련 매출이 오르지 않았을 수도 있기 때문이다. 일지나 현장 보고로 얻는 질적 정보와 데이터를 통해 얻는 양적 정보를 모두 파악해야만 진짜 실태를 진단할 수 있다는 것이다.

그의 말처럼 기업 경영은 비행기 조종과 같다. 파일럿은 계기판을 통해 현재의 속도와 고도, 연료 등 수많은 데이터를 읽으면서 실시간으로 비행 상황을 파악하고 그때그때 의사결정을 내린다. 급변하는 현실에 맞춰 기업을 안전하게 '조종'하려면 현재 상황을 올바르게 파악하고 각종 데이터를 실시간으로 확인할 수 있는 '경영 조종석'을 갖춰야 한다.

과거의 경험과 감만 믿고 경영하는 것은 계기판도 보지 않고 비행하는 것과 마찬가지다. 현장에서 얻은 정보가 아니라 우연히 목격한 정보의 일부나 3개월이 지난 과거 데이터를 바탕으로 지시를 내리면 실패할 수밖에 없다. 인구 감소와 시장 축소 시대에는 '현장 변화'에 '실시간'으로 대응하는 조직만 살아남게 마련이다.

"기업 경영자와 관리자의 연령대를 보면 대개 40대 이상이다. 월급도, 상여금도 매년 올라가는 것이 당연했던 시절을 겪은 세대다. 하지만 과거 경기가 좋았던 그때 그 시절을 회상하며 '내가 젊었을 때는 말이야'라고 시작하는 무용담은 더 이상 쓸모가 없다. (…) 단순히 리더가 뛰어난 판단력과 사고력을 갖추지 못하고 있거나 과거의 경험들이 가치가 없어서가 아니다. 그러한 능력과 지혜를 살리기 위해서는 현장 정보를 실시간으로 파악하는 게 꼭 필요하다."

이는 곧 싸우지 않고 이기는 방법이기도 하다. 경영전략의 궁극적인 목표야말로 자사만이 할 수 있는 사업을 독점적으로 하면서 타사와 싸우지 않고 이기는 것이다.

혹시 '이건 다른 회사에서는 절대 안 할 거야'라는 생각이 드는 것, 다른 회사에서도 할 수는 있지만 괴롭거나 힘들고 귀찮아서 꺼리는 일이 때로는 큰 성공을 가져다준다. 언젠가는 타사가 하고 싶어도 하지 못하게 된다. 야마토 트랜스포트의 택배가 대표적인 예다. 일본 어느 지역에서든 작은 소포 하나를 1000엔 정도에 배송하면 채산이 맞지 않기 때문에 아무도 하려 들지 않았는데 이 회사는 그 틈새를 뚫고 들어간 것이다.

고객을 가시화하면 영업전략이 보인다

영업을 할 때에도 마찬가지다. 본래 보일 리가 없는 고객을 사내에 가시화하기 위해서는 반드시 전략이 필요한데, 저자는 이를 '시·관·찰의 시점'으로 설명한다. '시視'는 현장에서 보는 것이기 때문에 고객을 직접 방문하는 영업 담당자만이 할 수 있다. 하지만 이것만으로는 가시화가 되지 않는다. 반드시 '관觀'도 필요하다. 과거에서부터 고객이 그렇게 행동하게 된 연유를 살펴보면 그동안 보지 않았던 것들이 보이기 시작한다. 이것이 일지에 기입하는 상담이력 정보다. 그동안 축적된 정보를 나열함으로써 그 고객의 진짜 모습을 부각시키는 것이다. 그리고 과거에서부터 축적된 정보 속에 '찰察'을 집어넣는 것이 추측이다. 영업 담당자는 고객의 의도나 목적, 사정을 추측해서 이에 관한 정보를 남긴다. 이것을 후에 다시 읽어나가면 그 고객의 진의, 목표, 본심이 보이기 시작한다. 이 세 가지 시점이 갖춰져야 보이지 않는 것이 가시화되고 '실체를 보고 단정 짓는 진단'이 가능해진다.

이를 정리하면 '견見→ 시視→관觀→찰察→ 진診'의 사이클을 계속 거치는 것을 알 수 있다. 이런 과정을 거듭하면 같은 것을 보더라도 수준과 깊이가 달라진다고 한다. 이 대목에서 그는 "일지는 단순히 현장 담당자가 하루의 활동을 보고하는 보고서가 아니라 '보이지 않는 것을 가시화하기 위한 사내 신경망'이라고 인식해야만 가치 있게 활용할 수 있다"고 강조한다.

저자의 얘기를 한데 버무리면 '계획$_{plan}$과 실행$_{do}$ 사이에는 가시화$_{see}$가 필요하다'는 문장으로 요약할 수 있다. 이 책 외에도 영업 베테랑들의 역할 트레이닝을 담은《영업의 가시화》, 전략 베테랑들의 3가지 사고 단련법을 다룬《성과의 가시화》를 함께 읽으면 더 많은 가시화 노하우를 터득할 수 있다.

함께 읽으면 좋은 책

- 《가치관 경영》 전성철, 정진호 외 지음 | 쌤앤파커스

저자의 다른 책

- 《리더는 누구인가》
  나가오 가즈히로 지음 | 현정수 옮김 | 이봄

보이는 조직이 강하다
《미에루카 경영전략》

엔도 이사오 지음, 김재협 옮김, 황금나침반 펴냄

문제 드러내 정보를 공유하라

도요타 공장의 제조 라인에는 '안돈(초롱불)'이라는 게시판이 달려 있다. 각각의 공정이나 기계의 정상가동·정지 여부를 램프로 표시한 것이다. 현장 관리자나 감독자는 공장의 어느 위치에 있더라도 이 게시판을 통해 한눈에 현장 상황을 파악할 수 있다.

이 '안돈 시스템'은 매우 심플해 보인다. 그러나 그 본질을 꿰뚫어 보기 위해서는 3가지 포인트를 이해해야 한다. 첫째, '문제를 개방적으로 공지한다'는 것이다. 안돈은 제조 라인에서 문제가 생겼다는 사실을 즉시 알리는 동시에 그 정보를 모두 공유하게 만든다.

둘째, '개인 책임자가 문제를 발견한다'는 것이다. '초롱불'을 점등하는 책임과 권한은 각 라인의 작업 담당자에게 위임돼 있다. 이상이 생겼다는 것을 인지한 담당자는 스스로 판단해 머리 위에 매달려 있는 스위치를 누른다.

셋째 '문제해결은 팀 단위로 수행한다'는 것이다. 작업 담당자가 스위치를 누르면 그 공정을 가리키는 안돈이 황색 표시로 변하고, 감독자가 현장으로 달려가 그 자리에서 대응책을 협의하고 실행한다. 팀 단위로 지혜를 짜내고 대응책을 마련해서 문제가 해결되면 안돈은 다시 녹색으로 변한다.

이것이 바로 '미에루카 경영'의 핵심이다. 미에루카란 도요타 자동차 생산현장에서 탄생한 단어로 '문제점을 보이게 하라'는 현장관리 신조어로, 이른바 '가시화'의 위력을 보여 주는 용어다.

'눈으로 볼 수 있는 관리'가 핵심

《미에루카 경영전략》의 저자인 엔도 이사오는 이를 '눈으로 볼 수 있는 관리'로 표현하기도 한다. 그는 와세다대학 비즈니스 스쿨 교수이자 유럽계 전략컨설팅회사인 롤랜드 베르거의 일본법인 회장이다. 와세다대학 경영학부를 졸업하고 미국 보스턴대학에서 경영학 석사학위를 받은 뒤 미쓰비시전기와 미국계 전략컨설팅회사에서 근무했다.

베스트셀러 《경영자와 현장력》으로도 유명한 그는 '미에루카 경영'을 "기존의 인력과 설비만으로 추가 비용을 최소화하면서 최고의 경쟁력을 끌어올리는 혁신 전략"이라고 정의한다.

단순히 상황이나 실적을 그래프로 보여주는 것이 아니라 조직 전체가 개개인의 작업을 이해하고 공유함으로써 조직의 문제를 해결하는 방식이다. 한마디로 '기업의 문제를 해결하기 위한 정보 공유 시스템'이라 할 수 있다.

"미에루카의 근원적 의미는 '문제점을 볼 수 있게 만드는 것'이며 현장력을 강화하고 자율적 문제해결 능력을 높이기 위해 '보이는' 조직을 체계화하는 것이 필요하다. 인간이 외부로부터 얻는 정보 가운데 80%가량은 시각을 통해 얻는다. 인간에게 시각은 행동을 일으키는 방아쇠를 당기기 위한 가장 중요한 '입구'이며 비즈니스에서 이를 이해하고 활용하는 것은 무엇보다 중요하다."

그는 도요타처럼 '제대로 보고 있는' 기업이 강할 수밖에 없다며 "이는 경영에서 현장에 이르기까지 필요한 정보가 적절한 시점에 보이기 때문에 정확하고 신속한 대처가 가능해진다"고 말한다. 반면 '보지 못하고 있는' 기업은 항상 한발 늦게 대응하게 되고, 대응책도 적절하지 못하다는 것이다.

포스코는 2007년부터 가시적인 업무계획, 실행을 한눈에 볼 수 있는 비주얼 플래닝Visual Planning 기법을 도입, 전 부문에 걸쳐 혁신을 일궈왔다. 이 기법은 초창기 단순한 정보 공유 수준에서 회사의 전략과 연계된 가치업무에 집중하는 형태로 진화하며 자기개발PSC: Personal Score Card에도 적용되고 있다. VP는 포스코 전 부문은 물론 해외법인과 출자사에도 확산, 포스코 혁신의 툴로서 업무의 질을 업그레이드하며 경쟁력 향상에도 기여하고 있다고 한다.

불량률 높을 바엔 라인을 세워라

그는 1장에서는 '10년 불황을 돌파한 일본 기업의 신경영전략'으로 불리는 미에루카의 원리와 원칙을 설명하고, 2장에서는 일본 우량 기업들의 34가지 성공 사례를 통한 활용 방법, 3부에서는 경쟁력을 갖춘 현장 만들기 비법을 제시한다.

특히 기업 활동의 주체가 사람이라는 점을 중시하면서 조직 전체의 이해와 신뢰를 쌓아가는 방법에 초점을 맞추고 있다. 이 과정을 통해 더 넓은 시야를 가진 인재를 키우는 방법까지 알려준다.

미에루카의 핵심은 '현장 상황을 숨김없이 드러내 보이기', '여러 가지 정보를 공개하고 공유하기', '단순하고 한눈에 상황이 보이는 현장 만들기' 등으로 요약된다.

현장 상황을 있는 그대로 드러내고 정보를 공유하는 것이 왜, 얼마나 중요한가. 그는 "진지하고 성실한 직장일수록 이상 상태를 알리기 전에 자기 선에서 어떻게 해보려고 하는 경향이 있는데, 이런 '진지함'이 오히려 문제해결을 지연시키는 결과를 낳는다"고 지적한다. 또 도요타가 '안돈'이나 '진척관리보드'를 실적 향상의 유용한 도구로 이용하고 있는 이유가 바로 여기에 있다고 강조한다.

'이상 상태를 눈에 띄게 표시해 못 보고 지나치는 일이 없도록 하며 발견한 문제는 그 자리에서 바로 개선한다'는 목표를 공유하면 진행 일정의 차질이 줄어들고 불량률이 떨어져 더 큰 이득을 거둘 수 있다는 얘기다.

책에 나오는 성공 사례들이 재미있다. 유타카 정밀공업의 유통관리 개혁을 이뤄낸 '고정자산 장부 조사', 하마쿄렉스의 철저한 일별 수익 관리지표인 '수지 일일 계산표', 일렉트로닉스의 핵심 지표와 시책을 세우는 'KPI 조종실', 엡손의 제조원가 대폭 절감을 추진하는 '조달 개혁', 혼다 클리오의 고객 목소리를 체계화한 '고객보다 100배 더 난리를 쳐라' 등 34개 사례를 통해 각각의 상황에 맞는 노하우를 배울 수 있다.

34개 성공 사례 통해 노하우 제시

캐논 이바라기현 아미공장의 사례를 보자. 이 공장에서는 '1초의 시점'을 표어로 삼고 작업 효율을 높이고 있다. 아미공장은 고급복사기를 '셀Cell' 생산방식으로 생산하고 있다. '셀'이란 '세포'라는 뜻으로 1인 작업자 또는 그룹이 부품의 부착, 조립, 가공, 검사까지의 전체 공정을 총괄하는 생산방식이다.

예를 들어 '부품의 배치방법을 바꾸었더니 어제보다 1분 빠르게 목표대수 생산을 완료했다'는 식의 실적을 기록하면 객관적인 수치로 확실하게 '보이게' 된다.

이 사례는 자신의 지혜, 아이디어가 구체적인 효과로 '가시화'됨으로써 작업자의 의욕은 한층 더 강해지고 조직적인 지혜로 활용할 수 있다는 것을 입증해준다.

델의 'PC 납기정보검색 서비스'도 좋은 예다. 이 회사는 고객이 주문한 제품의 생산·배송 현황을 가장 잘 볼 수 있게 만든다. 주문한 제품을 실시간으로 조회할 수 있으며 제품이 국내 배송센터로부터 출하됨과 동시에 그 소식을 이메일로 알리는 시스템을 이용했다.

법인고객은 이 정보를 토대로 제품이 납입되는 날짜를 파악하고 제품을 사내에 설치하기 위한 준비를 시작한다. 개인고객들은 자기가 주문한 제품이 도착하기까지의 과정을 지켜보면서 그 제품에 대해 강한 애착을 느끼게 된다.

가능한 한 정보를 공개함으로써 고객 만족도를 높이고 운영의 효율성 향상이라는 두 마리 토끼를 잡을 수 있었던 것이다.

저자의 다른 책

- 《성과의 가시화》 엔도 이사오 지음 | 김정환 옮김 | 다산북스
- 《현장론》 엔도 이사오 지음 | 정문주 옮김 | 다산출판사

치열하게 생각하라, 해답은 있다
《답을 내는 조직》

김성호 지음, 쌤앤파커스 펴냄

저것은 넘을 수 없는 벽이라고 고개를 떨구고 있을 때
담쟁이 잎 하나는 담쟁이 잎 수천 개를 이끌고
결국 그 벽을 넘는다.

도종환 시인의 유명한 시 '담쟁이'다. '서두르지 않고' '여럿이 함께 손을 잡고' 올라 '절망을 다 덮을 때까지' 그것을 놓지 않는 힘. 이처럼 '잎 하나'가 '잎 수천 개'를 이끌고 벽을 넘는 것이 곧 인생이고 경영인 것이다.

변화코칭 전문가인 김성호 솔로몬연구소 대표는 신간《답을 내는 조직》에서 이 시를 인용하며 '담쟁이 인재'가 돼야 한다고 강조한다. 이번 책에서 그는 전작 베스트셀러《일본전산 이야기》의 메시지를 발전시켜 어느 조직에서든 필수불가결한 성공의 핵심을 전한다. 그것은 어떤 한계든 극복하고 '답'을 찾겠다는 불요불굴의 정신이다.

그는 어떻게 하면 '반드시 답을 찾는' 의식개혁을 이루어 '담쟁이 인재'가 될 수 있는지 크고 작은 기업들의 사례를 통해 알려준다.

"똑같은 위기에 어떤 기업은 망하고 어떤 기업은 흥하는가. 그것은 인프라도, 자본력도 아닌 '답'을 찾아내는 힘이 다르기 때문이다. 하려고 하면 방법이 보이고, 하지 않으려 하면 변명이 보이는 법이다. 조직에 스며든 대충주의와 패배주의를 단호히 척결하고 결과물을 내는 습관을 체질화하는 게 시급하다."

'탁구여왕' 현정화 감독을 예로 든 대목이 눈길을 끈다.

"현정화 감독은 현역 시절 올림픽 금메달을 딴 그 순간에도 '다음 경기는 뭐지?' 하는 생각을 먼저 했다고 한다. 보통 사람이라면 '이제 끝났다'며 마음이 풀어졌을 때조차 긴장의 끈을 놓지 않은 것이다. 그런 마음가짐이 있었으니 단체전, 여자복식, 혼합복식, 개인단식까지 제패하며 그랜드슬램을 달성할 수 있었을 것이다. 이처럼 성취를 거두는 삶을 사는 가장 확실한 방법은 일상생활이나 일과에서 새롭게 도전할 새로운 목표를 세우는 것이다."

치열하게 고민하는 기업이 살아남는다

그는 이런 사례들을 통해 "끝까지 답을 내는 조직, 끝까지 답을 내는 사람이 되라"고 거듭 강조한다. 한순간이라도 '이만 하면 됐지' 하고 안주해서는 안 된다는 것이다. 현재 실적에 안주하기 시작하면 새로운 것을 시도할 생각조차 하지 않게 되기 때문이다.

그는 또 많은 기업에서 '패기'가 사라지고 있다고 꼬집는다. 기술이 있거나 없거나, 인재가 많거나 적거나, 지금 잘나가거나 그렇지 못하거나 상관없이 어떻게든 문제를 물고 늘어져서 해답을 찾아내는 '끝장정신'이 없다는 얘기다.

"새로운 것을 해보자면 다들 경기를 일으킨다. 무조건 '안 돼'부터 외치면서 지금 하던 대로 그냥 하자고 한다. 하지만 처음부터 쉬웠던 방법이 어디 있는가? 만들어진 방법은 쉽지만, 그 방법을 만들기까지는 무엇이든 험난한 법이다. 그걸 이겨내고 방법을 찾아야 하는데, 사람들은 속 편하게 그냥 방법이 없다고 한다. 그러나 착각이다. '방법'이 없는 게 아니라 '생각'이 없는 것이다."

또한 그는 실패하는 사람들의 문제는 '방법'이 없는 것이 아니라 '생각'이 없는 것이라고 진단한다. 그러면서 '경영의 신' 이나모리 회장이 JAL의 '구원투수'로 CEO에 부임하자마자 간부들의 의식을 바꾸는 데 주력한 사실을 상기시킨다.

"여러분은 다른 회사 같으면 이미 길거리를 헤매는 노숙자 신세가 됐을 것이다. 사태가 이 지경이 됐는데도 여러분에게서 사명감, 책임감, 비장한 각오, 의지 같은 걸 전혀 느낄 수 없다. '우리는 회사를 망하게 했다'는 사실을 자각해야 한다. 회사를 파탄나게 했고, 동료들과 지역사회, 국가에 큰 타격을 주었다. 일본의 가전회사들이 기술력, 노하우, 첨단설비, 특허 그리고 최고의 인재들까지 모두 보유하고 있는데도 삼성, LG 같은 한국 기업에 지고 있다. 혁신 의지

와 의식개혁 의지가 없는 정신상태가 가장 큰 문제다."(이나모리 회장)

다이슨사의 '날개 없는 선풍기' 사례도 그렇다. 처음에는 선풍기에 날개가 없는 것이 가능하냐는 반응 일색이었지만, 최고의 혁신사례로 손꼽히며 날개 돋친 듯 팔려나갔다. 이 선풍기를 개발하기 위해 수천 번의 실패를 감수한 '끝장정신'의 승리였다. 이 회사의 또 다른 히트작인 '먼지봉투 없는 청소기'도 개발 기간만 5년이 걸린 인내의 산물이다. 청소기에 사이클론 방식을 적용하겠다는 발상을 실현하기 위해 무려 5127번의 시제품 제작과 실패를 거듭하면서 마침내 해법을 찾아냈다고 한다.

삼성은 도약하고 노키아는 주저앉은 이유

하지만 혁신을 이루지 못하는 기업들의 문제는 무엇일까. 그것은 '답'이 없는 것이 아니라 '치열함'이 없기 때문이다.

"오늘날의 삼성을 키운 강점 중 하나가 바로 '지적 하드워킹'이다. 그들의 회의나 토론을 보면 약간 경직돼 보이기도 하지만, 다 같이 지적 하드워킹을 지향하기 때문에 군더더기 없이 깔끔하게 끝난다. 겉으로만 빙빙 도는 소모적인 논쟁이 아니라 효율적이고 생산적으로 접근하자는 것이다. 그러기 위해서는 각자 답이 나올 때까지 생각하는 습관에 익숙해져야 한다. 이런 삼성의 문화는 고 이병철 회장 때부터 만들어졌다. 경청형 CEO로 알려졌지만 한편으로 그는 모든 안건에 대해 제대로 된 답이 나올 때까지 퇴짜를 놓을 정도로

'치열한 고민hard think'을 강조했다. 이처럼 성공의 비결은 치열하게 부딪치고, 그 과정을 이겨내는 데 있다. 남의 손을 빌려서가 아니라 스스로의 힘으로 말이다." 그는 '능력'이 없는 것이 아니라 '열정'이 없는 문제를 지적하면서 노키아의 몰락을 얘기한다.

"세상이 삼성과 애플의 성장에 스포트라이트를 비출 때, 노키아는 소리 소문 없이 주저앉고 있었다. 미래를 준비하는 작은 성공은 무시한 채 현재의 성공에만 관심을 집중하는 안일함, 현실에만 안주하려는 고질병이 노키아를 잠식한 것이다. 그들의 사례는 성공에 안주하는 것이 얼마나 위험한지를 단적으로 보여준다. 핀란드 경제학자 알리 이르코는 '노키아는 자신의 성공에 희생된 피해자'라고까지 했다."

세상에서 가장 무서운 회사가 어떤 회사인가? 최고 실적을 올리던 직원이 다른 회사로 이직했을 때에도 별 타격을 받지 않고 과거만큼의 실적을 유지하는 회사가 가장 무섭다고 한다.

"S급 인재의 성과가 개인이 아닌 조직의 역량에서 나온 것이며, 그가 빠져나가도 타격이 없을 만큼 시스템이 잘 갖춰져 있다는 증거다. 자기 능력만 믿고 새로운 회사로 이직한 직원은 새로운 직장의 시스템 수준에 실망하거나 새로운 파트너들의 수준을 탓하며 이직을 후회하게 된다. 잘되는 기업과 못되는 기업의 차이는 거기에서 난다."

이 얘기를 통해서는 '능력'이 없는 것이 아니라 '열정'이 없는 회사의 문제점을 지적하고, 최고의 성과를 낼 수 있는 시스템을 만드는 것이 얼마나 중요한가를 일깨운다.

책의 마지막 부분에서 그는 또 묻는다. 당신은 '담쟁이 인재'인가, 아니면 능력은 출중한데도 열정이 2% 부족해 답을 찾기 직전에 포기하는 사람인가? 치열하게 고민하지 못하고 80점짜리 답을 내는 데 그치곤 하는가? 그렇다면 이 책을 펼치고 '즉시, 반드시, 될 때까지' 답을 만들어내는 길을 찾아라.

저자의 다른 책
- 《유니크, 유니클로》 김성호 지음 | 쌤앤파커스
- 《일본전산 이야기》 김성호 지음 | 쌤앤파커스

기업 혁신·성장의 키워드는 사람이다
《휴먼 시그마》

존 플레밍·짐 애스플런드 지음, 이수정 옮김, 팜파스 펴냄

"I'll be back(난 돌아올 것이다)!"

 《휴먼 시그마》는 영화 〈터미네이터〉 이야기로 출발한다. 2029년 폐허 속에서 인간들이 인공지능 기계들과 사투를 벌이고 있다. 인간이 만든 인공지능 네트워크인 스카이넷은 스스로 기계들을 생산한다. 그들에겐 감정이 없다. 그러나 모든 면에서 최고의 효율성을 발휘하며 무한 에너지를 자랑한다. 그들은 유한한 생명의 인간을 대신해 자신들이 지구를 지배해야 한다는 '인공지능적 판단'에 따라 인간을 제거하기 시작한다.
 왜 이 얘기부터 들고 나왔을까. 이른바 '터미네이터 경영'의 폐해를 강조하기 위해서다. 스위치 하나로 직원들의 정신을 '읽기 전용' 상태로 바꿔버리고 독립성을 최대한 제한하는 것이 바로 '터미네이터 경영'이다.

효율성만 따지면 경영 폐허 불러

하나의 예를 살펴보자. 어떤 지방은행 대표가 창구 직원들에게 의사결정의 자율권을 주자는 제안을 듣고 책상을 치며 "그렇게는 못 합니다. 우린 그들을 그 정도로 신뢰하지 않아요!"라고 소리를 지른다.

참 이상한 일이다. 어떻게 가장 중요한 자산인 고객을 매일같이 맡길 정도로 신뢰해야 할 직원들에게 좀 더 효과적인 고객 서비스를 제공할 의사결정권을 주지 않겠다는 것일까. "당신은 우리 브랜드를 대표하는 얼굴입니다. 그러나 우린 당신을 그렇게 많이 믿지는 않아요"라는 말과 무엇이 다른가.

저자들은 이런 사람들을 '터미네이터 경영대학' 출신의 전형적인 유형이라고 칭한다. 이 학교의 지도이념은 기업 내에서 인간의 상호작용과 참여를 최소화하고 오로지 기계적인 효율성만 중시하는 것이다.

산업혁명 이후 기계가 인간의 노동력을 대체한 순간부터 이런 비극은 예비돼 있었다. '불량률 감소'와 '비용절감'은 생산성 극대화와 수익성 향상의 핵심 요소가 돼버렸다. 여기에 필요한 경영원칙과 전략이 수없이 나왔다. 많은 조직에서 금과옥조처럼 받아들인 '식스 시그마'도 그중 하나다.

하지만 '식스 시그마'는 효율성을 너무 강조한 나머지 '사람'을 놓쳤다. '사람'과 '사람'이 만나는 접점에서는 재료와 부품이 똑같은 생산과정과는 전혀 다른 양상이 전개된다. 사람은 '감정'을 가진 존재이기 때문이다.

그러면 어떻게 해야 할까. '휴먼 시그마'가 답이다. 이는 인간의 본성과 영혼을 중시하는 데에서 출발한다. 그 영역은 직원관리와 동기부여를 넘어 고객의 마음을 사로잡는 데까지 확장된다. 한마디로 '식스 시그마의 한계를 극복한 글로벌 신경영 전략'이 '휴먼 시그마'다.

갤럽연구소 대표인 저자 두 사람은 금융 서비스, 소매, 제조업 분야의 10개 기업과 1979개 사업 단위에 '휴먼 시그마' 경영원리를 적용한 결과 해당 업계의 상위 기업들보다 월등한 성과를 보였다고 설명한다. 최근 1년간 매출 총이익이 26% 늘어났고 판매증가는 85% 이상이나 앞섰다는 것이다.

이들은 여러 사례를 바탕으로 인적자원이 기업 성장에 얼마나 중요하고 큰 변수인지를 거듭 강조한다. 직원들은 고객과 가장 가까운 거리에서 기업의 이미지 등 중요한 가치를 만들어낸다. 이들에 대한 고려 없이 광고나 비용절감만으로 기업 경쟁력을 높일 수는 없다. 기업 혁신과 성장을 위한 키워드는 역시 '사람'인 것이다.

이 책은 단순히 '고객 만족과 직원 만족을 기업 경영의 원칙으로 삼아야 한다'거나 '인간 중심의 경영 원칙을 회복해야 한다' 등의 구호를 앞세우지 않는다. 갤럽의 데이터베이스와 실제 증명된 사례를 중심으로 휴먼 시그마의 구체적인 노하우를 알려준다.

이를 통해 휴먼 시그마의 탄생 배경부터 개념, 핵심 키워드인 고객과 직원의 참여도를 높이는 방법, 최상의 직원과 고객의 접점 사례, 최고의 피드백과 성과를 창출하는 평가 시스템, 적재적소에 효율적인 인력을 배치하는 운영 시스템을 배울 수 있다. 세계 최고의 기업들이 휴먼 시스템의 힘을 어떻게 이끌어내고 활용하는지도 살펴볼 수 있다.

직원과 고객이 경쟁력 원천

통계에 따르면 정서적으로 만족한 고객이 이성적으로 만족한 고객보다 훨씬 더 많은 수익을 안겨준다. 한 명의 열정적인 고객이 수십 명의 고객보다 훨씬 큰 수익을 가져다준다. 그래서 고객층을 넓히는 것보다 한 사람의 열정을 이끌어내는 데 더욱 집중해야 한다.
이런 고객을 만들어내는 데 가장 큰 역할을 담당할 사람은 바로 직원이다. 휴먼 시그마는 '알 수 없는 소비자의 마음'과 '기업에 애착이 없는 직원'에 대한 고민을 근본적으로 해결해준다. 직원에게 동기를 부여하고 창의성을 북돋워주면서 고객의 마음을 사로잡게 하고 고객을 적극적으로 참여시키는 기업이 성공하는 것이다.
저자들이 기업 성장의 첫 번째 열쇠를 '고객 참여'라고 역설하는 이유도 여기에 있다. 정서적 애착의 키워드는 '신뢰와 정직, 자부심과 열정'이고 이 애착이 곧 성공으로 이어진다는 것이다. 두 번째 열쇠인 '직원 참여'도 사업성과를 향상시키는 핵심 요소다. 직원 참여도를 높이는 지렛대는 자율, 성과, 보상, 만족도 등이다.

휴먼 시그마의 5가지 원칙

저자들은 이 같은 '휴먼 시그마'의 원칙을 5가지로 요약한다.

- 직원과 고객 간에 일어나는 일을 서로 연관지어 생각하고 입체적으로 관리한다.
- 감정은 직원·고객 접점의 틀을 만든다. 감정은 판단과 행동에서 이성보다 훨씬 강한 영향을 끼친다.
- 직원·고객 접점은 하부조직 차원에서 측정하고 관리해야 한다.
- 하부조직 차원에서 직원·고객 참여의 상호작용 효과는 운영상·재정상의 성장을 촉진시킨다.
- 조직의 변화를 위해서는 신중하고도 적극적인 조정활동이 꼭 필요하다. 하부조직의 '휴먼 시그마' 수행을 개선하기 위해서도 '거래적 조정'과 '변환적 조정'을 적절히 조합해야 한다.

저자들은 5가지 원칙뿐만 아니라 이를 구현할 수 있는 시스템까지 알려준다. 특히 4장에서 '평가하고 조종하며 격려하는' 휴먼 시그마의 전략과 전술을 상세하게 다룬다.

이 책을 통해 '품질관리의 시대'에서 '인간관리의 시대'로 바뀌는 글로벌 트렌드를 확인하고 '감정의 경제적 측면에 주목하라' 등의 교훈을 함께 얻을 수 있다.

'일, 가정, 공동체, 자신'의 조화가 성공 이끈다
《와튼스쿨 인생 특강》

스튜어트 프리드먼 지음, 홍대운 옮김, 비즈니스북스 펴냄

빅터 가드너는 뉴욕 금융가에서 잘나가는 젊은 임원이다. 그는 뉴욕에서 아내와 여섯 살짜리 아들, 세 살 된 딸과 함께 산다. 회사에서는 여러 중책을 맡아 늘 바쁘다. 업무 능력은 뛰어나지만 가정에 너무 소홀한 게 아닌가 걱정이 된다.

"일과 가정 영역의 불균형이 고민입니다. 저는 매일 아이들과 같이 있어주려고 노력합니다. 아이들이 잠들기 전에는 반드시 집에 돌아오려고 하죠. 그런데 그게 잘 안 돼요. 아내는 자기가 '싱글맘'이 된 것 같다고 말합니다. 저는 이것저것 다 하려고 하면서 실제로는 어느 것 하나도 제대로 성공하지 못하고 있죠."

궁리 끝에 그는 와튼스쿨(펜실베이니아 경영대학원)의 스튜어트 프리드먼 교수가 진행하는 '토털 리더십 프로그램'을 찾았다. 그리고 몇 달 뒤 그의 인생이 바뀌기 시작했다. '일, 가정, 공동체, 자신'의

4가지 영역이 서로 조화를 이루게 된 것이다.

'토털 리더십 프로그램'이란 프리드먼 교수가 세계적인 자동차기업 포드사의 고위 임원으로 초빙돼 진행한 프로그램이다. 도입 4개월 만에 580만 달러의 비용절감과 70만 달러의 수익 창출, 50만 달러의 생산성 향상을 이끌어 세계적인 관심을 모았다.

《와튼스쿨 인생 특강》은 이 프로그램을 중심으로 프리드먼 교수가 20년 이상 연구해온 결과를 응축해낸 책이다. 그는 이 책에서 일과 인생을 '제로섬게임'의 관계라고 생각하는 사람들의 고정관념을 무너뜨리며 일과 삶의 관계 재정립을 통해 인생의 진정한 무게중심을 찾는 새로운 '토털 리더십'을 보여준다.

잭 웰치 같은 글로벌 기업의 CEO와 백악관, 유엔 등 공공조직의 리더들까지 그의 강의를 들으러 온다. 거대한 조직을 운영하면서 탁월한 성과로 인정받는 최고의 리더들이 그를 만나기 위해 와튼스쿨로 몰리는 이유는 무엇일까? 수만 명을 통솔하는 그들이 진정 원하는 것은 다름 아닌 '스스로의 인생을 경영하는 방법'이었다. 다행히 그의 수업을 들은 사람들은 자신의 삶을 구성하는 '일, 가정, 공동체, 자신'이라는 4개의 기둥을 튼실하게 하면서 직장과 가정, 인생의 성공을 이끌어내는 놀라운 경험을 할 수 있었다.

토털 리더십 참가자를 대상으로 삶의 만족도를 평가한 결과 직장생활에서 평균 20%, 가정생활에서 28%, 공동체 생활에서 31%, 자신의 내적 삶에서 39%나 증가했다. 세계적인 컨설팅 전문기업 부즈앨런 앤 해밀턴의 컨설턴트들은 개인별 프로젝트 규모가 평균

1200만 달러에서 2000만 달러로 성장함으로써 100만 달러 이상의 추가 수익을 올리기도 했다.

부동산 컨설팅회사 매니저인 제나 포터의 사례도 주목된다. 그는 일에 많은 시간과 에너지를 쏟아부으며 성공했지만 삶의 만족도는 낮아져만 갔다. 세 아이와 같이 보낼 시간도 없고, 너무 바빠 책을 읽을 수도 없으며, 좋아하는 모든 것을 포기한 채 그저 잠깐 산책하면서 겨우 건강을 유지하는 수준이었다.

그러나 4개월의 토털 리더십 프로그램을 통해 그의 생활은 달라졌다. 그는 먼저 자신의 업무환경을 재조정했다. 자신이 껴안고 있던 일의 일부를 다른 직원들에게 위임하고, 스케줄을 조정해 업무에서 가장 중요한 부분에만 집중했다. 그렇게 했더니 회사에서 일하는 시간은 줄었는데도 생산성은 크게 좋아졌다.

리더십을 재정의하다

도대체 어떻게 했기에 프리드먼 교수는 이 같은 변화를 이끌어낸 걸까. 그가 말하는 '리더의 의미'부터 되새겨보자. 그에 따르면 리더는 조직의 최고경영자 한 사람이 아니라 각자의 인생을 이끌어가는 모두다. 리더십은 개인의 삶과 조직의 방향키를 제대로 잡아내는 촉매다.

"이전에는 한 번에 한 가지 영역에서 다른 사람들과 나를 분리하여 리더십을 이해해왔다. 하지만 토털 리더십은 삶의 모든 영역에서 가치 있는 목표에 이르는 성공에 초점을 맞춘다는 점에서 다르다. 그것이 무엇이든 한 영역에서 성공한다는 것은 '일-가정-공동체-자신'이라는 4가지 영역을 상호 의존적인 시스템으로 생각해야 가능한 일이기 때문이다."

그는 또 "어떤 목표를 다른 영역의 다른 목표 관점에서도 생각할 수 있다면 사람들을 이 목표를 향해 더 효과적으로 이끄는 사람이 될 수 있다"며 우리가 '리더'라고 부르는 사람들을 이렇게 정의한다.

"첫째, 리더십을 발휘할 잠재력은 관리자와 경영자만의 전유물이 아니라 보편적으로 존재한다. 둘째, 집단과 조직은 모든 구성원이 자신을 리더라고 생각하고 가치 있는 목표를 향해 사람들을 동원하는 주체라고 생각할 때 목표로 삼았던 이익을 얻기가 더 쉬워진다. 즉 리더십은 한계가 없는 자원이다. 많을수록 좋다."

한마디로 리더에 대한 고정관념을 지우라는 얘기다.

"일의 성공을 위해 가정의 행복과 개인의 가치를 뒷전으로 미뤄놓는 기존 방식이 인간의 만족도와 행복감을 저하시킨다. 의미 있는 삶을 살기 위해서는 개인 삶의 모든 영역을 조화롭게 통합하는 것이 가장 중요하다."

토털 리더십의 핵심 3가지

좀 더 구체적으로 들어가보자. '토털 리더십'의 핵심은 3가지다. 진짜 내 모습에 맞게 살기(진정성), 온전한 삶을 살기(완결성), 창의적으로 살기(창의성)를 연습하는 과정이 그것이다.

가장 먼저 할 일은 나에게 진짜 중요한 것이 무엇인지를 찾는 것이다. 그는 내 삶의 가장 중요한 사건이나 에피소드를 4~5가지 찾아서 그것이 내 가치관과 인생 방향에 끼친 영향을 간단하게 생각해보라고 권한다. 존경하는 사람을 떠올리면서 이야기를 풀어가는 것도 한 방법이다.

그다음 단계는 나의 비전을 그려보는 것이다. 물론 '실현 가능한' '미래'에 대한 '강렬한' '이미지'여야 한다는 게 전제다. 그는 15년 후의 삶을 적어보라면서 몇 가지 예시안도 보여준다.

더 중요한 것은 삶의 영역을 정의하는 일이다. 일과 가정, 공동체와 자신 등 4가지 영역에 대해 중요도를 원으로 그려보면 자신이 어느 쪽에 치우쳐 있는지, 무엇을 더 중요하게 여기는지를 파악할 수 있다. 이 영역에 변화를 주면서 상호 조화시키는 게 궁극적인 목표다. 어떻게 하면 4개의 원이 서로 겹치게 할 수 있는지를 배우고, 자신이 그린 원을 보고 성찰하다 보면 4개 영역의 조화를 이루고 덜 충돌하게 하는 방법에 대한 아이디어도 떠오른다.

4가지 영역이 조화를 이루면 이른바 '긍정적인 파급 positive spillover'이 가능해진다. 예를 들어 부모 역할에 만족하고 있다면 삶의 다른 영역에서도 더 자긍심을 가지고 집중할 수 있다. 토털 리더십에 참가한 많은 사람이 직접적으로 가정과 공동체, 자신의 영역이 개선되자 긍정적 효과가 넘쳐흐르면서 간접적으로 업무생산성도 향상됐다고 증언하는 이유도 여기에 있다.

"다양한 삶의 영역에 걸쳐 여러 이해관계자들 사이에 상호 이익을 실현할 기회가 존재한다. 영역들끼리 조화시킬 뿐 아니라 내가 가진 자산인 기술, 가치, 인간관계를 한 영역에서 다른 영역으로 전환하면서 성과도 개선할 수 있다."

처음 참가한 사람 중에는 더러 일 영역의 변화에만 초점을 맞추고 다른 영역을 무시하기도 하지만, 그는 그들이 더 넓게 여러 영역을 바라볼 수 있도록 자극한다. 4가지 영역 모두 성공하고자 한다면 오직 업무만 생각해서는 안 되며, 이들 영역 모두에서 이익을 실현할 기회를 계속 찾아야 하기 때문이다.

평범한 것 같지만 막상 실천에 옮기고 난 이후의 변화는 놀랍다. 개개인의 만족도는 물론 그들이 속한 기업에도 큰 이득이 됐다.

그는 독자들이 '토털 리더십 프로그램'을 적용할 수 있는 방법을 아주 구체적으로 소개해놓았다. 그대로 따라 하다 보면 연일 이어지는 야근과 술자리, 멀어지는 가족관계, 사라져가는 꿈의 악순환에서 벗어나 업무생산성을 높이고 행복한 가정을 이루면서 진정한 나를 찾는 것을 앞당길 수 있다.

책 속에 서양인의 사례가 많이 나오지만 동양계와 아랍계 스토리도 풍부하다. 사례가 조금씩 다른 것 같지만 사실은 우리가 겪는 고민과 다를 게 없다. 부제에도 나오듯이 '더 나은 리더십을 통해 더 나은 삶을 추구하라 Be a Better Leader, Have a Richer Life'는 교훈을 신선한 자극과 함께 얻을 수 있다.

창조적 혁신… 수평조직을 키워라
《지금 중요한 것은 무엇인가》

게리 해멀 지음, 방영호 옮김, 알키 펴냄

자유로움 속에서 열정과 업무성과 나와

"일요일 아침, 아이들을 데리고 우리 은행의 지점 한 곳을 지나쳤죠. 그때 아들이 말했습니다. '아빠, 은행 문이 열려 있어요.' 저는 말도 안 된다고 생각했습니다. 누군가가 은행 문 닫는 것을 잊은 게 아닐까 생각했습니다. 그런데 은행 안을 들여다보니 은행 전체가 영업을 하고 있더군요. 원래 일요일에는 출근을 시키면 안 되지만, 다른 지점의 직원들이 교대근무로 출근을 했던 것입니다. 한 아기 엄마는 수요일에 쉬고 싶어서 일요일에 근무한다고 하더군요. 그 모습을 보니 머릿속이 번뜩했습니다. 본사 사람 그 누구도 지점의 일요일 영업 사실을 몰랐습니다."

〈월스트리트저널〉이 선정한 '세계 경영대가 1위' 게리 해멀이 《지금 중요한 것은 무엇인가》에서 들려주는 얘기다. 직원들이 권한을 자유롭게 넘겨받아 일요일에도 돌아가며 일하는, 한 은행의 사례를 통해 그는 조직원들의 자발적인 열정이 기업을 어떻게 변화시키는 지를 확인시켜준다.

그는 이 책에서 조직에 인간의 욕망과 심리를 최대한 반영해야 한다고 말한다. 하고 싶은 것을 자유롭게 할 수 있을 때 가장 열정적인 업무와 그 성과가 나온다는 것이다.

일찍이 《꿀벌과 게릴라》에서 비즈니스맨의 자기 혁명을 강조했고, 《경영의 미래》에서 21세기형 혁신전략을 세우라고 주장한 그가 이번에는 《지금 중요한 것은 무엇인가》를 통해 기업의 지속성장을 위한 5가지 쟁점을 구체적으로 다룬다. 5대 쟁점은 가치$_{values}$, 혁신$_{innovation}$, 적응성$_{adaptability}$, 열정$_{passion}$, 이념$_{ideology}$으로 요약할 수 있다. 하나씩 살펴보자.

중요한 것은 '가치, 혁신, 적응성, 열정, 이념'

첫 번째는 '가치'다. 그는 "경영자들이 '좋은 가치'와 '낮은 비용'을 동일시하는 경우가 많은데 좋은 가치는 가격에 대한 탁월한 가치를 의미해야 한다"며 "대대로 애플 제품에는 고가의 가격표가 붙지만 고객들이 순순히 비싼 가격을 치르고 구매하는 것은 그 제품이 잊지 못할 체험을 제공하면서 기능도 탁월하기 때문"이라고 설명한다.

그는 또 자본주의의 도덕적 위기를 지적하면서 "자본주의 부흥은 기업의 사회적 책임CSR 같은 하향적 접근법이 아니라 아래 계층부터 도덕적 책임을 인식하고 도덕규범을 당당히 실천해나가는 상향식 접근법으로 이뤄나가야 한다"고 말한다. 기업이 경영현장에 반드시 인간 가치를 불어넣어야 하는 이유가 여기에 있다는 것이다.

두 번째는 '혁신'이다. 그는 "대다수 기업이 여전히 시스템과 상관없이 혁신을 달성하는 것으로 여기지만 혁신이야말로 장기 가치를 창출하는 유일한 지속가능 전략"이라면서 혁신기업을 유형별로 나눠 설명한다.

기발한 비즈니스 모델을 기반으로 성장했지만 시간이 갈수록 성공에 안주하는 로켓형 혁신기업, 기술집약형 영역과 연구개발에 막대한 자금을 쏟아붓지만 독창성이 떨어지기도 하는 수상자형 혁신기업, 유행 전도사 같은 예술가형 혁신기업, 구글이나 애플처럼 인간의 상상을 초월하는 일을 벌이는 사이보그형 혁신기업 등이 그것이다.

그는 이 가운데 "사이보그형 혁신기업은 다방면에서 혁신을 실현한다는 점에서 수상자형 혁신기업과 다르고, 시간이 지난 후 '세계 최고 혁신기업'에 선정되는 경우가 많다는 점에서 로켓형 혁신기업과도 다르다"고 평가한 뒤 "문제는 사이보그형 혁신기업의 탁월한 혁신역량을 알아보지 못한 채 거부감을 느끼는 것"이라고 이야기한다.

"너무나도 '인간적인' 회사, 즉 고정관념이 지배하는 꽉 막힌 회사에서 일하는 사람은 구글의 자유분방한 문화와 관련된 유쾌한 일화를 듣고도 거북스러워할지 모른다. (…) 또한 조지 클루니처럼 멋진 배우나 아름다운 슈퍼모델이 기업 광고에 등장하는 모습을 보면서 그들과의 즐거운 시간만 상상할 뿐 자신의 회사를 매력적인 혁신기업으로 변화시켜야 한다는 생각을 전혀 하지 않을지도 모른다. 이런 태도부터 잘못된 것이다."

이런 고민에 빠진 관리자들에게는 "지금이라도 당장 우선순위를 재조정하고 의식구조를 새로이 하라"고 권한다. 애플의 경우 성과 퍼레이드를 통해 지속적으로 성장하면서 경쟁목표를 재정립하고, 하드웨어와 소프트웨어를 일체화하며, 상호 보완기술과 고객참여, 개발자 생태계를 통한 새로운 시장창출 등으로 성공을 이어간다는 것이다.

창조적 경제에 필요한 '정서적 활력'

세 번째 '적응성'과 관련해서는 변화가 빨라짐에 따라 전략을 갱신하는 속도도 높이라고 주문한다. 또 엔트로피 증가 법칙에 순응하지 말고 솔직한 자기개혁으로 함께하며, 하향세를 진단해 위기를 조기에 알아내고, 예측과 지적 유연성, 전략적 다양성 등을 강화하라고 조언한다.

"글로벌 1000대 기업을 보면 독단적 경영체제에 있는 기업일수록 뒤늦게 심각한 변화에 직면하여 엄청난 충격에 빠진다. 무슨 느낌이 오지 않는가? '체제'가 중요하다는 말인데 왜 변화에 적응하기 위해 '체제를 바꿔야' 할까? 왜 기업들은 방향을 상실하고 수십억 달러의 시장가치를 포기하고 나서야 변화해야 한다고 난리를 칠까? 나쁜 상황을 좋은 상황으로 전환하는 것은 반쪽짜리 변화에 불과하다. 이것이 우리가 변화하는 방식을 바꿔야 하는 이유다."

네 번째 '열정'에 대해서는 요즘 기업들이 대수롭지 않은 규정과 틀에 박힌 목표, 피라미드식 서열구조를 가지고 직원들의 정서적 활력을 빼앗는다는 점을 일깨운다. 지식경제knowledge economy에서는 대수롭지 않을지 모르지만 창조적 경제creative economy에서는 정서적 활력이 필수불가결한 요소라는 얘기다.

이 부분에서 그는 6단계의 '직장 내 인간역량 계층이론'을 얘기한다. 우선 하위 계층은 '1단계 복종의 욕구-정해진 규정과 절차를 따른다', '2단계 성실의 욕구-열심히 일하고 업무를 끝까지 마무리하며 책임을 다하려 한다', '3단계 전문성의 욕구-하나라도 더 배우려고 애쓴다'로 요약된다. 그러나 이 세 단계의 욕구를 가진 인력으로는 경쟁업체들에 뒤지고 만다.

'통치' 버리고 '자율' 이념 도입하는 비즈니스 원칙 개선해야

그래서 '4단계 진취성의 욕구-직원들이 문제나 기회를 접할 때마다 망설이지 않고 행동하고자 한다', '5단계 창조성의 욕구-통념에 맞서려고 하고 다른 업계를 주시하면서 기발한 아이디어를 물색한다', '6단계 열정의 욕구-업무를 더 나은 세상을 만드는 일로 여기며 그 자체를 즐긴다'의 상위 계층으로 역량을 높여가는 게 중요하다고 한다. 그가 이야기하는 혁신도 결국 이런 4~6단계 역량을 가진 직원들을 양산하는 조직으로 진화하는 것을 의미한다.

다섯 번째는 '이념'이다. 그는 "보통 경영이념이라고 하면 대부분 '통제'를 떠올리지만 그런 체제에서는 색다른 것이 망치질을 당하기 때문에 이제 '통제'의 이념을 버리고 '자율'의 이념을 도입해야 한다"고 강조한다.

비즈니스 프로세스나 모델을 개선하는 것을 넘어 비즈니스 원칙 자체를 개선하라는 얘기다. 그는 관료제적 통제방식을 뿌리 뽑기 위해 360도 다면평가를 실시해서 조직의 피라미드를 과감히 무너뜨리고 위계질서 없이도 조직을 관리할 수 있는 원대한 목표를 향해 나아가라고 말한다.

이처럼 그는 인간의 욕구와 심리를 있는 그대로 인정하는 수평적 조직으로 변화하는 것이야말로 궁극적인 혁신의 방향이며, 우리에게 미래의 성장동력을 책임질 조직 모델이라는 것을 책을 읽는 내내 일깨운다.

실패, 자신의 습관에서 원인을 찾아라
《실패하는 사람들의 10가지 습관》

도널드 R. 키오 지음, 김원옥 옮김, 더난출판사 펴냄

'투자의 귀재' 워런 버핏이 이 책을 필독서로 꼽는 이유는 뭘까. 후배 기업인들이 '경영에 참고할 만한 책'을 추천해달라고 할 때마다 그는 《실패하는 사람들의 10가지 습관》을 먼저 권한다. 성공하는 습관들도 많은데 하필이면 실패하는 습관이라니! 왜 그럴까.

가장 중요한 것은 이 책의 저자가 도널드 R. 키오이기 때문이다. 그는 1927년생으로 1950년대에 코카콜라에 입사해 43년이나 근무한 코카콜라맨이다. 1981~1993년 코카콜라컴퍼니 사장이자 COO Chief Operating Officer를 지내면서 코카콜라의 전설적인 경영인이 됐다. 워런 버핏은 그를 '미스터 코카콜라'라고 부른다. 그는 버핏이 운영하는 버크셔해서웨이의 이사로 재직했고, 세계 최대 보틀링 시스템을 보유한 코카콜라 엔터프라이즈 Inc. 회장과 컬럼비아픽처스 회장도 역임했다.

기업의 사례를 통해 사소하지만 치명적인 실패의 덫을 분석

그와 50년지기인 버핏은 이 책의 추천사에 "키오는 그 누구보다 열정적이고 헌신적인 사람이다. 우리 모두를 꿈꾸게 만드는 신나는 계획과 에너지, 아이디어로 가득하다"고 썼다. 그는 코카콜라의 실패와 성공을 모두 경험한 경영자다. 그래서 그가 언급하는 실패 이야기는 아주 특별하다.

60여 년간 경영 일선에서 활약한 그는 이 책에서 기업과 개인이 반복적으로 저지르기 쉬운 실패 습관 10가지를 하나씩 알려준다. 또 아주 뛰어난 경영자들이 자신들은 결코 실패하지 않는다고 굳게 믿는 덫에 걸릴 수 있다고 경고한다. 뉴코크의 실패 등 자신의 경험뿐만 아니라 세계 유명 기업들의 사례를 분석하면서 위대한 기업들이 어떻게 난관에 봉착하는지도 얘기한다.

그에 따르면 모든 기업의 경영진은 한 가지 이상 실패의 덫에 갇혀 있다. 기업이 망하는 이유는 의외로 사소한 것들이다. 그중 대부분은 경영자들이 일상에서 놓치는 것이다. 사소하면서도 치명적으로 위험한 실패 습관 10가지는 무엇인가.

첫 번째 실패 습관은 '모험을 하지 않는 것'이다. 모험에는 위험이 따르기 때문에 누구나 회피하기 쉽다. 그러나 미래의 존속과 성장을 위해 현재의 자산을 가지고 신중하게 모험을 감행하는 것은 경영진의 주된 임무다. 잘나가던 제록스가 현실에 안주했을 때를 생각해보자. 안주하면 모험을 그만두고 싶은 유혹이 너무나 커져서 마침내 거부할 수 없을 정도가 된다.

두 번째는 '자기 입장을 무조건 고수하는 것'이다. "사람의 비극은 다름 아닌 이것 때문이다. 환경은 변해도 사람은 변하지 않는 것"이라는 마키아벨리의 명언처럼 유연성과 적응력은 단순한 경영스킬이나 기술 역량 이상의 리더십 요체다. 그런데도 실패하는 사람들은 입장을 바꿔보는 것을 좀체 할 줄 모른다.

세 번째는 '자신을 격리하는 행위'다. 전설적인 창업주들의 특징 중 하나는 모든 직급의 직원들을 알고 그들과 관계를 맺는 탁월한 능력이다. 그러나 자칫하면 '위대한 성공을 방해하는 극단적 고립'으로 흐를 수도 있다. 그러니 "무슨 일을 하건 당신과 논쟁할 수 있는 똑똑한 사람들을 주변에 두시오"라는 충고를 새겨듣는 게 좋다.

네 번째는 '한 치의 오류도 없는 사람인 척하는 것'이다. 현장에 가서 직접 보는 게 가장 도움이 된다. 거대한 관료주의의 필터를 통해서가 아니라 사람들을 직접 대면해서 그들의 말을 듣는 것이 정말로 중요하다.

다섯 번째는 '법을 적당히 지키는 것'이다. 새로운 유행과 기법이 발전하더라도 결국 모든 사업은 믿음의 문제로 귀결된다. 눈앞의 인기에 편승해 윤리적인 기준을 위반하지 않도록 조심해야 한다. 비윤리적인 사람들도 한동안 성공할 수 있지만 궁극적으로는 도덕성의 결여 때문에 망한다. 썩은 토대 위에 튼튼하고 지속적인 기업을 세울 수는 없다.

여섯 번째는 '생각을 하지 않는 것'이다. 성공하고 싶다면 당연히 생각할 시간을 많이 가져야 한다. 회사에서, 자신의 경력에서, 인생에서 할 수 있는 최고의 투자가 바로 생각이다.

일곱 번째는 '전문가와 외부 컨설턴트를 무조건 믿는 것'이다. 하지만 경영은 과학이 아니다. 인간의 행동을 온갖 수치로 나타내고 정량화하려는 사람들을 조심해야 한다. 심리적 반향이 큰 주제는 숫자가 아니라 얼굴을 맞대고 이야기해야 한다.

여덟 번째는 '관료주의를 사랑하는 것'이다. 관료주의는 서로를 대립하게 만든다. 그러면서 서로에게 불리한 방향으로 계속 작동한다. 사업 분야가 자동차이든, 화장품이든, 컴퓨터이든 모든 관료주의는 직원뿐만 아니라 고객을 내쫓는 악습이다.

아홉 번째는 '헷갈리는 메시지를 전달하는 것'이다. 조직 구성원이 갈팡질팡하면 회사는 순식간에 휘청거리고 고객들은 떠난다. 고객에게 가까이 다가가기와 민감해지기, 고객처럼 생각하기에 역행하는 지름길이 곧 헷갈리는 메시지다.

열 번째는 '미래에 대한 두려움'이다. 어떤 일을 해보기도 전에 겁부터 먹는다면 결과는 뻔할 수밖에 없다. 두려움이야말로 실패로 가는 첫 번째 다리다. 특히 젊은이들의 앞날에 더욱 치명적이다.

그는 이상의 10가지 실패 습관에 보너스 1개를 덧붙인다. 그것은 완벽한 실패를 위한 마지막 습관이라 할 수 있는데 '일에 대한 열정을 상실하는 것'이다. 사무엘 울만의 시 〈청춘〉에도 나오지만 '풍부한 상상력과 왕성한 감수성과 의지력 그리고 인생의 깊은 샘에서 솟아나는 신선함'이 있어야 '늘 푸른 청춘'으로 살 수 있는 법이다.

실패의 습관을 고쳐 성공의 습관으로 바꿔라

세상에 완벽한 기업은 없다. 한때 '브랜드 매니지먼트'의 시초로 꼽힌 미국 자동차기업 GM도 그랬다. 1954년 시장점유율 54%를 기록한 뒤 1970년대까지 성공신화를 이어간 GM은 '성공 사례 연구'의 단골 메뉴였다.

그러나 1980년과 1990년대 도요타가 고연비의 하이브리드카를 과감하게 개발할 때 GM은 휘발유를 많이 먹는 스포츠유틸리티차량suv으로 계속 승부를 걸었다. 결국 변화의 흐름에 적응하지 못하고 미래를 두려워하며 모험을 하지 않는 실패 습관 때문에 몰락의 길로 접어들고 말았다.

코카콜라 역시 실패의 습관에 발목을 잡혀 고생했다. 예컨대 '관료주의'는 오늘 없애도 내일 다시 고개를 쳐든다. 그도 이를 통렬히 깨달았다고 한다. 중요한 것은 그런 습관을 없애기 위해 리더가 얼마나 노력하느냐 하는 것이다.

그는 코카콜라에 근무할 때 스스로를 '몸값 비싼 잡부'라 부르며 사장의 권위를 벗고자 노력했다. 관료주의는 내부의 독약이라는 것을 누구보다 잘 알고 있었기 때문이다. 이런 실패 습관을 깨닫고 하나씩 고쳐나가는 과정을 통해 기업의 체질은 개선되고 경쟁력은 더 강해진다고 그는 강조한다.

그가 지적한 실패의 습관들은 기업 경영뿐만 아니라 일상의 삶이나 인간관계, 학업, 연구, 사랑에도 적용된다. 이를 유쾌하게 뒤집고 성공의 습관으로 바꿀 때 우리도 버핏처럼 '매일 아침 탭댄스를 추면서 출근'할 수 있다. 사실 탭댄스를 추겠다고 마음을 먹는 것만으로도 누구든지 언제든지 현실을 바꿀 수 있다.

10가지 실패 습관

① 모험을 하지 않는다
지나치게 소심한 사람은 성공할 확률이 적다.
② 한 번 고수한 입장은 절대 바꾸지 않는다.
실패하는 사람들은 입장을 바꿔보는 것을 좀처럼 할 줄 모른다.
③ 자기 자신을 외부와 격리한다.
성공을 위해서는 당신과 논쟁할 수 있는 똑똑한 사람을 주변에 두어야 한다.
④ 한 치의 오류도 없는 사람인 척한다.
실패한 자가 패배하는 것이 아니라 포기한 자가 패배하는 것이다.
⑤ 법은 적당하게만 지킨다.
눈앞의 이익에 편승해 윤리적인 기준을 위반하지 않도록 조심해야 성공한다.
⑥ 생각할 시간을 갖지 않는다.
인생에서 할 수 있는 최고의 투자가 바로 생각이다.
⑦ 전문가와 외부 컨설턴트를 무조건 믿는다.

인간의 행동을 온갖 수치로 나타내려는 사람들을 조심해야 한다.

⑧ 관료주의를 사랑한다.

어리석은 기업은 관료주의를 사랑하며 직원들의 창의성을 짓밟는다.

⑨ 헷갈리는 메시지를 전달한다.

의사소통이 가지는 문제는 그것이 이미 완성되었다는 착각이다.

⑩ 미래를 두려워한다.

두려움이야말로 실패로 가는 첫 번째 다리다.

함께 읽으면 좋은 책

- 《세상을 움직인 위대한 비즈니스 레터》
  에릭 브룬 지음 | 윤미나 옮김 | 비즈니스맵
- 《잘 되는 회사는 실패에서 배운다》 윤경훈 지음 | 원앤원북스

소리 없이 사라지는 돈을 잡아라
《마른 수건도 다시 짜라》

게리 롱 지음, 홍수원 옮김, 마젤란 펴냄

기업이 살아남는 비용절감법 260가지

한 푼이 아쉬운 때다. 이럴 땐 여기저기 새는 돈만 막아도 큰 도움이 된다. 대기업일수록 비용 절감의 효과는 더 커진다. 아낀 만큼 수익이 늘어나기 때문이다. 그러나 제대로 아끼는 방법을 모르고 덤벼들었다가는 힘만 쓰고 결실은 미약하다.

마케팅 컨설턴트이자 기업 경영자인 게리 롱은《마른 수건도 다시 짜라》에서 풍부한 사업 경험을 바탕으로 효과적인 비용 절감법 260가지를 알려준다. 현장에서 얻은 아이디어와 실제 사례를 적절하게 녹여낸 그의 조언은 당장 업무에 활용할 수 있는 지침들이어서 더욱 유용하다.

그는 경기침체기에는 '비용관리'가 가장 중요하다고 말한다. 기업의 목표는 '이윤창출'인데, 힘들게 벌어놓고 누가 쓴지도 모르게 새어나가는 지출이 많다면 밑 빠진 독에 물 붓기라는 것이다. 이렇게 소리 없이 사라지는 비용을 잡아 이윤을 극대화하는 것이 '비용관리'의 핵심이다. 운영비용을 효율적으로 관리하고 비용 총액을 낮추면 라이벌 기업과의 경쟁에서도 우위를 확보할 수 있다.

비용 최소화로 수익 극대화

그는 기업 운영에서 가장 많은 부분을 차지하는 인건비부터 사업장 선정, 물품 구매방법과 재고관리, 수금과 결제, 인쇄비, 전화비, 출장비까지 비용 관리에 관한 노하우를 상세하게 다룬다.

'비용을 관리한다는 것은 단순히 돈을 절약하기 위해 지출을 줄인다는 의미가 아니다. 사업장 안의 비능률적인 요소들을 없애고 낭비를 최소화해 손실을 줄이고, 투자 수익을 극대화하는 데 전력을 다하는 분위기를 조성하는 것이다.'

이를 실천하기 위한 전제 조건은 4가지다. 첫째 자유로운 대화를 통해 비용 절감을 위한 분위기를 조성해야 하고 둘째 경영자와 직원·거래처 등의 공동 노력이 필요하며 셋째 경기가 좋든 나쁘든 꾸준히 실행해야 하고, 넷째 성공 사례에 대해서는 충분히 칭찬해 비용 절감을 지속할 수 있는 의욕을 불어넣어야 한다는 것이다.

자, 그럼 어디서부터 어떻게 줄여야 할까. 저자가 제시한 260가지 비용 절감 노하우를 요약해보자.

• 아껴 쓰고 빌려 쓰고 재활용하라

물품을 구입할 때 새것이나 최신 모델만 고집하지 말고 필요 없는 것은 과감히 포기하라는 얘기다. 제품이나 납품 대상을 고를 때 유명 브랜드의 유혹에 빠지면 안 된다. 사람들 머릿속에 새겨진 유명 브랜드 이미지를 배제하고 객관적으로 따져보면 물건의 품질에 별 차이가 없는 경우가 많다. 그런 물품에 현혹되면 돈만 날릴 뿐이다. 중고용품이나 저가제품 중에서 좋은 물건을 골라라. 물품 구매 전에 목록을 작성하고 미리 시험 사용을 해보는 것도 효과적이다.

• 인력만큼 귀중한 재산이 없다

효율적인 인력 운용과 인건비 절약 방안은 아무리 강조해도 지나치지 않다. 신규 인력을 채용하기 전에 내부에서 적임자를 찾아보고, 직원을 뽑을 때는 처음부터 확실하게 뽑아야 하며, 불필요한 직책을 없애 능률을 높여야 한다. 같은 업종의 사업체 중 회사 규모를 축소하거나 아예 문을 닫는 업체가 없는지 주의 깊게 살펴보라. 동종 업체가 폐업하거나 인원을 줄이면 경험을 갖춘 인력이 새로운 일자리를 찾게 된다. 필요에 따라 이런 인력을 끌어들이면 채용 경비를 줄일 수 있고, 교육이나 훈련을 새로 시킬 필요도 없다. 취업 희망자의 이력서를 검토할 때는 지원한 직종 이외에 다른 기능이나 경험이 있는지를 유심히 살펴라. 지원한 직종에 적합하면서도 다른 기능이나 기술도 갖추고 있다면 사업체엔 일종의 보너스가 되는 셈이다.

• 성공한 기업은 1원도 아낀다

사업장에서 즉시 활용할 수 있는 절감 요소를 찾아라. 출력하기 전 편집할 때 페이지를 줄여 인쇄용지를 절약하고, 고무밴드나 클립·서류철도 한 번 사용한 뒤 눈에 띄는 장소에 보관했다가 재활용하는 자세가 필요하다. 직원들에게 모든 지출의 필요성과 근거를 설명하도록 하라. 이에 대해 관리자는 모든 지출이 자기의 주머니에서 직접 나오는 것처럼 면밀하게 검토하라. 자신뿐만 아니라 직원들도 그와 똑같이 생각하도록 만드는 게 중요하다.

- 쌓이는 재고, 이제 결단을 내려라

재고를 최소한으로 유지하는 방법과 쌓인 재고를 처리하는 방법만 알아도 '새는 돈'을 줄일 수 있다. 재고관리 프로그램을 재검토하라.

- 자금의 흐름을 파악하라

효과적인 결제방법을 익혀라. 고객에게 다양한 결제수단을 제공하면 대금을 제때 받을 수 있는 확률이 높아진다. 외상거래에 대해서도 사전에 충분한 대비책을 세워놓아야 한다.

- 사업장은 자산인가 부채인가

임대료를 줄일 방법을 찾아라. 사전에 충분히 정보를 입수해 개발지역의 이점과 입지상의 이점을 활용하는 방안을 찾아라. 이 경우 '실용성'이 생명이다.

- 피할 수 없는 현실이라면 그 영향을 최소화하라

금융기관을 이용하는 방법에도 비용 절감의 비결이 숨어 있다. 은행과 거래할 때나 보험에 가입할 때, 미처 생각하지 못한 항목은 없는지 꼼꼼하게 챙겨라. 이율이 높지 않은 은행에 예치한 '가용 자금'

은 대기시간과 용도에 따라 탄력적으로 조절하라.

- 에너지 절약으로 돈도 벌고 환경도 지킨다

에너지 효율성이 높은 기기나 설비를 구매하고 자연 채광을 적극적으로 이용하면 난방비를 줄이면서 업무 효율을 높이는 일석이조의 효과를 얻을 수 있다.

- 아직도 돈이 새고 있는가

잡지나 신문 구독료, 쓰레기 수거 비용 등 무심코 지나치기 쉬운 지출, 당장의 편리를 위해 '어리석게 나가는' 푼돈을 줄여라.

- 마침내 불황에도 끄떡없다

경영자의 마인드와 행동이 무엇보다 중요하다. 비용 절감은 경영자 한 사람의 노력으로만 이뤄지지 않는다. 모든 직원이 공감하고 습관처럼 몸에 익혀야 한다. 직원들을 비용 절감 운동에 동참시키려면 경영자가 먼저 이를 실행에 옮겨야 한다. 경영자의 습관이 직원을 움직이고 회사를 바꾸는 법이다.

임금 깎으면 성장엔진 멈춘다

그러나 단 한 가지, 비용을 절감한답시고 인력을 줄이는 것은 절대로 피하라고 저자는 충고한다. 특히 부당한 해고는 안 하느니만 못하다고 거듭 강조한다. '기업인들이 가장 큰 우를 범하는 게 바로 인건비 문제인데, 눈앞의 작은 이익만 보고 단기적으로 임금을 삭감하는 일은 성장엔진을 멈추게 하는 것과 같다.'

최근 내로라하는 기업들은 몸집 줄이기에 나서면서 일순위로 인력 감축과 연봉 삭감을 단행했지만, 그는 이것이야말로 매우 위험한 일이라고 지적한다. 기업에서 인력만큼 귀중한 자산이 없는데 단기적 이윤 증대를 위해 직원들의 급여를 낮추거나 인상을 억제하고, 심지어 해고를 감행하면 사기 저하와 사업 침체를 불러올 수 있다는 얘기다. 그 대신 직원을 뽑을 때부터 확실히 하고, 업무를 세밀히 배분해 인력을 충분히 활용할 것을 권한다.

함께 읽으면 좋은 책

- 《간접구매 혁신-기업 생존 전략, 비용 절감부터 시작하라!》
  이교원 지음 | 피그마리온
- 《성공한 기업은 1원도 아낀다》
  게리 롱 지음 | 홍수원 옮김 | 마젤란

마음을 사로잡는 설득의 마술 '유혹'
《유혹의 기술》

로버트 그린 지음, 강미경 옮김, 웅진지식하우스 펴냄

나폴레옹이 빠져든 '마음을 뒤흔드는 코케트'

　나폴레옹이 조세핀을 만난 건 26세 때였다. 그는 일곱 살이나 많은 이 미망인에게 한눈에 반했다. 그러나 조세핀의 태도는 늘 차가웠다. 그는 보고 싶은 마음에 뛰어갔다가 실망과 좌절을 안고 돌아오곤 했다. 그러다 얼마 뒤 사랑이 절절히 담긴 조세핀의 편지를 받고 나면 다시 달려갔다. 조세핀은 슬픈 표정을 짓거나 화를 내고, 어떤 날엔 눈물을 흘리기도 했다. 그런 여인에게 나폴레옹은 정신없이 빠져들었다.
　결혼 직후 전쟁터로 떠나야 했던 나폴레옹은 전장에서도 늘 조세핀만 생각했다. 작전회의는 반토막 내고 사랑의 편지를 쓰느라 몇 시간씩 막사에 틀어박히기도 했다. 그러나 조세핀은 수많은 편지에

답장을 하지 않았다. 그가 몇 번이나 와달라고 했지만 조세핀은 이런저런 핑계를 대며 거절했다. 그럴수록 나폴레옹의 마음은 더욱 빨려들어 갔다.

조세핀의 이런 태도는 상대를 끊임없이 쫓아다니게 만드는 고도의 유혹법 중 하나다. 유혹은 사랑뿐만 아니라 정치, 비즈니스, 전쟁, 협상 등에서도 같은 효과를 발휘한다. 어떻게 유권자의 마음을 얻을 수 있을까, 어떻게 유능한 리더를 넘어 존경받는 보스가 될 수 있을까, 어떻게 하면 연인의 마음을 얻을 수 있을까.

《전쟁의 기술》, 《권력의 법칙》으로 유명한 로버트 그린은 자신의 역저 《유혹의 기술》에서 이 같은 유혹자의 유형을 9가지로 나누고, 진정한 유혹과 설득의 힘은 상대방의 마음을 장악하는 능력에서 나온다고 말한다. 밀어붙이고 억눌러 얻는 힘이 아니라 스스로 끌려오게 만드는 환상적인 영향력이 바로 유혹이라는 것이다.

유혹자의 9가지 유형

그는 "그 비밀의 전략을 체득한 사람들이 3000년 전부터 있었다"며 파리스와 헬레네가 등장하는 그리스·로마 신화부터 저우언라이와 존 F. 케네디가 대중을 사로잡은 현대사까지 유혹의 성공과 실패 과정을 파헤치고 현대인이 활용할 방법까지 알려준다.

조세핀은 9가지 유형 중 '마음을 뒤흔드는 코케트'에 속한다. 코케트는 '교태를 짓다', '아양을 부리다'라는 뜻이다. 미끼를 던지되

쉽게 낚아채도록 놓아두지 않고 애가 달아 끌려올 수밖에 없도록 하는 것이다.

'마법의 노래로 유혹하는 세이렌'은 요부형이다. 달콤한 목소리로 오디세우스를 호린 전설의 요정처럼 성적 에너지가 풍부할 뿐만 아니라 그 사용방법에도 정통한 케이스다. 그래서 노골적으로 유혹하고 결국엔 상대를 집어삼킨다. 클레오파트라와 마릴린 먼로 등이 이 유형이다.

남자형도 있다. '위험한 정열을 품은 레이크'가 그것이다. 당신을 찾아 세상 끝까지라도 쫓아갈 수 있다는 열정과 함께 지칠 줄 모르고 이성을 탐닉하는 유형이다. 이런 스타일은 주변을 전염시킬 정도로 강한 욕구를 지녔다. 세이렌이나 레이크의 매력은 넘쳐나는 성적 욕구와 그런 욕구를 숨기지 않는 솔직함이다.

'잊었던 꿈을 일깨워주는 아이디얼 러버'는 로맨스를 불러일으킬 만큼 심미적인 감각으로 승부한다. 모두들 자신의 욕망을 채우느라 바쁘지만 아이디얼 러버는 상대의 욕망을 채워주고 환상을 현실로 만들어준다. 이들은 사랑하는 사람에게 부족한 것이 무엇인지를 살피면서 인내심과 관찰력까지 갖췄다. 열정은 기본이다.

카사노바가 여기에 해당한다. 카사노바는 그 여자에게 없는 것을 알아내 그 부분을 채워주었다. 여자들은 이 헌신적인 연인 앞에서 무너져내렸다. 그는 상대가 원하는 이상형이 무엇인지 파악하고 모험이 필요한 여인에게는 위험한 로맨스를 안겨주고, 진지한 대화를 필요로 하는 여인에게는 품위 있고 고상한 상대가 돼주었던 것이다.

사랑, 비즈니스, 정치 목표는 달라도 전략은 하나

'거침없이 자유로운 댄디'는 자신을 연출하는 능력이 뛰어나며 남성적 매력과 여성적 매력을 동시에 가졌다. 강인한 정신과 큰 호흡을 지닌 여자는 부드러운 감수성을 지닌 남자만큼이나 찾기 쉽지 않다. 그만큼 충분히 매력적이다. '어린아이같이 순수한 내추럴'은 자발적이고 열린 자세를 취한다. 오래된 기억을 일깨우는 어린아이처럼 사랑스럽다. 이 때문에 자칫 귀찮은 존재가 될 수도 있다.

'즐겁고 편안한 차머'는 즐거움을 주는 방법을 알고 싶어 하며 또 알고 있어 매우 사교적이다. 차머는 상대의 고통을 이해하고 기분을 맞춰준다. 스스로는 뒤로 물러나면서 상대방을 관심의 중심에 끌어다놓는다. 예의 바르게 사람들 마음에 숨겨진 허영심을 부추긴다.

"우락부락한 모습 뒤에는 부드러움을 갈망하는 욕망이 도사리고 있고, 억눌리고 절제된 모습 뒤에는 억제할 수 없는 본능이 꿈틀거리고 있다는 사실을 잊어서는 안 된다. 억눌린 감정을 발산할 수 있게 해주고, 받지 못한 것을 받을 수 있게 해준다면 엄청난 유혹의 힘을 발휘할 수 있다."

'신비스러운 기품을 뿜는 카리스마'는 당당한 스타일이다. 잔 다르크와 엘비스 프레슬리 같은 이가 여기에 속한다. 이들은 사람들에게 부족한 자신감과 뚜렷한 목표의식, 넘치는 만족감을 갖고 있다. 누구나 자신감이 넘치는 사람을 좋아하게 마련이다. 마음을 꿰뚫어 보는 강렬한 눈빛과 뛰어난 말솜씨에 품격 있는 자태까지 갖추면 더 좋다.

'우러러볼 수밖에 없는 스타'는 마치 연기처럼 신비스러운 분위기를 연출한다. 아름답지만 잡히지 않는 무지개처럼 가까이 다가설 수 없는 유형이다.

유혹의 목표는 사람을 설득하는 것

이렇듯 유혹의 전략은 상대가 원하는 것과 자신의 기질에 따라 달라진다. 하지만 유혹을 망치는 기질을 타고난 사람도 있다. 그런 사람은 포기해야 할까. 저자는 "기죽지 말라"면서 뛰어난 유혹자가 되는 방법 24가지도 알려준다.

"유혹을 하려면 먼저 상대가 스스로의 모습을 볼 수 있게 만들어야 한다. 다시 말해 살아가면서 놓치고 있는 부분이 무엇인지를 깨닫게 만들어야 한다. 뭔가 결핍되었다는 느낌이 들 때 자신의 빈 공간을 채워줄 사람을 찾게 된다. 우리 대부분은 게으르다. 우리 스스로 지루함이나 상실감을 달래려면 엄청난 노력을 쏟아부어야 한다. 그보다는 누군가 다른 사람에게 그 일을 맡기는 것이 훨씬 쉽고 짜릿하다. 우리는 다른 사람이 나서서 우리의 공허감을 채워주기를 바란다."

그는 또 "사람들의 겉모습과 실제 모습을 혼동해서는 안 된다"며 "상대의 가장 깊은 욕망에 집중하라"고 강조한다. "사람들은 질서정연한 삶을 유지하기 위해 매 순간 싸움을 벌이기 때문에 지칠 대로 지쳐 있다. 그런 상황에서 강한 욕망을 억누르고 도덕군자처럼 생활하기란 쉽지 않다. 그 점을 염두에 둔다면 유혹은 훨씬 쉬워진다."

그리고 "정신적 고귀함을 공유한다고 여기도록 만들라"는 조언도 빼놓지 않는다. 카사노바도 유혹할 때 정신적인 차원을 가장 중시했다는 것이다. 실제로 카사노바는 상대에게 신비하고 고상한 마음을 갖게 만들었다. 그래서 여성들은 그가 자신을 위해 무엇이라도 해줄 것이라고 믿었다.

이 같은 얘기들을 통해 저자는 "유혹의 목표는 사람들을 설득하는 것"이라는 점을 거듭 일깨운다. 나를 유혹하려는 사람들로부터 자신을 지켜내는 방법도 함께 전한다. 그런 점에서 우리를 냉정하게 비추는 거울인 동시에 유혹 게임의 공수전략까지 알려주는 인생교범이라 할 만하다.

함께 읽으면 좋은 책

- 《유혹의 심리학》

  파트릭 르무안 지음 | 이세진 옮김 | 북폴리오

인간과 사회, 시장의 본질을 파헤치다
《허드, 시장을 움직이는 거대한 힘》

마크 얼스 지음, 강유리 옮김, 쌤앤파커스 펴냄

때로는 길거리 응원전에 열광하다가 때로는 방안에 콕 처박히는 '코쿤족'으로 돌변한다. 나와 똑같이 차려입은 사람을 만나면 불쾌해하는 한편 기를 쓰고 '최신 유행' 아이템을 좇는다. 평소 거들떠보지도 않다가 남들이 뭐라고 떠들면 그게 뭔가 하고 관심을 갖는다. 사람 마음은 이렇게 요상하다. 요즘 사람들만 그럴까. 옛날에도 그랬다. 다만 더 복잡해졌을 뿐이다. 이처럼 '알 수 없는' 고객의 마음을 붙잡고 효율적인 마케팅을 펼치려면 어떻게 해야 할까.

영국의 커뮤니케이션 전문가 마크 얼스는 《허드, 시장을 움직이는 거대한 힘》에서 대중행동의 기본 원리부터 파악하라고 말한다. 그는 "현대사회의 진정한 권력은 대중에 있으며 대중행동을 이해하지 못하면 소비자와 시장을 제대로 파악할 수 없다"면서 대중행동의 원동력을 '집단', '무리'를 뜻하는 낱말 '허드Herd'에서 찾는다.

그에 따르면 대중은 결코 '우매한 군중'이 아니다. '엘리트'들의 뜻에 따르기보다 앞장서 사건을 주도하기도 한다. 개인과 자아를 중시하는 서구에서는 '군중'을 분위기에 휩쓸리거나 이용당하기 쉬운 존재로 여겨왔다. 계몽주의 시대 이후 '우리'보다 '나'에 초점을 맞춘 문화적 배경 때문이다. 서양에서 개인 중심적 사고는 신분제로부터 자유를 얻어내는 데 효과적이었다. 반대로 군중은 파시즘과 전체주의의 정치적 선전에 자주 이용당했다.

그러나 그는 서구인들이 중시해온 인간의 '자유의지'나 '합리적 이성'은 환상에 불과한 것이라고 지적한다. 나아가 동양의 관계지향적 유교 문화와 타인을 중시하는 아프리카의 '우분투(공동 인간애)' 사상을 예로 들면서 인간은 타인과의 관계라는 '그물'로 엮어진 '우리 중심적 존재'라고 역설한다.

대중을 이해하는 열쇠 '허드'

그가 소개한 몇 가지 사례를 보자. 지난 10여 년간 영국의 범죄는 줄었지만 교통사고나 흉악범의 희생자들을 추모하는 길거리 꽃장식은 크게 늘었다. 전국 어느 마을에서나 '셀로타프'라는 꽃추모비를 볼 수 있다. 길을 지나는 사람들은 기꺼이 꽃을 놓고 애도한다. 이 같은 집단추모의 물결은 다이애나 왕세자비가 자동차 사고로 숨을 거둔 뒤 영국 전역을 휩쓸었다. 침묵하던 왕실조차 뒤늦게 추모 사업에 뛰어들게 할 정도로 강력한 영국인들의 '집단적 슬픔'은 어디에서 비롯됐을까.

도브는 1957년 런칭 이후 40년 동안 그냥 '비누'였다. 그러다 '뷰티'로 변신을 꾀한 지 1년 만에 700%라는 경이적인 매출 상승을 기록했다. 도대체 무엇을, 어떻게 했기에 이런 기적이 일어났을까. 그 비결이 곧 '허드'다. 남들의 슬픔이나 '역사적인 비극'에 동참하지 않으면 무언가 사회적 책무를 소홀히 했다고 느끼는 심리. 도브 비누의 광고 모델이 그림의 떡 같은 '날씬한 여인'이 아니라 나처럼 '펑퍼짐한 여인네'였기에 동질감을 갖는 심리. 이것이 바로 사회적 관계망 속의 대중행동을 이해하는 열쇠라는 것이다.

"우리는 출중한 사회적 원숭이다. 우리가 하는 행동 대부분은 다른 사람들 때문이다. 이건 무슨 의미일까? 우리의 행동 대부분이 다른 사람들과 함께할 때 이루어진다는 점이다. 우리가 하는 행동은 실제적이든 가상적이든 일정한 사회적 맥락을 가지고 있다. 노벨경제학상 수상자인 토머스 셸링의 말을 빌리자면, 우리 각자는 타인들로 구성된 환경에 대응하고 그 사람들은 또 다른 타인들로 구성된 환경에 대응하는 식으로 계속 연결된다."

모든 대중행동은 개인들의 상호작용에서 나온다는 얘기다. 한마디로 대중행동은 '강력한 외부의 힘'에 의해서가 아니라 '개인들 간의 교류'를 통해 나타난다는 것이다. 그는 인간의 사고활동을 가능케 하는 언어 능력까지도 '쓰다듬고 털 고르는' 행위에서 진화된 것임을 일깨운다.

그러고 보면 사람들이 얼굴을 맞대고 커뮤니케이션하는 내용 대부분은 신체언어나 어조, 억양을 통해 전달된다. 대화에서 거론되는 내용도 대부분 '관계'에 관한 것이다.

"던바의 연구팀은 대부분의 사람들이 심심풀이 가십에서조차 사회적 맥락에서 의미 있는 내용을 더 잘 기억한다는 점을 입증해 보였다. 즉 누가 누구에게 무엇을 했고, 그것이 사회적으로 함축하는 바가 무엇인가만을 기억한다는 뜻이다. 여타 원숭이와 인간을 구별하는 가장 우세한 능력으로서 내세우는 '언어'도 결국 상대방의 이를 잡아주는 사회적 상호작용의 발달된 형태라니 놀랍지 않은가?"

인간의 '허드 속성'을 이해해야 소비자를 사로잡을 수 있어

저자는 이 같은 인간의 사회적 속성을 이해하지 못하면 소비자의 마음을 제대로 읽을 수 없다고 말한다. 아울러 수많은 기업들의 '착각'을 꼬집는다. 많은 기업이 '얼리어답터(남들보다 먼저 신제품을 이용하는 사람들)'나 스타 같은 선도자들을 이용해 대중을 이끌려 하지만 대중이 믿고 따르는 사람은 얼리어답터가 아니라 '친구들'이라는 것이다.

그는 상대의 행동을 이끌어내는 게 '설득'이 아니라 '영향력'이고, '충성도'보다 '추천'이 더 강력하며, '오피니언 리더'가 아니라 '영향력 행사자'들이 사회를 이끈다고 거듭 강조한다.

그는 또 점보 제트기의 부품처럼 '복합적인 것'뿐만 아니라 마요네즈의 혼합성분처럼 '복잡한 것'의 차이를 이해해야 한다고 역설한다. 무슨 얘기인가. 점보 제트기는 수백만 개의 부품들로 이뤄져 있지만 분해했다가 다시 조립할 수 있다. 이처럼 분리와 재결합이 가능한 게 '복합적'이다. 반면 마요네즈는 기름과 달걀 노른자, 양념 등 다양한 성분들의 상호작용과 그걸 서로 혼합한 방식의 결과로 생긴 혼합체이기 때문에 이를 분리해서 원래의 성분을 얻거나 다시 결합할 수 없다.

"여기에 중요한 교훈이 있다. 대중행동은 개별 주체들의 상호작용을 바탕으로 하기 때문에 내재적으로 '복잡'하다. 그런데 우리는 복잡한 것을 복합적인 것으로 이해하려 한다. 대중행동을 설명한다면서 가장 먼저 하는 일이 개별 구성요소들을 분해하는 것 아닌가. 이게 바로 우리가 그렇게 노력함에도 불구하고 대중행동을 제대로 이해하지 못하는 이유다."

따라서 그는 이성적 분석보다 감성적 헌신에 초점을 맞추라고 권한다. 또 대중행동은 마음대로 통제할 수 없고 이들을 움직이게 하는 지렛대도 '개인'보다 '관계'라는 것을 깨닫게 해준다. 결국 시장을 움직이는 실질적인 힘이 제품이나 브랜드 또는 한 명의 천재가 아니라 수많은 무명씨들로 구성된 '허드'라는 것이다.

공동 창조는 최고의 마케팅 전략

마케팅 커뮤니케이션 활동도 수용자의 창의성을 자극하는 방법이 더 효과적일 수밖에 없다.

"한 예로 영국의 '로열메일'이 있다. 이메일이나 모바일 통신처럼 즉각적인 매체가 등장한 이후 DM을 제외하면 편지를 쓰는 사람은 크게 줄었다. 로열메일에 변화의 계기가 되었던 건 광고대행사 베이츠 돌랜드의 '이걸 보고 당신 생각이 났어요'라는 캠페인이었다. 사람들은 서로 커뮤니케이션하고 싶은 욕구에 우체국을 이용하지만, 격식을 차려 편지 쓸 생각에 지레 포기하고 만다. 이 사실을 간파한 기획자는 소비자들이 기존의 관계를 다지고 새로운 관계를 구축하기 위한 수단으로 우편을 활용해 다양한 것들을 주고받도록 장려하는 데 초점을 맞추었다. '이걸 보고 당신 생각이 났어요' 캠페인은 이 일차적인 관계에서 편지의 유용성과 자유로움을 상기시키면서 사람들의 창의력을 자극하는 아이디어의 근원이 되었다."

이 같은 원리를 알면 대중의 본능을 자극하는 '공동 창조'까지 가능하다는 것이다. IT 시대의 최고 마케팅 전략이 '관리'가 아니라 '공동 창조'라는 것은 매우 의미 있는 지적이다. 그가 '마케팅계의 말콤 글래드웰'로 불리는 이유도 여기에 있다. 그는 이 책에서 우리가 한 번도 의심하지 않았던 마케팅의 기본 전제가 왜 잘못됐는지 조목조목 반박하며 인간의 허드 속성을 반영한 전략만이 대중을 움직일 수 있다는 것을 설득력 있게 밝히고 있다. 특히 다양한 학문 분야를 아우르는 통섭의 시각으로 마케팅 전략의 '숲'과 그 속에 있는 전술의 '나무'까지 하나하나 보여준다.

그런 점에서 이 책은 단순한 마케팅 전술서라기보다 인간과 사회, 시장의 본질을 파헤치는 '통섭의 인문교양서'라 할 만하다.

경제학 프리즘을 통해 본 세상과 편견
《거의 모든 것의 경제학》

김동조 지음, 북돋움 펴냄

상식과 고정관념을 뛰어넘는 경제학

"사람들은 차별 없는 세상이 공평하고 공정하다고 생각하겠지만 전혀 그렇지 않다. 차별 없는 능력 위주의 세상은 매우 불평등하다. 흔히 차별을 없애려고 하는 사람들의 열망이 차별 없는 세상을 가져온 것으로 여기지만, 차별은 경쟁이 심해지면서 비로소 줄어들 때가 오히려 많다."

"스마트폰 시장을 양분하고 있는 애플과 삼성을 보면서 사람들은 묻는다. 과연 10년 뒤에는 애플이 이길까, 삼성이 이길까? 그런데 정말 이것은 옳은 질문일까? '싱싱나라김밥'과 '한양김밥'이 같은 동네에서 경쟁하게 되면 둘 가운데 하나는 망해야만 하는 것일까? 나는 그렇지 않다고 본다."

《거의 모든 것의 경제학》은 이런 얘기들을 통해 통념의 허울을 유쾌하게 벗겨낸다. 저자는 현직 미국계 은행 트레이더이자 전직 애널리스트다. 경희대학 무역학과와 연세대학 경제학과 대학원, 미국 밴더빌트대학 경영대학원MBA을 졸업한 그는 이 책에서 상식과 고정관념을 뒤집으면서 경제학의 이면을 들춘다. 1부에서는 경제학적 현상에 대한 새로운 해석, 2부에서는 삶 속의 현장분석과 그에 따른 대응전략, 3부에서는 성공하기 위해 추구해야 할 전략을 이야기한다.

흔히 경제학은 차갑다고 한다. '우울한 학문'이라고도 부른다. '사람들의 말을 믿지 않는 것'이 경제학적 사고의 핵심이기 때문이다. 물론 경제학이 사회현상을 모조리 설명할 수는 없다. 그러나 사람들이 원하는 것을 위해 최선을 다해 움직이고 환경변화에 적응하는 모습을 경제학만큼 잘 설명하는 학문도 드물다. 경제학적 관점으로 세상을 바라보고 자신을 돌아보면 여느 사람과 다른 관점으로 세상을 볼 수 있다.

그가 경제학의 '기회비용'을 설명할 때 결혼을 예로 드는 것도 이런 연유다. 결혼 적령기에 결혼하지 않을 상대를 만나 시간을 보내는 자식을 보고 부모가 걱정하는 게 바로 기회비용 때문이다. '매몰비용'도 그렇다. 아무리 오래 사귄 애인이라도 배우자가 될 수 없다면 그동안 들인 시간과 열정과 비용을 과감하게 포기해야 하는 것이다.

"지금까지 얼마의 시간을 들여 사랑하고 얼마의 돈을 들여 결혼을 준비했건, 앞으로 남은 인생을 함께해서 행복하지 않을 것 같으면 그 결혼은 접어야 한다. 중요한 것은 지금까지 그 사람을 위해 쓴 돈과 시간 그리고 감정과 눈물이 아니라, 앞으로 이어질 삶을 그 사람과 함께해서 과연 행복할 것인가 하는 것이다."

이어서 그는 상대편 부모가 자기를 반대한다면 그걸 좋은 의미로 해석하라고 말한다. 보통은 기분이 나쁘거나 우울해지겠지만 조금 더 생각해보면 그럴 일이 아니라는 것이다. 주관적 정보 없이 객관적 정보만 가진 상대의 부모 입장에서 자녀의 배우자가 될 사람을 반대한다는 것은 적어도 그들 입장에서는 이쪽이 기대치에 미치지 못한다고 판단했다는 것이다. 반대로 이쪽으로서는 괜찮은 상대를 골랐다는 뜻이기도 하다. 그러니 상대의 부모가 반대한다면 그건 운이 좋은 것이다.

나아가 정부와 고용 문제에 대해서도 신랄하게 지적한다. 특히 인센티브 시스템의 한계를 꼬집는다. "사람은 인센티브에 대해 아주 정교하고 미묘한 반응을 보이며, 대개 그 반응은 사전에 예측하기 어렵다. 그래서 조금만 잘못된 인센티브 구조가 만들어져도 사회적 효율성이 떨어질 뿐 아니라 사회적 불평등을 완화하려는 애초의 의도까지 왜곡된다. 좋은 의도로 만들어진 인센티브 구조도 잘못 디자인되면 없는 것만 못하다. 지옥으로 가는 길은 선의로 포장되어 있다."

그는 또 사회의 시스템을 탓하기보다는 개인의 성공 의지에 초점을 맞춰 살라고 강조한다. "흔히 사람들은 자기가 불공평한 시스템의 희생자라고 쉽게 생각해버린다. 그런 생각은 너무나 유감스럽다.

왜냐하면 너무나 맞는 말이기 때문이다. 아마도 우리 대부분은 이 이해할 길 없는 불공평한 운명의 희생자일 것이다. 이런 운명을 제도적으로 개선하기 위해서 우리는 온갖 노력을 기울여야 한다. 그리고 그 노력은 계급 간, 인종 간, 성별 간 이해관계를 뛰어넘는 연대를 필요로 한다. 그러나 그런 사회적인 차원의 노력 이전에 우리는 그런 운명을 개선하기 위한 개인적 노력 또한 기울여야 한다."

중간에 나오는 '태도의 기술' 부분도 흥미롭다. 클린트 이스트우드가 멋진 건 그가 삶과 사람에 대해서 멋진 태도를 가지고 있기 때문이라고 한다. "넬슨 만델라 또한 말이 아니라 행동으로 자신의 애티튜드를 보여준다. 27년 동안이나 감옥살이를 했지만, 그가 감옥 안에서 보인 인내심과 관용 그리고 감옥 밖에서 보인 리더십과 통찰은 많은 사람을 감동시켰다. 그러나 인간이 멋진 애티튜드를 지녀야 하는 이유는 다른 사람에게 멋져 보이고 감동을 주기 위해서가 아니라 자기 자신 때문이다. 그것이 어쩌면 가장 효과적이고 적극적인 처세이기 때문이다. 심지어 애티튜드는 거대한 철학이기도 하다."

협상에 관한 얘기는 연애로 풀어내 호기심을 자아낸다. 연애라는 게 엄밀하게 말하면 생선회 가게에서 값을 흥정하거나 이직하면서 연봉을 협상하는 것과 본질적으로 같다는 것이다. 왜? 눈빛이 마주치는 순간 운명적인 사랑이라는 것을 깨달은 로미오와 줄리엣을 빼면 우리는 상대에 대해 거의 아는 것이 없기 때문이다. 결국 연애란 '내 가치를 잘 아는 사람은 나 자신'이라는 전제 하에 상대의 진짜 가치를 털어놓게 만드는 과정이라고 그는 말한다. 역사상 그 과정이 세련되고, 짧고, 명료하기로 이름난 사람은 카사노바라는 설명도 덧붙인다.

생활의 사소한 모든 선택에 경제학 적용돼

자녀교육에 관한 대목도 재미있다. 미국 연구팀이 가정에서 아이의 학교 성적에 강력한 영향력을 미치는 것과 별 상관관계가 없는 것을 분류했다. 그 결과 부모의 교육 수준과 사회적·경제적 지위, 엄마의 첫아이 출산 연령, 부모의 영어 사용 여부, 집에 많이 있는 책 등은 아이의 학교 성적에 영향을 크게 미치는 것으로 나타났다.

반면 가족구성원이 온전한 것, 주변 환경이 좋은 곳으로 이사한 것, 유치원 다니기 전까지 엄마가 아이를 직접 기른 것, 박물관에 자주 데려간 것, 정기적으로 체벌한 것, 날마다 책을 읽어준 것, 아이가 TV를 많이 보는 것 등은 거의 상관없는 것으로 드러났다. 한마디로 아이 성적에 미치는 영향은 대부분 그 부모가 어떤 사람이냐에 달렸지, 아이에게 무엇을 해주느냐는 그다지 영향을 주지 않는다는 것이다.

'선택의 경제학'을 설명할 때 '옥주현을 위한 변명'이라는 제목으로 독자를 끌어당긴다. 주어진 환경을 극복하고 적극적으로 미래를 개척하는 '선택 의지'를 뮤지컬 배우로 성공한 옥주현의 사례와 접목한다.

"선택에는 위험이 따르기 마련이고, 많은 선택은 불확실성을 피할 수 없다. 돈을 벌기 위해 노력하는 사람이나 학업 성취를 위해서 노력하는 사람도 결국 이와 비슷한 경로를 거친다. 완벽하게 이윤이 보장된 사업은 세상에 있을 수 없고, 공부를 하는 행동 자체는 이미 다른 경제활동을 포기한 결과이기 때문이다. 모든 자기계발과 투자 활동, 그리고 모든 모험과 도전은 현실에 안주하지 않고 다양한 형태의 위험을 감수하는 것이다."

그는 이런 얘기들을 들려주면서 우리의 고정관념과 습관적인 행동을 뒤집어보게 만든다. 그의 말처럼 '통념' 중에서 '지혜'를 골라내고 '상식' 중에서 '오해'를 걷어내는 일에 경제학만큼 힘이 센 것은 달리 없다.

함께 읽으면 좋은 책

- 《경제학자의 사생활》 하노 벡 지음 | 박희라 옮김 | 와이즈맵
- 《그들이 말하지 않는 23가지》
  장하준 지음 | 김희정, 안세민 옮김 | 부키

혁신보다 중요한 '피플 퍼스트' 경영
《한국인의 경영코드》

이동규 지음, 21세기북스 펴냄

#1. 물류 부문의 세계적 기업 페덱스FedEx. 1973년 프레드 스미스 회장이 창업한 이 회사는 자체 인공위성까지 갖춘 거대 기업이다. 보유하고 있는 항공기만 700여 대에 이른다. 비행기 숫자만 놓고 보면 세계 2위 항공사 규모다. 화물기 조종실 바로 밑에 새겨져 있는 기명機名은 모두 페덱스에서 일하는 직원들의 자녀 이름이다. 자기 자식의 이름이 붙은 비행기를 모는 직원들의 심정은 단순한 직원만족 수준과는 차원이 다르다. 스미스 회장은 일찍이 직원People-고객Service-주주Profit로 이어지는 경영의 선순환 구조를 간파하고 '최고의 직원에게 최고의 대우를 해줌으로써 고객에게 최상의 서비스를 제공해 사업에서 성공한다'는 것을 천명했다. 유명한 'PSP' 원칙은 '사람이 곧 회사의 경쟁력이며 서비스나 수익보다 사람이 우선'이라는 페덱스 경영의 근본 원리를 잘 나타내주고 있다. 기업 경쟁력의 바로

미터가 바로 '종업원 태도의 경쟁력'이라는 것을 확인시켜주는 사례다.

#2. 맥도날드 창업자 레이 크록의 경영이념은 인간존중이다. 세계 120여 개국에서 3만 개 이상의 매장을 운영하고 있는 맥도날드의 성공 비결도 여기에 있다. 직원들은 자신들의 회사를 가리켜 '사람들이 만드는 햄버거 회사가 아니라 햄버거를 만드는 사람들의 회사'라고 말한다. 서비스 부문에서 미국의 '말콤볼드리지 국가품질상 MBNQA'을 2번이나 수상한 리츠칼튼호텔은 어떤가. 이 호텔은 경영의 핵심가치로 '황금표준gold standards'을 운영하고 있는데, 그중 "우리는 신사숙녀를 모시는 신사숙녀다"는 말은 종업원들의 자긍심을 높여주는 대표적인 사례다. 이처럼 성공한 기업의 최고 경영원리는 바로 '인간존중'이다.

창조경제=상상력=사람

《한국인의 경영코드》를 쓴 이동규 경희대학교 교수는 페덱스와 맥도날드 등의 사례를 들려주며 "세계적인 기업들의 출발점은 피플 퍼스트people first"라고 얘기한다. "창조경제 시대잖아요. 변화하고 혁신해야죠. 최신 경영관리 기법을 도입하면 될까요. 천만의 말씀입니다. 피플 퍼스트, 직원존중이 먼저예요."

그는 "창조는 인간존중이란 밭에서만 수확할 수 있는 열매"라며 "21세기 창조경제 시대의 핵심 경쟁력인 상상력, 즉 '생각하는 힘'

의 주체인 사람을 우선하는 경영을 해야 한다"고 말했다. 직원들의 마음을 움직일 수 있어야 하는데, 그러려면 각별히 배려하며 믿고 인정해줘야 한다는 것이다. 대접받고 있다는 느낌이 들도록 해주는 분위기에서 창조적 발상이 나오고 최대와 최고를 넘어서는 최초의 아이디어도 나온다는 얘기다.

그는 조직문화의 고질적인 엄숙주의와 획일주의를 걷어내고 대신 그 자리를 직원들의 창의성과 자발성으로 채워야 한다고 거듭 강조한다.

만족한 직원이 만족한 고객을 만든다

"그동안은 수직적 조직구조 아래에서의 '캔can 경영'이었다고 할 수 있어요. 어떤 일이든 할 수 있다는 의지로 밀어붙였죠. 이제는 말랑말랑한 감성과 창의성이 대세입니다. 그 중심에 사람이 있는 것입니다. 무엇보다 직원들이 만족할 수 있어야 해요. 종업원은 최초의 시장이라잖아요."

미국 웨그먼스 슈퍼마켓도 대표적인 사례다. 웨그먼스는 〈포춘〉이 '일하기 좋은 100대 기업'을 선정한 후 8년간 한 번도 빠진 적 없는 기업이다. 웨그먼스 본사에 들어가면 가장 먼저 눈에 띄는 글귀가 '직원이 먼저, 고객은 다음'이다. 만족한 직원이 만족한 고객을 만든다는 것이다. 만족한 고객은 또 만족한 주주를 만드는 것이기도 하다.

그는 고객만족CS 경영현장의 문제점을 지적하며 우리 기업의 직원 만족 경영 수준을 되짚는다. "고객만족은 고객의 기대를 넘어서라는 것입니다. 그래서 직원이 먼저라는 겁니다. 그런데 우리나라에서는 고객이 왕이고 직원은 종이죠. 그래서 고객만족도는 최고인데 직원만족도는 형편없는 경우가 많아요. 코미디죠. 열 받은 직원들이 어떻게 고객을 만족시키겠어요. 직원 불만은 곧바로 고객에게 연결되잖아요. 한 번은 만족시킬 수 있어도 오래가지는 못해요. 고객이 왕이라면 직원들도 왕이어야죠. 직원만족을 소홀히 해 고객만족을 놓치는 우를 범하지는 말아야죠."

전략이 아닌 삶의 방식으로서의 경영

대부분 국내 기업의 조직문화는 수직적 질서를 강조하는 일본식 전통 위에 외환위기 이후 도입된 능력 위주의 미국식 경영이 혼재돼 있다고 그는 분석한다. 여기에 권위주의적인 구세대와 자율을 추구하는 신세대의 갈등, 책임을 지지 않으려 하는 이른바 '낀 세대'의 무관심 등이 어우러져 선진국형 창조적 기업문화 구축에 장애가 되고 있다고 본다. 이런 문제를 하나씩 해결할 때 창조경영의 의미도 구체적인 무게를 갖추게 될 것이라고 말한다.

또 '장사'에서 '경영'으로 사고가 바뀌어야 한다는 얘기도 자주 한다. "음식을 파는 것이 아니라 가치를 파는 것이며 돈을 버는 것이 아니라 만족한 고객을 번다는 발상의 전환이 이루어져야 합니다. 아무리 작은 가게나 식당이라 할지라도 이제 장사꾼이 아니라 경영자 마인드를 갖춰야 하는 것이 오늘의 경제 상황이니까요."

이는 '전략이 아닌 삶의 방식으로서의 경영'과 상통한다. 조직 내 개인에게 경영이란 단순히 기업의 생산량을 늘려 이익을 증대시키는 물리적 작업이 아니라 자신의 삶을 이끌고 다른 이들과 함께 살아갈 방법을 모색하는 비물리적 기술이기 때문이다.

글로벌 차원에서 '러닝 머신'이 되어야

"옳은 말을 기분 좋게 해야만 자신의 생각과 감정을 상대방에게 제대로 전달할 수 있습니다. 학벌보다는 의사소통 수준이 그 사람의 인격을 판단하는 기준이 된다는 것을 명심해야죠. 일이란 결국 '힘든 재미'입니다. 일을 하면서 무작정 즐거울 수도 없고 그 일 때문에 삶 전체가 피로해져서도 안 되지요. 매 순간 사람들과 함께 성과를 만들어나가는 과정을 즐기면서도 함께하는 그 일이 쉽지 않음을 깨달을 때 비로소 '탁월함'이라는 경영의 최종 목표에 한발 나아갈 수 있어요."

"배워서 남 주나"란 말이 있듯이 어렵게 배운 것을 남에게 주기란 쉽지 않다. 그러나 그는 기업 경영에서 주는 것은 매우 중요하다고 말한다. 정보 수신형보다는 정보 발신형이 성과가 좋기 때문이라는 것이다. 그래서 "이제 한국은 더 이상 19세기형 고요한 아침의 나라가 아니며 21세기 '동방학습지국'으로 새로 태어나야 한다"고 주장하며 "이러한 흐름의 주역인 우리 기업들은 글로벌 차원에서 '러닝 머신learning machine'이 되어야 한다"고 역설한다.

그가 가장 큰 기대를 거는 대상은 한국의 젊은이들이다. 그는 "엄숙함보다는 온화함, 심각함보다는 여유로움을 지닌 세련된 헝그리 복서가 되자"고 제안한다. "올림픽 역사상 그 엄숙한 시상대 위에서 '시건방춤 세리모니'를 행한 민족은 G세대 우리 선수들이 처음일 것"이라면서 "이처럼 자신감이 넘치고 유머가 있으며 인생을 즐길 줄 안다는 점에서 우리 젊은이들은 획일성과 엄숙주의의 중병을 앓는 기성세대와는 완전히 다른 별에서 온 존재들이고, 그래서 희망이 보인다"고 말한다.

획일적인 변화와 혁신의 기치를 버리고 인간존중과 창조경영의 새 깃발을 높이 들자는 그의 제안은 신선하다. 특히 "배운 것을 버리고 알았던 것을 역분해하라"는 대목에 밑줄을 친다. 그렇다. 모든 것의 시작과 마지막은 '사람'이다. 사람이 꽃보다 아름답다.

함께 읽으면 좋은 책

- 《마음을 사로잡는 인간경영》
  월터 딜 스콧 지음 | 박정규 엮음 | 돋을새김
- 《홀라크라시》 로버트슨 지음 | 홍승현 옮김 | 흐름출판

3장

창의적인 발상은 다수결과 다르다

스타벅스, 애플… 기존 사례에서 '힌트'를 찾다
《어떻게 미래를 선점하는가?》

윌리엄 더건 지음, 권오열 옮김, 비즈니스맵 펴냄

자동차왕 헨리 포드의 성공 비결은 '움직이는 조립라인'이었다. 하지만 그가 이 방식을 창안한 것은 아니다. 그는 새로운 것을 만들어내는 대신 다른 업계의 관행에서 아이디어를 떠올렸다. 그것은 도축장의 원리를 자동차 공장에 접목하는 것이었다.

당시엔 기술자가 자리를 옮아가면서 자동차를 조립했지만 시카고 도축장에서는 잡은 가축을 하나씩 옆으로 움직이며 분해하는 이동 시스템을 이용했다. 헨리 포드는 이 과정을 자동차산업에 적용해 노동생산성을 최대한 높일 수 있었다. 사실 내연기관을 발명한 사람은 벨기에 출신의 에티엔 르누아르였고, 자동차를 발명한 사람은 독일의 카를 벤츠였다. 심지어 자동차 조립라인 발명자도 동료인 랜섬 올즈였다. 그러나 포드는 올즈의 고정식 조립라인을 거꾸로 바꿔 근로자 대신 자동차가 이동하는 생산방식으로 혁명을 일으켰다.

이처럼 세상을 바꾼 혁신적 아이디어들은 기존 사례에서 힌트를 얻은 경우가 많다. 세계적인 커피전문점 스타벅스의 회장 하워드 슐츠도 이탈리아 도시에 있는 수많은 커피숍을 보고 지금의 스타벅스 모습을 떠올렸다. 원래 스타벅스는 미국 시애틀 지역에 있는 고급 커피원두 매장 중 하나였다. 당시 마케팅 책임자이던 하워드 슐츠는 이탈리아 밀라노에서 열린 가정용품 박람회에 참관했다가 우연히 한 커피숍에 들어갔고 그곳에서 '계시'를 받았다.

스타벅스가 단순한 커피원두 매장이 아니라 이탈리아 모델을 본 뜬 커피숍의 한 체인이 돼야 한다는 걸 깨달은 그는 돌아오자마자 보스에게 자기 생각을 말했지만 거절당했다. 결국 그곳을 떠나 자기 회사를 차린 그는 보스가 은퇴하자 스타벅스를 매입했다.

'선례'가 바로 창조전략의 핵심

컬럼비아 경영대학원의 윌리엄 더건 교수는《어떻게 미래를 선점하는가?》에서 "이렇듯 미래를 선점한 이들은 과거 사례를 조합해서 새로운 것을 발견했다"며 "이런 '선례'가 곧 창조전략의 핵심"이라고 말한다. 이전부터 있던 사례들에서 필요한 부분을 취하고 장점을 보태면 전혀 새로운 혁신을 이룰 수 있었다는 것이다. 이를 한마디로 요약하면 '기존의 익숙한 질서에서 새로운 질서를 만들어내는 것'이다.

그가 이 책에서 자주 인용한 미디어 콘텐츠 유통업체 넷플릭스의 성공도 그렇다. 잘나가는 소프트웨어 회사를 막 팔아치운 리드 헤스팅즈는 어느 날 비디오 가게에서 영화 <아폴로 13>의 반납일을 넘기는 바람에 연체료 40달러를 내라는 소리를 들었다. 아내한테 잔소리를 들을 것 같아 무슨 거짓말을 할까 궁리하던 그에게 갑자기 아이디어가 떠올랐다. '그래! 비디오 가게도 체육관처럼 회비를 받고 운영하면 되잖아. 그런데 왜 여태까지 아무도 그렇게 한 사람이 없었을까?'

당시 최대 비디오 가게 체인인 블록버스터에서는 고객들이 한 편씩 빌릴 때마다 돈을 냈다. 체육관은 많은 기계가 들어차 있고 회원들이 자유롭게 이용하는 열린 공간이었다. 헤스팅즈는 블록버스터의 사례에서 지급 시스템을 뺀 전체 운영방식을 취하고, 체육관 프로그램에선 회원 균일 요금제라는 지급 시스템을 택해 둘의 장점을 결합했다.

이후 그는 아마존에서 차용한 전자상거래의 여러 기능을 추가하고 일본에서 들여온 영화 신기술인 DVD를 채택해 통신판매를 보강했다. 이렇게 해서 넷플릭스의 성공신화를 쓸 수 있었다. 그는 블록버스터와 체육관, 아마존, DVD의 선례를 조합한 뒤 그 위에서 자신의 혁신을 창조한 것이다.

스티브 잡스 역시 제록스의 그래픽유저인터페이스GUI를 보고 매킨토시 신화를 일궜다. 잡스는 이들 구성요소 가운데 하나라도 발명해낸 게 없다. 하지만 잡스는 워즈니악의 작은 기계와 제록스의 GUI 및 마우스를 조합하는 아이디어를 생각해냈다. 섬광 같은 통찰은 대개 남들에게서 차용한 요소들을 이어 붙인다. 많은 사람이 하나의 혁신에 기여하는 방식을 보여주는 핵심 메커니즘이다.

역브레인스토밍을 통한 아이디어 창출

이처럼 창조전략은 신제품 구상뿐만 아니라 조직과 개인의 창의적 아이디어 개발에 도움을 줌으로써 혁신의 모든 문제를 해결해준다는 게 저자의 지론이다. 저자가 말하는 창조전략의 3가지 요소는 신속평가, 보물찾기, 창조적 결합으로 요약된다.

신속평가rapid appraisal는 세계 경제개발 영역에서 빌려온 개념으로 복잡한 문제에 대한 통찰을 얻게 해주는 일련의 반복적인 인터뷰와 연구기법들을 말한다. 보물찾기what-works scan는 사회정책 연구영역에서 차용한 것으로 소스들을 뒤적여 문제 목록에 적용할 역사적 사례를 찾는 것이다. 창조적 결합creative combination은 1990년대 말 GE의 기업대학에서 뽑아온 것인데, 내가 옳다고 판단한 그 생각을 실행에 옮기는 의지를 가리킨다.

이를 바탕으로 한 미래 성장전략을 찾아보자. 그는 먼저 경영자들이 흔히 범하는 오류를 지적하면서 "수치에 현혹되지 말라"고 거듭 강조한다. 대부분의 기업이 시장조사 과정에서 온갖 수치를 들여다보지만 그것은 경험에 근거한 추측일 뿐이라는 것이다. 흔히 비용과 수익을 예측한 후 수익에서 비용을 제하고는 그것을 미래의 이익이라 말한다. 하지만 미래의 비용과 수익에 대한 구체적인 수치는 있을 수 없다. 그것은 진짜가 아니라 꾸며낸 것일 뿐이므로 탁상공론에 그칠 수도 있다.

그는 이런 관념적인 계획을 토대로 한 브레인스토밍은 혁신적인 아이디어 창출에 도움이 되지 않는다면서 오히려 "역브레인스토밍을 시도해보라"고 권한다. 없는 아이디어를 짜내는 것보다는 남들이 갖고 있는 아이디어에 귀를 기울이라는 것이다. 이는 매주 정기적으로 하는 것이 좋다고 한다.

"모임의 목적은 그냥 듣기만 하고 추가 설명을 요구하는 것이다. 당신은 아이디어에 대해 등급을 매기거나 투표, 비판 또는 결정을 하지 않아도 된다. 아이디어의 주제는 무엇이든 상관없다. 심지어 현재 당신이 관여하고 있지 않은 것이라도 좋다. 그것이 혁신의 한 특성이다. 역브레인스토밍 회의 전에는 서면으로 된 어떤 것도 요청하지 마라."

흔히 좌뇌가 분석하고 우뇌가 창의적인 아이디어를 생산한다지만 실제 우리 뇌는 그런 식으로 움직이지 않는다고 한다. 2000년 뇌의 이중구조 모델을 뒤집어 노벨생리의학상을 받은 에릭 칸델도 '학습기억'이라는 모델에서 뇌 전체가 감각과 분석을 통해 정보를 축적하고 의식적이고 무의식적인 탐색과 결합을 통해 정보를 검색한다는 사실을 밝혔다. 결국 분석과 창의력이 서로 협력하기 때문에 그 속에서 입체적인 아이디어가 나온다는 것이다.

따라서 그는 "새로운 상황에 직면할 때 뇌가 문제를 조각들로 분해하고, 과거의 선례들을 찾아낸 다음에 문제해결을 위한 새로운 조합을 만들어내는 것이야말로 창조전략의 3대 요소를 다 포함하는 혁신방법"이라고 결론짓는다. 성공적인 혁신은 모두 이런 식으로 이뤄졌다고 한다. 새해엔 우리도 이 같은 창조전략을 활용해 자신과 조직에 새로운 혁신의 신바람을 불어넣어보자.

함께 읽으면 좋은 책

- 《스타벅스-커피 한잔에 담긴 성공 신화》
  하워드 슐츠 지음 | 홍순명 옮김 | 김영사
- 《애플스토어를 경험하라》
  카민 갤로 지음 | 조은경 옮김 | 두드림출판사

혁신의 시대, 슘페터를 다시 읽다
《혁신의 예언자》

토머스 매크로 지음, 김형근·전석헌 옮김, 글항아리 펴냄

기업가의 역할에 유일하게 주목했던 경제학자

#1. 2014년 미국 연방준비제도이사회 의장에서 물러난 앨런 그린스펀은 '창조적 파괴'로 유명한 경제학자 조지프 슘페터의 열렬한 팬이었다. 그는 자신의 회고록에서 이렇게 고백했다. "창조적 파괴는 1942년 하버드대학 경제학 교수인 슘페터에 의해 통합된 개념이다. 영향력 있는 다수의 개념들이 그렇듯 그의 논리도 단순했다. 즉 시장은 노쇠하고 쇠락해가는 기업들을 폐기 처분함으로써 점차 내부에서 생기를 회복하게 될 것이며 자원은 좀 더 생산적인 차원으로 재분배될 것이라는 이론이다. 나는 20대에 슘페터의 이론을 읽었고 항상 그가 옳다고 생각했다. 그리고 평생 동안 그 과정이 진행되는 모습을 지켜보았다."

#2. '경영학의 아버지'로 불리는 피터 드러커는 슘페터가 숨을 거두기 며칠 전에 병문안을 갔다. 드러커가 스물여섯 살이나 어렸지만 같은 오스트리아 출신인 데다 두 사람의 아버지가 오랜 친구였기에 이들의 사이는 각별했다. 침대 곁에 다가선 드러커는 슘페터가 최고의 명성을 누리던 30세 때 "어떤 사람으로 기억되길 바라는가?"라는 물음에 "빈 최고의 연인으로, 유럽 최고의 승마인으로, 세계 최고의 경제학자로 기억되길 바란다"고 답한 사실을 떠올리고는 같은 질문을 다시 던졌다. "그 당시와는 전혀 다른 대답을 준비하고 있네. 나는 대여섯 명의 우수한 학생을 일류 경제학자로 키운 교수로 기억되길 바란다네. 이제는 책이나 이론으로 기억되는 것만으로는 충분하지 않다는 것을 알 만한 나이가 되었어. 책과 이론이 진정 사람의 삶을 변화시키지 않으면 무슨 소용이 있겠나."

드러커의 표현을 빌리자면 주요 경제학자 중 유일하게 슘페터만이 기업가의 역할에 주목했다. 전통 경제학에는 기업가가 들어설 자리가 없었고, 늘 수요와 공급만이 모든 것을 결정했다. 마르크스의 경제학도 노동자와 자본가의 대립으로만 구성됐다. 그러나 슘페터는 기업가entrepreneur를 '새로운 결합을 능동적으로 수행하는 것이 자신의 기능인 경제주체'라고 명확하게 정의한다.

《혁신의 예언자》는 슘페터의 이런 여러 가지 면모를 입체적으로 비춰주는 전기다. 하버드대학 경영대학원 명예교수이자 퓰리처상 수상자인 토머스 매크로가 슘페터의 편지와 강의록, 연설, 기사, 논문 등을 분석하고 대표 저서를 둘러싼 비화, 학문적 처세술, 러브스토리까지 꼼꼼하게 담았다. 기업과 기업가정신의 의미, 경영전략과 금융시장, 신용창조의 중요성, '창조적 파괴'라는 경제적 사유가 어떻게 나올 수 있었는지 당대의 사회적·문화적·정치적 요소도 함께 녹여냈다.

불운한 천재로 살다 간 슘페터

책에 그려진 슘페터의 일생은 '불운한 천재'의 전형을 보여준다. 그는 1883년 지금의 체코 지역인 오스트리아-헝가리 제국의 지방도시 트리시에서 태어났다. 방직공장을 경영하던 아버지가 서른한 살 때 사냥터에서 목숨을 잃자 네 살 난 그는 어머니를 따라 고향을 떠났다.

열 살 때는 장군 출신의 귀족과 재혼한 어머니와 함께 빈으로 이사했다. 귀족 자제들의 교육기관인 테레지아눔을 거쳐 1901년 빈대학에 입학한 그는 오스트리아 학파의 거장인 뵘 바베르크, 비저 등 당대 최고의 경제학 교수들에게 지도를 받았다.

졸업 후 영국을 거쳐 이집트 카이로에서 변호사 생활을 시작한 그는 밤마다 집필에 몰두한 끝에 1908년 그 유명한 《이론경제학의 성격과 본질》을 출간했다. 첫 저서의 성공으로 이듬해 오스트리아-헝가리 제국의 체르노비츠대학 조교수로 부임해 제국의 최연소(26세) 경제학 교수가 됐다.

1916년 무렵 정치에 참여한 그는 몰락해가는 오스트리아-헝가리 제국의 경제고문과 독일의 사회화위원회 위원을 거쳐 1919년 신생 오스트리아공화국의 재무장관으로 발탁됐다. 당시 오스트리아공화국은 사회민주당과 기독교 보수주의자들의 연립정부로 구성됐다. 36세의 젊은 재무장관은 최악의 경제난을 수습하기 위해 뛰었지만 부임 7개월 만에 해임되고 말았다.

그러나 그는 정계에서의 실패를 딛고 빈에 있는 은행 비더만방크의 총재를 맡아 사업가로 또 한 번 변신한다. 하지만 이 역시 4년 만에 실패로 끝났다. 그는 무모한 투자로 거액을 날렸으며 엄청난 빚까지 지게 됐다. 1925년에는 독일 본대학 재정학 교수로 학계에 복귀했고 두 번째 결혼에도 성공해 다시 안정을 찾는 듯했다. 그러나 이듬해 어머니와 아내가 차례로 숨을 거두는 불행을 잇달아 겪었다. 이들의 죽음은 그에게 커다란 상처를 남겼다. 그는 결국 본을 떠나기로 했다.

1932년 미국 하버드대학 초빙 제의를 받아들여 신대륙에서 새로운 삶을 시작한 그는 쓰라린 기억을 떨쳐버리기라도 하듯 연구에 몰두했다. 하지만 케인스주의가 하버드 경제학과를 휩쓸자 그를 추종하던 많은 학생이 떠나버렸다. 그는 동료 교수들과도 자주 부딪쳤고 점점 냉소적이면서도 공격적인 성향으로 변해갔다. 죽은 아내와 어머니에 대한 집착도 더욱 심해졌다. 1950년 1월 그는 못다 쓴 원고 뭉치들만 산더미처럼 남겨놓고 세상을 떠났다. 죽기 전날 밤에도 그는 강연 원고를 손질하고 있었다고 한다.

1990년대 이후 IT 발전과 함께 새롭게 주목

케인스와 같은 해에 태어나 평생 비교를 당하며 불우하게 살던 슘페터의 일생은 40여 년이 지난 뒤에야 빛을 봤다. 1990년대 정보기술IT 분야의 기술혁신과 신경제 시대에 그가 새롭게 주목받기 시작한 것이다. IT혁명은 그가 왜 기업가 혁신을 경제발전의 원동력이라고 강조했는지를 단적으로 확인해준 것이었다.

한마디로 1970년대까지는 국가의 개입과 완전고용정책을 정당화한 케인스가 인기였고, 1980년대에는 하이에크나 프리드먼 같은 신자유주의 경제학자들이 득세했으며, 1990년대 이후에는 국가 전체의 구조적 경쟁력을 강조하는 슘페터식의 혁신주의가 힘을 발휘했다. 즉 대량생산 시대에는 케인스 이론이 유효했지만 기술혁신의 시대에는 슘페터 이론이 주목을 받게 된 것이다.

슘페터는 혁신의 유형을 5가지로 정리했다. '소비자가 아직 모르는 재화 또는 새로운 품질의 재화 생산, 해당 산업 부문에서 사실상 알려지지 않은 생산 방법 도입, 새로운 판로 개척, 원료 혹은 반제품의 새로운 공급 획득, 독점적인 지위 등 새로운 조직의 실현'이 그것이다. 그는 일생에 걸쳐 "기업가의 창조적 파괴 행위가 자본주의의 역동성과 경제발전의 원동력"이라는 것을 거듭해서 강조한다.

이 책은 지금이야말로 슘페터 정신이 어느 때보다 절실한 혁신의 시대라는 것을 뚜렷하게 보여준다. 과거의 패러다임에서 벗어나 새로운 가치를 창출하는 기업가들이 많이 나와야 경제가 활력을 되찾고 사회가 발전할 수 있기 때문이다. 그동안 나온 연구서들이 '케인스와의 라이벌 구도'라는 틀에 갇혀 있던 것과 달리 슘페터 자체의 삶과 연구 활동에 초점을 맞춘 것도 이 책의 장점이다.

함께 읽으면 좋은 책

- 《자본주의, 사회주의, 민주주의》

  조지프 슘페터 지음 | 이종인 옮김 | 북길드

- 《경제발전의 이론》

  조지프 슘페터 지음 | 박영호 옮김 | 지식을만드는지식

- 《경제분석의 역사》

  조지프 슘페터 지음 | 김균 외 옮김 | 한길사

기업과 고객은 가치창출의 '동업자'
《새로운 혁신의 시대》

C. K. 프라할라드·M. S. 크리슈난 지음, 박세연 옮김, 비즈니스북스 펴냄

"한국은 글로벌 비즈니스 무대에서 차세대 혁신을 이끌어갈 수 있는 모든 전제조건을 다 갖추고 있다고 해도 과언이 아닙니다. 저는 앞으로 소비자와 기업의 관계를 혁신적으로 개선해나가는 과정에서 한국이라는 나라가 세계적인 시험 무대가 될 것이라고 생각합니다."

'경영학의 예언자'로 불리는 C. K. 프라할라드 교수(미시간대학 로스 경영대학원)가 《새로운 혁신의 시대》 한국어판 서문에서 강조한 말이다. 그는 〈비즈니스위크〉의 '혁신 분야 도서 베스트 10'에 뽑힌 이 책에서 불황 이후를 대비하는 기업의 절대 과제는 '혁신'이라고 역설한다.

그리고 혁신과 성장을 위한 새 패러다임으로 'N=1(소비자는 단 1명), R=G(자원은 전 세계적으로)'라는 공식을 제시한다.

이 공식은 1990년대 이후 정보통신 기술의 발전과 급격한 글로벌화라는 환경 변화에 따른 경영 패러다임의 변화를 정식화한 것이다. 한순간의 대증요법이 아니라 체질을 개선하는 근본 치유책이라는 점에서 매우 주목된다.

20세기 전후만 해도 기업은 '가치'를 생산하는 주체이고, 소비자는 생산된 가치를 '소비'하는 주체로 간주됐다. 그나마 1990년대 이후 '고객 중심적 사고'라는 혁신 담론이 등장하면서 많은 기업이 '고객 중심' 가치를 부르짖었다. 하지만 이 역시 기업은 가치 생산의 주체이고 소비자는 가치 소비의 주체라는 한계를 넘지 못했다. '고객 중심 가치'나 '고객을 위한 가치'는 소비자를 유혹하는 매력적인 슬로건이긴 했지만 실제 고객 가치를 제대로 실현하는 데는 역부족이었다.

'소비자는 1명' 개개인에 만족 줘야

더욱이 고객은 기술 발전과 환경 변화에 따라 더 이상 생산된 가치의 수동적인 소비자로 머물지 않게 됐다. 그 결과 '프로슈머'와 '맞춤형 대량생산'에 대한 연구가 이어졌고, 마침내 프라할라드가 이를 '기업과 고객이 함께 가치를 창출하는 co-created value'이라는 패러다임으로 새롭게 정의한 것이다. 그는 이것이야말로 기업 경영 100년의 미래를 이끌어갈 가치라고 단언한다.

이 공식은 2가지 내용으로 압축된다. 첫째, 소비자의 수 Number는 단

1명이다. 기업의 가치 창출은 소비자 개인의 고유한 경험에서 비롯되기 때문에 기업의 관리자는 고객이 1억 명이 된다고 해도 기업의 제품 혹은 서비스를 통해 고객 한 명 한 명에게 고유한 경험을 선사할 수 있어야 한다는 것이다.

자원 조달은 '글로벌 네트워크'로

둘째, 자원Resource은 글로벌Global 자원 네트워크를 통해 얻어야 한다. 오늘날 필요한 모든 기술과 자원을 내부에 소유하고 있는 기업은 없다. 빠르게 변화하는 세상 속에서 기업은 자원을 소유하는 것이 아니라 자원에 대한 접근 가능성을 높이는 일에 집중해야 한다. 이것이 바로 필요한 자원을 글로벌 생태계에서 얻는 'R=G'의 원칙이라고 설명한다.

결국 '새로운 혁신의 시대'를 이끌어나갈 혁신의 해법은 글로벌 자원 네트워크를 통해 기업이 소비자들과 함께 가치를 창출할 수 있는 역량을 갖추는 것이며, 이러한 기업 역량을 개발하기 위해서는 모든 관리자가 비즈니스 프로세스와 데이터 분석, 기업의 사회적·기술적 구조를 끊임없이 개선해나가야 한다는 것이다.

그는 '가치의 공동 창출'을 위한 열쇠를 '정보통신 기술'에서 찾는다. 인터넷 세상이 열리고 기술이 발전하면서 기업은 외부의 고객이나 협력업체에 대한 정보를 무한대로 활용할 수 있게 됐기 때문이다. 기업 내부 지식의 한계에서 벗어나 소비자의 특성과 구매행위를 분석하고 관찰할 수 있는 시스템을 마련하고 고객과 공동으로 가치를 창출하는 '새로운 혁신'이 가능해졌다는 것이다.

"소비자 역할의 증가, 유비쿼터스 환경의 조성, 기술과 산업의 통합적인 발전, 세계화, 자원 확보를 위한 글로벌 경쟁 등 이러한 모든 흐름을 결코 하나의 기업이 독자적으로 이끌어나갈 수는 없다. 이러한 흐름을 통해 전반적인 비즈니스 환경은 점점 N=1과 R=G의 세계로 나아간다. 피할 수 없다면 즐겨라. 그리고 그 흐름을 적극 활용하라."

그는 인도의 ICICI와 ING를 비롯한 금융기업, 신발과 타이어 제조업체, 페덱스·아마존 등 유통업체와 온라인 네트워크 업체, 교육업체 등 선도적인 기업들의 사례를 풍부하게 소개한다.

"월마트는 예전에는 개별화된 서비스(N=1)보다 세계적인 물류 시스템에 비중을 두었다(R=G). 하지만 오늘날에는 개별 소비자의 고유한 경험에 주목하고 물건 가격이 쌀 뿐인 할인점의 이미지에서 벗어나야 한다고 생각한다. 이베이는 사용자들의 참여를 적극적으로 유도하기 위해(N=1) 사용자들을 프로그램 개발자로 활용하고 있다(R=G). 페덱스 역시 소비자의 만족도를 높이기 위해 인터넷과 전화를 통해 고객 방문 서비스를 제공하고 전 세계의 서비스센터들과 협력하면서 글로벌 자원 활용을 극대화하는 등 N=1과 R=G를 동시에 추구하고 있다."

이 같은 트렌드 분석에 이어 그는 한국이라는 나라에 각별한 관심을 기울인다. '유비쿼터스, 기술의 수렴, 사회적 네트워크와 디지털화'라는 변화의 흐름에 가장 앞선 나라로 IT 강국인 한국을 꼽으면서 온·오프라인 교육업체 '메가스터디'를 언급한다. 이 기업이 어떻게 'N=1, R=G'의 원칙을 실행하고 있는지 설명하면서 자신의 새 패러다임이 한국에서도 이미 실현되고 있다는 것을 환기시킨다.

그리고 '한국의 독자들에게'를 통해 "새로운 혁신 공식으로 지속적인 성장의 전열을 정비하라"고 조언한다.

"모든 기업이 한 번에 1명의 소비자에게 고유한 경험을 창출하는 형태로 진화한다고 생각해보시기 바랍니다. 이러한 변화가 진행되면 이제 개인에 대한 충분한 관심, 1명의 소비자와 기업이 공동으로 가치를 창출할 수 있는 경쟁력이 바로 성공의 열쇠가 될 것입니다. 이것은 또 하나의 도전입니다. 교육과 풍요로움 그리고 인터넷 환경의 측면에서 오늘날 한국의 위치를 따라잡을 수 있는 나라는 그리 많지 않다고 확신합니다."

함께 읽으면 좋은 책

- 《플랫폼 레볼루션》
  마셜 밴 앨스타인 외 지음 | 이현경 옮김 | 부키
- 《취향을 설계하는 곳, 츠타야》
  마스다 무네아키 지음 | 장은주 옮김 | 위즈덤하우스

10년을 내다본 '도요타의 힘'
《도요타 제품 개발의 비밀》

제임스 모건·제프리 라이커 지음, 박정규 옮김, KMAC 펴냄

'독자 기술' 기업문화로 정착

도요타자동차의 세계 시장점유율은 15%를 넘는다. 시가총액은 GM과 포드, 다임러크라이슬러 3개사의 총액을 합친 것보다 많다. GM의 시가총액보다는 13배나 많다.

이 같은 성공요인 중 하나는 탁월한 품질과 독특한 제품개발 시스템이다. 도요타는 신형차의 품질지수 조사에서 10년째 상위를 독점하고 있으며 2005년에는 16개 카테고리 중 10개에서 톱을 차지했다. 품질뿐만 아니라 제품개발 속도에서도 경쟁사들을 멀찌감치 따돌리고 있다. 다른 업체들이 자동차의 스타일링 결정에서부터 양산까지 24~30개월이 걸리는 데 비해 도요타는 15개월밖에 안 걸린다. 일본이 '10년 불황'에 빠져 허우적거릴 때에도 도요타는 유일하게

지속성장을 계속했다.

도요타는 '빅3'로 불리는 경쟁업체들이 한 라인에서 한 종류의 차를 생산할 때 한 라인에서 여러 종류의 차를 생산하는 '다품종 소량생산' 체제를 추구했고 독자적인 시스템을 구축할 수 있었다. 도요타의 리더들은 오랜 기간 현장에서 기름때를 묻혀가며 '지속적 개선', '사람 존중', '독자적 기술'을 기업문화로 정착시켰다.

도요타는 1991년 독자적인 기술로 개발한 프리미엄 자동차 '렉서스'를 미국 시장에 출시해 최고의 성과를 일궜으며, 1997년 세계 최초로 가솔린 엔진과 전기모터로 작동하는 하이브리드 자동차 '프리우스'를 양산했다. 고유가 때문에 하이브리드 자동차의 수요는 갈수록 커질 전망인데, 이 부분에서도 10년 앞을 내다보는 도요타의 힘을 확인할 수 있다.

도요타의 성장동력 중 하나는 1950년대 처음 개발돼 전 세계 기업들의 생산혁명을 가져온 '린lean 생산방식', 이른바 '도요타 생산방식 TPS'이다. 이에 관한 책은 무수히 많다. 그러나 '생산방식'뿐만 아니라 '제품개발 방식'의 차이에 대해 집중적으로 다룬 책은 거의 없었다.

근본에서부터 혁신하라

《도요타 제품개발의 비밀》은 그런 점에서 아주 특별한 책이다. 도요타의 핵심 TPS를 가능하게 하는 원천 시스템을 다룬 것이다. 키 포인트는 '도요타 제품개발 시스템TPDS'이다.

저자 두 사람은 자타가 공인하는 도요타 전문가다. 자동차 제품 개발과 생산관리 분야 권위자인 제임스 모건은 미시간대학 박사학위 논문〈도요타와 북미 자동차의 제품개발 시스템에 대한 비교 연구〉로 학술상을 받았고 자동차부품 제조업체인 TDM의 플랜트 매니저, 생산 디렉터, 부사장을 거쳐 현재 포드자동차의 기술 디렉터로 근무하고 있다.

제프리 라이커는 미시간대학 산업공학부 교수로 베스트셀러《도요타 방식The Toyota Way》의 저자이기도 하다. 그는 '린 생산방식' 연구의 베테랑이다.

이들은 '도요타 제품개발 시스템'이 TPS와 전혀 별개의 것은 아니라고 말한다. '린'의 개념에 근간을 두고 있고 TPS가 추구하는 것과도 닮았기 때문이다.

한 가지 차이점은 이 모든 개념을 제품개발의 첫 단계, 즉 기획 단계부터 도입한다는 것이다. '린'이 생산과정의 낭비를 줄이고 리드 타임을 줄여 생산속도를 높이면서 최소 인력으로 다품종 생산을 추구하는 것에 초점을 맞췄다면 제품개발 시스템은 이보다 앞선 최초 개발 단계부터 최적화를 적용하는 것이다. 한마디로 근본에서부터 혁신하는 과정인 셈이다.

저자들은 다른 기업들이 도요타 방식 도입에 실패하고 어려움을 겪는 원인을 "제품개발 시스템 자체가 생산과정에서의 TPS를 지원하지 못하고 있기 때문"이라고 지적한다.

이 같은 문제를 해결하기 위해 이들은 도요타 제품개발의 13개

원칙을 추출했다. 그리고 이를 '프로세스', '사람', '기술'의 측면에서 하나하나 분석한다. 이것이 바로 도요타 제품개발 시스템의 비밀이며 핵심요소다.

이 책을 통해 한 단계 진화한 도요타 제품개발 시스템의 노하우를 배울 수 있다. 이는 자동차 분야에만 적용되는 게 아니라 차세대 경쟁 분야의 모든 산업에 해당되는 공통 원리다.

제품개발의 13개 원칙

'프로세스' 관련 4개 원칙

① 부가가치와 낭비를 분리할 수 있도록 '고객 정의 가치'를 설정하라: 출발점은 항상 고객이다. 고객가치가 무엇인지를 잊지 말라.

② 대체안을 철저히 검토하기 위해 제품개발 프로세스를 프런트 로딩하라: 도요타는 최대한 많은 선택안을 검토할 수 있는 초기 단계에서 기술적 과제를 해결하는 데 역량을 집중한다.

③ 제품개발 프로세스의 흐름을 평준화시켜라: 도요타는 '지식 업무 잡숍job shop'이라는 기법으로 업무 부하를 표준화하고 낭비를 최소화한다.

④ 표준화를 엄격하게 적용하여 편차를 줄이고, 유연성과 예측 가능한 결과를 창조하라: 설계와 프로세스, 기술 스킬의 표준화를 통해 품질과 시기 적절성을 높인다.

'사람'에 관한 6개 원칙

① 개발을 처음부터 끝까지 총괄하는 치프 엔지니어 제도를 만들어라: 단순한 프로젝트 매니저가 아니라 리더이자 기술 시스템의 총괄책임자여야 한다. 개발 스케줄을 관리하는 수준이 아니라 기술적 아키텍처를 결정하는 역할까지 맡아야 한다.

② 기능적 전문 능력과 기능 간 통합 능력 사이의 균형을 유지하는 조직을 만들어라: 전문적인 능력 위에 횡적 통합력을 갖춘 사람을 써라.

③ 모든 기술자가 탁월한 기술 능력을 가지도록 하라: 도요타는 '현지현물주의'를 원칙으로 삼고 기술자 스스로 손을 더럽혀 가며 실제로 어떻게 업무가 돌아가는지 직접 체험하게 한다.

④ 부품 메이커를 제품개발 시스템에 완전히 통합시켜라: 부품 제조업체는 자동차 부가가치의 50% 이상(도요타의 경우 75%)을 제공한다. 도요타는 부품업체의 기술자를 도요타의 설계 부문에 상주시키는 '게스트 엔지니어' 제도까지 갖추고 긴밀한 관계를 형성하고 있다.

⑤ 지속적으로 학습하며 개선하라: 도요타는 자신의 능력을 키우기 위해 정보를 모으고 그것을 사내에 전파하며 활용하는 학습문화를 잘 갖추고 있다.

⑥ 탁월성과 끝없는 개선을 지원하는 문화를 만들어라: 간부나 일선 조직원들 사이에 대대로 계승돼온 '신념'과 '가치관'을 통해 조직의 공통 목표를 향해 나아가며 조화를 이루도록 한다.

'기술'의 서브 시스템 3개 원칙

① 기술을 사람과 프로세스에 적합시켜라: 기술은 타사가 언제든지 흉내낼 수 있으므로 이를 규범화된 프로세스와 높은 스킬, 조직화된 사람들에게 접목시키는 것이 중요하다. 그래야 특정한 상황에서 기술이 가속효과를 낸다.

② 단순하면서 시각적인 의사소통을 통해 조직을 정렬하라: 도요타는 대부분의 보고서를 A3 용지 한 장으로 한정한다. 이 'A3 보고서' 형식을 응용해 제안서, 문제해결, 상황보고, 경쟁업체와의 비교분석 자료 등을 만든다.

③ 표준화와 조직적 학습에 강력한 툴을 사용하라: 표준화 없이는 지속적인 개선도 없다. 프로그램 매니저 간에 설계 프로세스를 공유하는 거시적 수준부터 개별 학습 결과를 정리하는 상세 기술까지 학습을 표준화하는 도구가 필요하다.

함께 읽으면 좋은 책

- 《도요타의 원가-세계 No.1 이익을 창출하는 비밀!》
  호리키리 토시오 지음 | 현대차그룹 글로벌경영연구소 옮김
  한국경제신문
- 《도요타 강한 현장의 비밀》
  호리키리 토시오 지음 | 구자옥 옮김 | 동양북스(동양문고)

기업의 흥망성쇠… '숫자 경영'에 달렸다
《숫자로 경영하라 3》

최종학 지음, 원앤원북스 펴냄

언론에 보도되지 않은 회계의 숨은 이야기

"현대건설 매각 과정은 아주 복잡했다. 현대건설을 소유하고 있던 주주협의회(채권단)는 현대건설 주식 약 3900만 주, 발행주식 대비 약 35%에 대한 매각 공고를 냈다. 처음에는 5조 5000억 원의 인수금액을 제시한 현대그룹 측이 현대건설을 인수하는 듯했다. 현대그룹은 2010년 11월에 있었던 입찰에서 1순위를 차지해 우선협상 대상자로 선정되었다. 현대자동차는 5조 1000억 원의 인수금액을 제시해 2위로 밀렸다. 그런데 현대그룹 측이 우선협상 대상자로 선정되자 현대상선 등 각 계열사의 주가가 일제히 폭락했다. 계열사 노조까지 반대 성명을 낼 정도였다. 현대건설 노조도 적극 반대한다는 성명을 냈다."

어떻게 된 사연일까. 회계학 분야의 권위자인 최종학 서울대학교 교수는《숫자로 경영하라 3》에서 이를 '숫자'와 '경영'이라는 렌즈로 비추면서 회계의 중요성을 일깨운다. 그에 따르면 주가 폭락은 이른바 '승자의 저주'를 두려워했기 때문이다. 자금력이 약한 현대그룹 측이 현대건설을 인수하면 과다한 부채로 인해 인수합병M&A 이후 어려움을 겪게 돼 결국 부실로 이어질 것이라고 시장이 전망했다는 얘기다. 소속사 노조들까지 강한 반대 성명을 낸 것을 보면 현대그룹 내에서도 반대 의견이 상당했다는 것을 알 수 있다.

그다음 과정은 더 흥미롭다. '자금조달 적정성'에 대한 논란을 거쳐 최종 승자가 현대자동차로 바뀌자 주가가 금방 회복됐다. 이건 또 어떻게 된 걸까.

"재무제표를 보면서 그 이유를 생각해보자. 당시 최소 4조 원 이상의 자금을 현대그룹 측이 외부에서 조달해온다면 이자율 6%를 가정할 때 이자비용만 매년 최소 2400억 원이 된다. 2008년 세계 금융위기 이후 어려움을 겪고 있던 현대그룹의 경영상황을 보면 부담하기가 쉽지 않은 수준이다. 당시 3년 동안 현대그룹의 영업활동으로 인한 현금흐름이 4000억 원대 초반이라는 것을 생각해볼 때, 영업활동으로 인한 현금흐름 중 약 절반을 투자를 위해 사용한다고 가정하면 매년 발생하는 잉여현금흐름free cash flow이 2000억 원대 초반 정도 된다. 배당을 한 푼도 안 주고 다른 부채는 전혀 상환하지 않는다는 극단적인 가정을 해도 간신히 새로 빌려오는 부채 4조 원의 이자를 낼 수 있을 정도뿐이다. 이자를 지급하기도 쉽지 않으니 원금

상환 가능성은 더욱 낮다."

그는 이 같은 사건들의 이면을 파헤치면서 회계나 숫자가 기업의 흥망성쇠에 얼마나 큰 영향을 미치는지 보여준다. 1부 '회계를 알면 숨겨진 이면이 보인다'에서는 현대자동차의 현대건설 인수와 한화그룹의 대한생명 인수 등 널리 알려진 사건의 뒷이야기를 풍부한 회계 지식을 통해 조명한다. 언론에 단편적으로 보도됐던 사건들의 큰 흐름을 종합적으로 이해할 수 있다.

숫자의 렌즈로 들여다본 키코 사건

2부 '의사결정의 중심에 숫자경영이 있다'에서는 회계 자료와 기타 숫자들이 경영이나 일반 의사결정에 얼마나 큰 영향을 미치는지를 확인시켜준다. 키코 사건의 전개 과정과 LG그룹의 지주회사 전환과정 등을 통해 합리적인 경영방식과 회계의 중요성을 일깨운다.

금융위기 때 온 나라를 떠들썩하게 했던 키코 사태를 들춰보자. 당시 키코로 가장 큰 손실을 본 회사는 태산LCD다. 이 회사는 전체 매출의 90% 이상이 외화로 결제되기 때문에 환율 변동에 매우 민감한 회사였다. 그래서 2006년까지 매출의 일정 비율에 대해 은행과 통화선도계약을 체결하고 있었다. 매입액 중 일부도 외화로 결제되기 때문에 외화매출액 전부에 대한 통화선도계약을 체결할 필요가 없고, 환율 변동에 노출되는 외화매출액과 외화매입액의 차액만큼만 통화선도계약을 체결하면 됐다.

그런데 2007년에 여러 은행과 키코 계약을 체결했다. 2007년에는 환율이 큰 변동 없이 정해진 구간 내에서 움직였으므로 약간의 이익을 볼 수 있었다. 하지만 2008년 들어 세계 금융위기가 발발하면서 환율이 달러당 1500원 선까지 급등했다. 그 결과 2008년 한 해 동안만 무려 7500억 원의 손실을 입었다. 2007년 말 기준 태산LCD의 총자산이 2000억 원, 자본이 600억 원 정도인 것을 감안하면 7500억 원의 손실이 얼마나 큰 규모인지 짐작할 수 있다.

지주회사제도의 장단점도 숫자의 렌즈로 비춰본다. 국내 기업 집단의 문제점으로 지적되는 대표적인 사례 중 하나가 복잡한 순환출자 구조다. 순환출자 형태의 지배체제에서는 복잡한 출자과정을 통해 적은 지분율로 다수 기업을 지배하는 문제 때문에 기업 간 연결고리가 끊어지면 기업집단의 지배구조가 와해된다는 문제점이 있다. 그래서 경영권을 노린 적대적 M&A의 위험에 늘 노출되게 된다.

현행 회계실무의 문제점을 다루고 개선책 제시

3부 '회계제도의 보완과 개선, 어떻게 할 것인가?'에서는 현행 회계실무의 문제점과 개선책을 살펴본다. 공시 관련 이슈, 분식회계와 우회상장제도의 문제점 등을 어떻게 개선해야 할지를 실무 관습과 함께 들여다본다.

예를 들어 '올빼미 공시 효과'가 있을지 알아보자. 금요일 저녁은 많은 사람이 개인적인 모임을 갖기 때문에 공시 내용을 꼼꼼히 살피는 투자자는 적다. 따라서 금요일 저녁에 악재를 공시한다면 월요일이 되어 주식시장이 열리더라도 주가가 떨어지는 정도가 다른 날 공시한 것과 비교할 때 상대적으로 적을 것이라고 기대할 수 있다.

우리나라에서는 월~금요일 오전 7시부터 오후 6시 사이로 공시 시간이 정해져 있으므로 이 중 금요일 주식시장 마감 이후인 오후 4~6시에 악재 공시가 집중된다. 국내 연구 결과를 보면 이익이 전기 대비 감소했다는 악재의 경우 장 마감 이후 공시하는 비율이 무려 65%나 된다. 반대로 이익이 전기 대비 증가했다는 호재는 장 마감 이후 공시되는 비율이 44%에 그친다.

그러면 회사는 '꼼수 공시'로 이득을 봤을까. 그는 "이를 아는 한국 투자자들이 금요일 이후 공시에 더 민감하게 반응하는 바람에 주가가 더 떨어진다"며 "기업의 의도와는 정반대 효과가 나타나는 것"이라고 분석한다. 설령 당장의 주가 하락폭이 줄어들더라도 '주가의 지연반응'으로 결국 아무런 효과도 없다는 것이다.

4부 '회계정보의 성과평가와 보상에서의 활용'에서는 회계정보를 어떻게 활용해야 가장 높은 효과를 얻을 수 있는지를 알려준다. 재미있는 칼럼들을 엮은 5부 '경영에 대한 단상 8가지'와 3편의 수필로 구성한 6부 '회계학 카페'에서는 오묘한 회계의 세계 속에서 체득한 삶의 단면들을 발견할 수 있다.

회계의 중요성은 날이 갈수록 커지고 있다. 중앙대를 인수한 두산그룹은 전교생에게 회계수업을 의무적으로 듣게 했고, 금호아시아나 회장은 "재무제표를 모르면 임원 될 자격이 없다"고 했다. 현대중공업도 회계교육을 관리 및 생산직군에까지 확대하고 있다. 그야말로 이제는 기업들이 세계 공통어인 영어를 잘하는 직원보다 경영의 공통어인 회계를 이해하는 직원을 더 선호하고 있는 것이다.

함께 읽으면 좋은 책

- 《회계 천재가 된 홍 대리》(전5권) 손봉석 지음 | 다산라이프
- 《지금 당장 회계공부 시작하라》
  강대준, 신홍철 지음 | 한빛비즈

역경을 이겨내는 힘은 만들어진다
《절대 회복력》

캐런 레이비치·앤드류 샤테 지음, 우문식·윤상운 옮김, 물푸레 펴냄

"어느 날 아침 부장에게서 한 줄짜리 메일이 왔다. '최대한 빨리 전화 요망.' 존은 생각한다. '내가 무슨 잘못을 저지른 게 분명해.' 이 과정에서 존이 저지른 '생각의 실수'는 부장이 어떤 문제 때문에 이메일을 보낸 것이라고 자동으로 믿는다는 것이다. 그러나 다른 가능성도 있다. 부장은 그저 새로운 업무를 지시하거나 기존 업무 중에서 우선적으로 처리해야 할 것을 알려주려고 이메일을 보냈을지도 모른다."

펜실베이니아대학 긍정심리학 교수들이 역경에 효과적으로 끈질기게 대응하는 능력인 '회복력'에 대해 얘기한다. 회복력은 긍정적인 사고가 아니라 유연하고 정확한 사고가 우선이다. 지나친 긍정과 낙관은 문제의 본질을 정확하게 판단하지 못하는 우를 범할 수 있기 때문이다. 이들은 역경을 이겨내는 7가지 기술을 활용해 심리적

회복을 이룰 수 있다고 강조한다.

미국 펜실베이니아대학의 긍정심리학자이자 회복력 분야의 권위자인 캐런 레이비치와 앤드류 샤테 교수가 《절대 회복력》에서 들려주는 얘기다. 존뿐만 아니라 우리도 이런 함정에 자주 빠진다. 조그마한 어려움에도 '외상 후 스트레스 장애PTSD'로 고통받고 이 때문에 삶을 포기하기도 한다. 지나친 걱정과 스트레스, 좌절과 실패, 우울증, 자살 등은 개인뿐만 아니라 사회적으로도 심각한 문제를 야기한다.

스트레스, 좌절과 실패, 우울증, 자살 등을 극복하는 내면의 힘

그러나 어떤 사람은 감당할 수 없을 정도의 역경도 '외상 후 성장PTG'으로 활용하며 더 나은 삶을 개척한다. 사생아로 태어나 9세 때 성폭행을 당하고 14세에 미혼모가 돼 생후 2주 된 아들이 죽는 아픔을 겪었지만 〈오프라 윈프리 쇼〉의 사회자로 우뚝 선 오프라 윈프리, 교통사고로 전신마비가 됐는데도 포기하지 않고 더 활발하게 연구활동을 하는 이상묵 서울대학교 교수, 루게릭병으로 시한부 진단을 받았으나 세계적인 물리학자로 성공한 스티븐 호킹 박사 등이 그렇다.

이들에게는 역경을 극복할 수 있는 내면의 힘이 따로 있다. 그게 바로 '절대 회복력'이다. 저자들은 직장인과 교육자, 의료계 종사자, 운동선수, 군인 등에게 회복력을 가르치는 '어댑티브 러닝 시스템즈'를 창립하고 오랜 연구를 통해 회복력의 비밀을 밝혀냈다.

"친밀하고 지속적인 인간관계와 소통, 직장에서의 성공, 신체 건강, 위기 극복 등 삶을 좌우하는 것은 역경에 효과적으로 끈질기게 대응하는 회복력이다."

이들에 따르면 회복력은 역경을 극복하는 힘이고, 내면의 심리적 근육을 단련시켜주는 도구다. 힘겨운 문제를 해결하고 질병을 이겨내며 원만한 결혼생활을 유지하고 국가적 재난을 겪은 후에도 꿋꿋하게 살아가게 해주는 지렛대다.

회복력은 어린 시절의 장애물을 이겨내고 고난을 헤쳐나가게 하며 고통스러운 트라우마를 딛고 일어서게 해준다. 업무를 정해진 시간 안에 마칠 수 있도록 하고, 그러고도 가족을 위한 시간과 에너지를 갖도록 도와준다.

"회복력이 강한 사람들은 대부분 새롭고 도전적인 경험을 찾아나선다. 이미 한계에 부딪혀서 싸워 이겨야만 내면이 성장하고 확장된다는 것을 깨달았기 때문이다. (…) 그들은 실패에서 의미를 찾아내고 더 높이 오르는 수단으로 삼는다. 또 시스템을 찾아내서 활력을 불어넣고 문제를 신중하게, 철저하게, 정력적으로 해결한다."

중요한 것은 회복력이 '지나치게 긍정적인 사고가 아니라 유연하고 정확한 사고'라는 점이다. 막연한 긍정과 낙관은 문제의 본질을 정확하게 파악하지 못하게 할 수 있기 때문이다. "긍정은 무조건 예스가 아니다."

이들의 연구에 따르면 대부분의 사람은 스스로 회복력이 뛰어나다고 생각하지만 진실은 그렇지 않다. 역경을 헤쳐나갈 감정적·육체적 준비가 돼 있지 않기 때문이다. 그러면 어떤 문제에 용감하게 맞서는 것이 아니라 포기하거나 무기력하게 대응하게 된다. 특정 분야에서 회복력을 발휘하는 사람일지라도 다른 사람의 도움이 필요하다는 것이다.

그래서 연습과 훈련이 필요하다. 이들은 "연습만 한다면 누구나 회복력을 갖출 수 있다"고 장담한다. 이 책 2부에서 7가지 회복력 기술을 배울 수 있다. 하나씩 짚어보자.

① ABC 확인하기: 어떤 상황을 정확히 파악하고 있다고 믿었는데 나중에야 그것이 오판이었음을 알아차린 적이 있는가? 역경에 처하는 순간에 떠오르는 생각들이 부정확하다면 그에 효과적으로 대응하는 능력 또한 훼손될 수밖에 없다. 따라서 문제에 직면할 때 떠오르는 생각들에 '귀를 기울이고' 속으로 어떤 말을 하는지 확인해 그 말이 감정과 행동에 어떤 영향을 미치는지 알아차리는 법부터 배워야 한다.

② 사고의 함정 피하기: 문제가 일어날 때 당신은 자동으로 자신을 비난하는가, 아니면 타인을 비난하는가? 속단하는가? 상대방이 무슨 생각을 하는지 알고 있다고 확신하는가? 위기에 처할 때마다 이렇게 회복력을 약화시키는 실수를 저지르지 않기 위해 균형 잡힌 사고의 지혜를 터득하는 게 중요하다.

③ 빙산 찾아내기: 각자 세상이 어떻게 움직여야 하는지, 본인이

어떤 사람이며 또 어떤 사람이 되고 싶은지에 대한 확고한 믿음을 갖고 있는데, 그 뿌리 깊은 믿음이 곧 빙산이다. 이는 사소한 문제에 과잉반응하거나 단순한 것을 결정하지 못하고 망설이게 만든다. 따라서 본인의 뿌리 깊은 빙산 믿음을 들춰내고 그것이 언제 유익하며 언제 해로운지를 판단해야 한다.

④ 믿음 반박하기: 회복력의 핵심 요소는 문제해결이다. 우리는 문제의 원인을 자주 오판하고 이 때문에 틀린 해결책을 고수한다. 문제 원인에 대한 믿음의 정확성을 검증하고 효과적인 해결책을 찾는 게 필요하다.

⑤ 진상 파악하기: '만약에'라는 생각에 사로잡혀 문제를 악화시키는가? 일어나지도 않은 일에 불안해하고 걱정하느라 소중한 시간과 에너지를 낭비하는가? 그렇다면 실제로 닥친 문제 또는 일어날 확률이 가장 높은 문제를 효과적으로 다루기 위해 '만약에' 사고부터 중단하라.

⑥ 진정하기 및 집중하기: 당신은 스트레스에 압도되는가? 순식간에 강렬한 감정에 휩싸여서 논리적으로 사고할 수 없는가? 쓸데없는 생각들 때문에 집중하기가 어려운가? 감정이나 스트레스에 휘둘릴 땐 진정하고 집중하면서 당면한 문제에 초점을 맞춰라.

⑦ 실시간 회복력: 비합리적인 생각 때문에 지금 이 순간에 몰두하기 어려울 때가 있는가? 부정적인 생각이 자꾸만 떠오르는가? 그 비생산적인 생각을 좀 더 생산적인 사고로 재빨리 바

꿔라. 그러면 즉시 성과를 거둘 수 있다. 이 방법은 '진정하고 집중하기' 기술과 함께 활용하면 더 효과적이다.

역경을 이겨내는 7가지 기술로 회복력 수준을 높이자

이들이 가르쳐주는 7가지 기술을 모두 익히기는 어렵다. 그러나 두세 가지 기술만 활용하고도 회복력 수준을 크게 높인 사람이 많다고 하니 걱정하지 않아도 되겠다. 이를 인간관계와 양육, 직장 등에 적용하면 친구와 가족, 타인과 더 풍요로운 관계를 맺을 수 있다고 한다.

"고위 간부에서 영업사원, 고객 서비스 담당자에 이르는 수많은 직장인의 회복력 훈련 사례를 통해 당신도 생산성을 극대화하고 일과 가정의 완벽한 균형을 이룰 수 있다. 더욱 유능한 부모가 되고 신체와 정신 건강도 좋아질 것이다. 7가지 기술과 깨달음으로 무장하면 누구나 더 행복해지고, 더 생산성을 높이고, 더 성공적이고 균형 잡힌 삶을 살 수 있다."

이들의 말대로 가혹하고 근거 없는 자기비판은 우리에게 아무런 도움이 되지 않는다. '나는 너무 이기적이야'라든가 '내가 아이들을 망쳐놓은 거야', '이 직업에서 절대 성공하지 못할 거야' 같이 부정적인 생각과 싸워 이기려면 절대 회복력부터 몸에 익혀야 한다.

외부 환경이나 다른 사람들을 비난하는 스타일도 마찬가지다. '이봐, 팔지 못한 것은 내 잘못이 아냐. 그건 불가능해.' '그 사람이

나에게 우선권을 주지 않았기 때문에 우리는 잘할 수 없었던 거지.'
이렇게 말하는 사람들에게도 회복력이 특효약이다. 우리 인생을 결정하는 것은 역경이 아니라 그것에 대응하는 방식이기 때문이다.

함께 읽으면 좋은 책

- 《회복탄력성》 김주환 지음 | 위즈덤하우스
- 《옵션 B》
  셰릴 샌드버그, 애덤 그랜트 지음 | 안기순 옮김 | 와이즈베리
- 《나를 지키며 일하는 법》 강상중 지음 | 노수경 옮김 | 사계절

백만장자 예술가의 몰락
《밴버드의 어리석음》

폴 콜린스 지음, 홍한별 옮김, 양철북 펴냄

오래된 도서관의 희귀본 서가를 뒤지는 책벌레이자 골동품 수집가, 포틀랜드 주립대학 교수이자 잘나가는 작가. 《밴버드의 어리석음》을 쓴 폴 콜린스는 남들이 거들떠보지 않는 역사의 뒷면을 섬세하게 더듬는 인물이다.

그는 대학원생 시절에 19세기부터 발행된 잡지 전권의 목차를 복사하는 일을 하다가 처음 보는 이름과 낯선 사건들을 만났다. 이때부터 '가려진 역사'에 관심을 갖게 된 그는 희대의 사기꾼과 허풍선이, 얼치기 바보 같은 인물들을 차례차례 만난다.

생각은 앞섰지만 사회성은 부족했던 사상가들, 최고의 자리에 올랐다가 실패와 조롱의 가시덤불에 걸려 주저앉은 사람…. 그중에는 아버지를 기쁘게 해주려고 셰익스피어의 작품을 통째로 위조했던 '똑똑한 바보' 윌리엄 헨리 아일랜드, 자신을 포모사(타이완)인이라고 소개했지만 단 한 번도 포모사에 가본 적 없었던 영국 최고의 사기꾼 조지 살마나자르, 지구 안은 텅 비었다고 주장하며 쥘 베른 등에 상상력의 지렛대를 제공했던 몽상가 존 클리브스 심스 등이 포함돼 있다.

그는 이 같은 인물 13명의 기괴한 삶을 한 갈피씩 넘기면서 '아무 이득도 바라지 않고 자기 이상에 몸을 바치거나 능력보다 꿈이 앞선' 이들의 아름다운 실패를 유머러스하게 펼쳐 보인다.

진지하면서도 해학적인 그의 문체는 낡은 가죽 제본의 겉표지에 앉은 먼지처럼 아련하고 때로는 웅숭깊다. 셰익스피어 작품 위조의 주인공인 윌리엄의 아버지가 얼마나 귀가 얇았는지를 묘사할 때는 "셰익스피어의 집 뒤뜰에 있는 오래된 뽕나무를 잘라 만든 유물은 어찌된 일인지 아무리 팔아도 바닥이 나지 않았다. 해마다 셰익스피어의 소지품을 팔아 번 돈만 가지고도 그 지역 전체를 먹여 살릴 정도였다"며 너스레를 떨기도 한다.

그가 빛바랜 이야기의 주인공과 함께 역사의 뒷마당으로 들어서는 모습도 한 편의 '다큐 드라마'처럼 사실적이고, 드라마틱하다.

백만장자 예술가의 몰락

제목에 등장하는 존 밴버드의 얘기부터 보자. 저자는 그의 삶을 '파멸의 완벽한 본보기'라고 묘사했다. 미국 서부 개척 시대에 밴버드는 가장 유명한 화가였으며 최초의 백만장자 예술가였다. 그러나

35년 뒤 밴버드는 황량한 개척지의 무연고자 묘지에 묻혔다. 유명한 작품은 모조리 망가졌고 그의 존재도 역사 속에서 지워졌다. 도대체 어떤 일이 있었을까.

밴버드는 미국 개척 시대 지구상에서 가장 유명하고 부유했던 예술가였다. 수많은 돈을 은행에 가져다 맡기는 일이 하루 일과였던 그는 유럽과 미국을 휩쓸던 공연 기획자이기도 했다. 그를 유명하게 만든 것은 바로 '움직이는 파노라마'였다. 이것은 그림을 그린 거대한 천의 양 끝을 밧줄 고리로 묶어 줄을 따라 움직이게 만든 작품이었다.

그가 고안한 이 예술품은 이른바 최초의 '활동사진'이었다. 그는 젊은 시절 뱃사공의 경험을 살려 높이 3.6m, 길이 800m의 거대한 천에 미시시피 강 풍경을 그렸다. 특허를 받은 독특한 장치로 천을 움직여 강이 흐르는 것 같은 효과를 주고 내레이션과 피아노 연주를 더해 관객몰이에 성공했다.

그러나 그것도 잠시였다. 그의 작품을 모방한 해적판이 출현했다. 그는 다른 사업을 시작했지만 수완이 부족해 실패를 거듭했다. 막대한 재산을 쏟아부어 24만m²짜리 땅에 영국의 원저 성과 똑같이 생긴 성을 쌓던 그는 말년에 완전히 빈털터리가 되고 말았다. 그는 결국 이 성을 빼앗긴 채 초라한 죽음을 맞는다.

롱아일랜드의 한적한 시골에 있는 그의 성은 '밴버드의 폴리'로 불렸다. 그 말에는 다소 비꼬는 뜻이 숨어 있었다. '폴리Folly'는 건축 용어로 주거가 아닌 장식 목적의 건물을 가리키는 말이기도 하지만

'어리석음'이라는 뜻이 더 일반적이었다. 그의 거대한 파노라마 천도 조각조각 나뉘어져 시골 몇몇 집의 단열재로 쓰였다. 무성영화에 밀려 역사의 뒤안길로 사라진 '움직이는 파노라마'처럼 그를 기억하는 사람은 아무도 없다.

그러나 그의 삶을 단지 '잊혔다'는 이유만으로 '실패'라 단정할 수 있을까. 그를 기억하려는 몇몇 연구자들조차 '성공할 뻔한' 사람으로 소개하는 존 밴버드. 열정의 극점까지 가 닿았던 그의 인생은 성공과 실패라는 이분법의 잣대로는 설명할 수 없는 '미묘한 의미'를 일깨워준다.

기발했으나 버려진 '천재'들

당대를 풍미했다가 잊힌 사람 중에는 미국 최초로 뉴욕 땅 밑에 기압을 이용한 지하철을 건설해 사람들을 깜짝 놀라게 했던 앨프리드 엘리 비치도 있다. 그는 영화 〈갱스 오브 뉴욕〉에도 등장하는 보스 트위드의 악랄한 방해 공작에 밀려 제대로 빛을 보지 못하고 실패한 비운의 주인공이다.

'엄숙한 연극 무대'에 멜로와 컬트적인 연기를 도입해 야유를 받았던 로버트 코츠도 마찬가지다. 당시에는 비록 오렌지 껍질 세례를 받았지만 세월이 흐르면서 컬트 연기가 일반화되자 그의 연기를 이상하게 생각하는 사람은 없었다.

포도 농부 이프리엄 불은 어떤가. 그는 값싸고 맛 좋은 포도를 개발하는 데 평생을 바쳤지만 그것을 포도 가지째 팔아버리는 바람에 알거지가 돼버렸다. 그 영광은 유명한 음료회사의 창업자인 웰치에게 넘어갔다. 웰치는 성찬식용 와인을 마시고 취한 성직자 때문에 포도 주스를 만들기로 했다. 이것이 지금의 웰치 주스다. 웰치가 부자가 되는 동안 이프레임 불은 새로운 품종을 다시 개발하려다 사다리에서 떨어져 죽고 말았다.

기발한 생각으로 세상을 놀라게 했으나 시간이 지나면서 버려진 사람들도 있다. '지구 안은 텅 비었다'며 지구공동설을 주장했던 존 클리브스 심스과 N선이라는 방사선을 처음으로 발견했다고 해서 노벨상 후보에 올라 프랑스인들을 들뜨게 했던 프랑스 과학자 르네 블롱들로, 파란빛이 모든 종류의 병을 치료한다고 믿었던 오커스터스 플리즌튼, 7음계만으로 세계 최초의 공용어를 만들고자 했던 프랑수아 수드르, 4류 배우에 불과한 셰익스피어가 그렇게 위대한 작품을 쓸 수 없다고 믿고 식음을 전폐하며 비밀을 파헤치다 미쳐버린 천재 여류 작가 딜리아 베이컨….

평생을 바친 과업이 아무런 가치도 없는 것으로 판명났을 때 이들이 받았던 수모와 고통은 얼마나 컸을까.

실패의 역사에서 더 빛나는 발칙 남녀

《밴버드의 어리석음》이 〈LA타임스〉 2001년 논픽션 부문 최고의 책'으로 선정됐을 때, 저자는 인터뷰에서 이렇게 말했다.

"이 책에 나오는 사람들은 모두 사기꾼, 허풍선이, 바보라고 치부되어 비웃음을 당하거나 휴지조각처럼 기억되겠지만 공통점이 있다면 '내가 정말로 존경하는 사람들'이라는 것입니다. 그들은 아무 이득도 바라지 않고 자기 이상에 몸을 바친, 능력보다 꿈이 앞선, 실패했지만 기억할 가치가 있는 사람들입니다."

그의 말처럼 이 책의 등장인물은 '잊혔으나 잊히지 않은 인물들'이다. 저자의 표현에 따르면 '무언가를 추구하다가 추락한 사람들'이다. 그러나 '성공'의 역사에서 잊힌 사람들도 '실패'의 역사 속에서는 잊히지 않는 법이다.

실제로 우리는 이들의 실패 위에서 '진화'의 계단을 하나씩 쌓았는지도 모른다. 밴버드의 움직이는 파노라마는 시각과 움직임을 결합한 패러다임을 낳았고 무성영화의 발명을 가져왔다. 심스의 지구공동설은 극지방 탐험의 문을 열어줬고 에드거 앨런 포 같은 문인들에게 많은 영향을 주었다.

실패한 사람들의 상상력이야말로 영감의 또 다른 원천이다. 그런 점에서 저자 서문 뒤에 붙은 월트 휘트먼의 시구가 더욱 아릿하다.

승리하는 것이 좋다는 말을 들었는가?
나는 패배하는 것도 좋다고 말한다
싸움에 이기는 것과 똑같은 정신으로 질 수도 있다.

이어지는 구절 중 "패배한 이들에게 환호를!", "알려진 위대한 영웅들과 대응한 / 헤아릴 수 없이 많은 이름 없는 영웅들에게도!" 역시 긴 여운을 남긴다. 이 시의 제목이 '나 자신의 노래'인 것도 얼마나 비유적인가.

함께 읽으면 좋은 책

- 《식스펜스 하우스》 폴 콜린스 | 홍한별 옮김 | 양철북
- 《세계사를 뒤흔든 16가지 발견》
  구트룬 슈리 지음 | 김미선 옮김 | 다산초당

4장

미래를 창조하는 경영

'아마존'… '성장, 혁신'은 계속된다
《아마존, 세상의 모든 것을 팝니다》

브래드 스톤 지음, 야나 마키에이라 옮김, 21세기북스 펴냄

미국 시애틀의 유니언 호는 빙하가 녹아 생긴 작은 담수호다. 그 남쪽에 아마존 소유의 건물 열두 채가 자리 잡고 있다. 세계 최대 전자상거래 회사의 규모에 비하면 아주 소박한 건물이다. 본사로 들어서면 길쭉한 안내데스크 옆에 개 비스킷 한 사발이 놓여 있다. 개를 데리고 출근하는 직원들을 위한 것이다. 아마존다운 모습이다.

엘리베이터 근처에는 검은 명판에 흰 글씨로 쓴 창업자 제프 베조스의 명문이 걸려 있다.

"여전히 많은 물건은 계속 발명되고, 여전히 새로운 일이 많이 일어나리라. 인터넷의 위력을 우리는 아직 깨닫지 못하고 있다. 오늘은 그저 거대한 미래의 첫날Day 1일 뿐."

이런 풍경들은 아마존의 어제와 오늘, 내일을 상징적으로 보여준다. 아마존은 2016년 매출 1359억 달러(약 151조 원)를 달성했다.

2007년의 매출에 비해 818% 증가한 것이다. 아마존은 투자자들에게도 가장 매력적인 미래기업으로 꼽힌다. 그 중심에 천재적이고 승부욕 강하며 수많은 논란을 일으키는 제프 베조스가 있다. 그는 2013년 영국 BBC방송 '최고의 CEO'로도 선정됐다.

아마존의 성공신화를 파헤치다

아마존은 사람들의 쇼핑과 독서습관 등을 송두리째 바꾼 기업이지만 그 명성에 비해 알려진 사실은 많지 않다. 아마존의 경영방침은 철저한 비공개다. 주요 사업계획은 물론이고 본사 직원의 수나 킨들 판매대수 같은 자료도 공개하지 않는다. 그래서 《아마존, 세상의 모든 것을 팝니다》는 아마존이 어떻게 성장했고, 제프 베조스의 성공신화는 어떻게 만들어져왔는지를 보여주는 최초의 책으로 꼽힌다.

저자인 브래드 스톤은 〈블룸버그 비즈니스위크〉 선임 논설위원이자 IT 전문기자다. 그는 이 책을 쓰기 위해 300회 이상 취재했고, 40년 넘게 연락이 끊긴 베조스의 아버지를 찾아가 순탄치 않은 가족사를 듣기도 했다. 이를 바탕으로 아마존의 성장 비결과 베조스의 내밀한 모습을 생생하게 전해준다.

아마존은 1995년 7월 온라인 서점으로 시작했다. 당시 직원은 베조스와 부인, 엔지니어 한 명뿐이었다. 회사는 작았지만 처음부터 '에브리싱 스토어everything store'를 목표로 잡았다. 책뿐만 아니라 컴퓨터 소프트웨어, 전자제품 등으로 카테고리를 넓혀 지금은 거의 모든 상품을 팔고 있다. 그동안 수많은 콘텐츠 기업을 인수합병했고 2013년에는 유력 일간지 〈워싱턴포스트〉도 사들였다. 우주선 회사 '블루 오리진'에까지 투자했다.

고객이 모든 것의 중심이다

베조스는 아마존의 성장요인으로 '고객 중심', '장기적인 안목', '창조성'을 꼽는다. 그중에서도 최고는 '고객 중심'이다. 아마존에는 내부 긴급 상황에 강도를 매기는 1~5단계의 시스템이 있는데, 이와 별도로 규정한 또 다른 긴급 상황이 있다. '서브-B'다. 베조스가 자신에게 온 모든 이메일을 읽고 고객의 불만이 담긴 메일의 맨 윗부분에 물음표를 추가해 해당 중역이나 직원에게 전달한 것이다. 그러면 담당자는 최대한 빨리 고객의 불평이 뭔지, 원인은 어디에서 비롯되었는지 등을 조사해 CEO에게 보고하고 문제를 해결해야 한다.

장기적인 안목도 탁월하다. 대부분의 회사는 2~3년 안에 수익을 낼 수 있는 사업에 투자하지만 아마존은 10년 이상을 내다본다. 2012년 아마존은 3900만 달러의 적자를 낸 반면 구글은 매출 502억 달러에 순수익 107억 4000만 달러를 올렸다. 그러나 베조스의 장기적인 비전을 전적으로 신뢰하는 아마존 주주들은 전혀 놀라지 않았다. 새로운 시장으로 끝없이 진출한 결과였기 때문이다. 아마존이 온라인 소매업에서 제3자 판매, 클라우드 서비스, 킨들 제조 등 여러 사업으로 확장하면서 회사의 시장가치는 1750억 달러로 치솟았다.

집요하고 열정적으로 일하라

베조스의 경영방식도 독특하다. 사업계획이나 아이디어는 파워포인트나 슬라이드 프레젠테이션 대신 6쪽짜리 산문으로 발표하도록 한다. 그는 이런 방법으로 창의적인 사고력을 키울 수 있다고 믿는다. 일도 혹독하게 시킨다. 그의 경영원칙은 '제프이즘'으로 통할 만큼 카리스마적이다. 그의 아이디어를 실행하는 선임이사를 '제프봇'이라고 하는데, 로봇처럼 헌신하는 충성심과 효율성을 의미한다. 퇴직자 중 한 명은 이렇게 말한다.

"다들 아마존에서 일하는 것이 얼마나 힘든지 알면서도 그곳에 있기를 선택합니다. 계속적으로 배울 기회가 있고 혁신의 속도는 스릴이 넘칠 정도입니다. 저는 특허를 냈고 혁신을 계속 이루었어요. 무엇을 하든지 경쟁이 치열했지요."

베조스는 스티브 잡스나 빌 게이츠처럼 직원들을 숨 가쁘게 몰아붙이는 스타일이다. 화가 나면 상소리를 마구 퍼붓는다. 그렇게 공격적인 성격이 아마존을 일군 비결이기도 하다. 그가 처음 지으려던 회사 이름이 '집요하다'는 뜻의 '릴렌틀리스relentless'였으니 그럴 만하다. 결국 동료들의 반대 때문에 사전을 A부터 훑으며 새 사명을 찾다 '세계에서 가장 큰 강' 이름으로 결정했지만, 아직도 '릴렌틀리스' 도메인을 아마존에 연결해 쓰는 걸 보면 정말 집요한 성격임에 틀림없다.

아마존의 현재 모습은 베조스가 목표로 삼은 '에브리싱 스토어'를 넘어 이제 '에브리싱 컴퍼니'가 됐다. 독자들은 이 책을 통해 가장 빠른 기간에 가장 극적인 성장을 이뤄낸 아마존의 성공 비결과 세상을 뒤흔든 천재 경영자의 내면, 미래 세계에 대한 영감을 동시에 엿볼 수 있다. 2013년 〈파이낸셜타임스&골드만삭스〉 '올해의 비즈니스 도서상' 수상작이다.

함께 읽으면 좋은 책

- 《슈독: 나이키 창업자 필 나이트 자서전》
  필 나이트 지음 | 안세민 옮김 | 사회평론
- 《딜리버링 해피니스-재포스 CEO의 행복경영 노하우》
  토니 셰이 지음 | 송연수 옮김 | 북하우스

미래를 만들어가는 '혁신의 승부사'
《엘론 머스크, 대담한 도전》

다케우치 가즈마사 지음, 이수형 옮김, 비즈니스북스 펴냄

시급 1달러짜리 남아프리카공화국 이민자에서 순자산 117억 달러(약 12조 4000억 원)의 거부巨富, 정보기술IT을 넘어 전기자동차와 우주산업의 판도를 송두리째 바꾸고 있는 혁신의 승부사, 영화〈아이언맨〉의 실제 주인공….

엘론 머스크의 이름에 따라붙는 수식어는 화려하다. 그는 세계 1위 인터넷 결제 서비스 회사인 페이팔의 공동창업자, 포르쉐보다 빠른 전기자동차를 만드는 테슬라모터스의 창업자이자 CEO, 민간 최초로 로켓을 쏘아 올려 국제우주정거장에 보낸 우주로켓기업 스페이스X의 창업자, 태양광발전 기업인 솔라시티의 최대 주주이기도 하다.

스티브 잡스가 세상을 떠나고 실리콘밸리의 관심이 누가 '제2의 잡스'가 될 것인가에 집중됐을 때 미국 주요 언론이 이구동성으로

지목한 인물도 그였다. 《엘론 머스크, 대담한 도전》은 인터넷과 전기자동차, 우주여행, 태양광발전 등 서로 다른 분야에서 독보적인 성과를 보인 그의 도전과 열정, 혁신 과정을 상세하게 소개한다.

엘론 머스크의 끝없는 도전과 그의 삶

될성부른 나무는 떡잎부터 알아본다고 했던가. 어릴 때부터 SF소설을 즐겨 읽던 그는 10세 때 독학으로 컴퓨터 프로그램을 배웠고 12세 때는 게임 소프트웨어를 만들어 팔았다. 10대 후반에 미국으로 건너가 펜실베이니아대학에서 경영학과 물리학을 공부한 뒤 스탠퍼드 대학원에 들어갔지만 이틀 만에 자퇴하고 소프트웨어 회사를 창업했다. 이후 페이팔을 창업했고 이를 인터넷 경매회사인 이베이에 매각하면서 단숨에 억만장자가 됐다.

여기까지도 드라마틱한데 이후의 삶은 더 극적이다. 페이팔 매각으로 받은 1억 7000만 달러(약 1800억 원)를 갖고 그는 남들이 생각지도 못한 사업을 시작했다. 우주로켓기업 스페이스X와 순수 전기자동차 개발업체 테슬라모터스를 설립한 것이다. 그는 '작은 벤처기업으로는 불가능한 무모한 도전'이라는 비난에 '벤처이기 때문에 신기술을 개발하면서 비용 절감까지 가능하다'고 응수하면서 자신이 하고 싶었던 일을 본격적으로 시작했다. 두 회사를 운영하는 중에도 태양광발전 기업 솔라시티에 투자하면서 또 다른 꿈을 향해 날아올랐다.

인류의 멸종을 막기 위한 키워드 '인터넷, 우주, 청정에너지'

이런 행보의 배경에는 특별한 이유가 있었다. 그는 대학 시절부터 인구 증가와 환경오염, 식량 부족 등의 결과로 언젠가는 지구가 종말을 맞을 것이라고 생각했고 인류 멸종을 막기 위해 뭘 해야 할지 고민했다. 그 답이 이른바 '인터넷과 우주, 청정에너지'였던 것이다.

그는 인류가 미래에 지구 외 행성에서 살아야 할 때 가장 적합한 행성이 화성이라고 생각했다. '화성으로 비행 가능한 로켓 개발'의 꿈을 꾼 것도 이 때문이다. 스페이스X를 통해 쏘아 올리는 로켓들이 화성으로 가는 우주선을 만드는 기초작업인 것이다.

그가 미국 항공우주국NASA의 지배 아래에 놓여 있던 로켓산업에 도전장을 내민 것은 31세 때였다. 수많은 발사 실패와 여론의 뭇매를 견디면서 6년 만에 독자 개발한 로켓 발사에 성공한 그는 2년 후 민간기업 최초로 우주선을 국제우주정거장에 안착시키는 데 성공했다. 놀라운 사실은 기존의 10분의 1밖에 안 되는 비용으로 이 모든 걸 완성했다는 것이다.

더 놀라운 것은 앞서 수차례의 실패 때마다 그가 했던 말이다. "우주 로켓은 극도의 스트레스를 동반하는 사업이다. 우리는 이번 결과에 결코 실망하지 않는다. 도리어 우리가 이뤄낸 성과에 행복할 따름이다. 오늘 발사는 비교적 성공적이었다. 비록 완벽한 하루는 아니었지만 훌륭한 하루였던 것만은 분명하다." 이는 실의에 빠진 팀원들에게 엄청난 격려가 됐다.

기업가를 넘어 인류의 삶을 바꾸는 위대한 혁신가로

테슬라모터스를 통해서는 최고의 디자인과 노트북 배터리를 사용하는 발상의 전환을 보여줬다. 이 회사는 전기자동차만 생산하는 순수 전기차기업이다. 그는 다른 자동차기업들이 작고 투박한 전기차를 만들 때 조지 클루니와 디카프리오 등 톱스타도 선망하는 최고급 전기차를 만들어냈다. 첫 차인 로드스터는 최고급 스포츠카였다. 포르쉐보다 빠르고, 한 번 충전으로 약 400km까지 달려 사람들을 열광시켰다. 10만 9000달러라는 높은 가격에도 불구하고 예약판매 시작과 더불어 명사들이 줄지어 구입자 명단에 이름을 올렸다.

가장 독창적인 것은 노트북에 사용되는 배터리를 연결해 배터리팩을 만든 것이었다. 이런 남다른 발상으로 비용은 낮고 성능은 뛰어난 차를 설계할 수 있었다. 그 결과 테슬라는 세계 최고의 배터리 기술을 보유한 회사로 평가받고 있다. 세단 시리즈 '모델 S'가 출시되면서 주가는 6개월 사이 4배가 뛰었다. 포드자동차 이후 54년 만에 미국 자동차회사가 나스닥에 상장되는 영예도 안았다.

2013년 테슬라의 자산가치는 80억 달러(약 8조 원)에 이르렀다. 그는 여기에 만족하지 않고 다음 카드를 준비했다. 전기자동차를 위해 주유소처럼 전국 곳곳에 충전소를 설치하는 것은 어떨까? 그것도 무료 충전이라면?

그렇게 해서 탄생한 게 솔라시티다. 이 회사는 그가 아이디어와 자금을 대고 사촌동생이 경영한다. 현재 그가 미국에 설치 중인 고

속충전소는 전력회사로부터 전기를 공급받지 않고 솔라시티에서 제공하는 태양광 패널을 이용해 전기를 생산하는 방식이다. 이 회사도 2012년 상장 이후 청정에너지 기업으로 급부상하고 있다.

그는 이 책을 통해 '가능성이란 처음부터 있는 게 아니라 만들어 나가는 것'이라는 점을 깊이 일깨워준다. 모두가 헛된 꿈이라고 말하는 프로젝트들을 하나씩 실현시켜나간 힘이 곧 스스로 만들어가는 가능성의 원대한 비전이었던 것이다.

함께 읽으면 좋은 책
- 《테슬라 모터스》 찰스 모리스 지음 | 엄성수 옮김 | 을유문화사
- 《엘런 머스크의 가치 있는 상상》 오세웅 지음 | 아틀라스북스

성공조건 갖춘 작은 도시가 글로벌 기업 키운다
《작은 도시 큰 기업》

모종린 지음, 알에이치코리아 펴냄

커피와 안개, 비의 도시로 알려진 미국의 시애틀은 스타벅스와 마이크로소프트, 코스트코, 아마존, 어도비 등 세계적인 기업을 탄생시켰다. 오스틴, 알름훌트, 브베 등 시애틀처럼 작은 도시에 본사를 두고 있는 글로벌 기업 10군데를 소개한다.

안개와 비에 덮인 스산한 날씨, 지적인 직업군 분포는 미국 시애틀의 막대한 커피 소비량을 만들어냈다. 그리고 그 중심에 1971년 문을 연 스타벅스가 있다.

풍요롭고 아름다운 자연환경, 활기찬 아웃도어 활동은 미국 포틀랜드 라이프스타일의 키워드다. '스포츠가 곧 일상'이라는 나이키가 탄생한 이유이기도 하다.

스웨덴 남부지방 알름훌트의 척박한 자연환경에서 농부들이 추구하는 검소함, 편리함, 단순함의 가치는 실용주의 브랜드 이케아의 기업 이념 그 자체다.

스위스의 풍요로운 전원도시 브베에서 1867년 유아용 시리얼을 처음 생산한 네슬레는 지역의 농축산물로 만든 제품을 바탕으로 세계적인 식품 브랜드가 됐다.

"시애틀의 독특한 라이프스타일은 날씨와 관계가 깊다. 시애틀은 늦가을에서 늦봄에 이르기까지 거의 매일 비가 온다. 해도 일찍 지기 때문에 이곳의 가을과 겨울, 봄은 어둡고 춥고 우울하다. 우중충한 기후에서 활기를 찾기는 쉽지 않다. 그래서인지 시애틀 주민은 유난히 사람들과 함께하는 대화와 커피를 좋아한다."

커피와 안개, 비의 도시 시애틀. 이곳에는 스타벅스와 마이크로소프트, 코스트코, 아마존 등 세계적인 기업이 즐비하다. 그래서 성공한 기업 도시, 강소도시라는 이미지가 강하다. 대체 그 비결은 뭘까.

지역의 독특한 라이프스타일이 혁신적 기업을 탄생시켜

《작은 도시 큰 기업》의 저자인 모종린 연세대학교 국제학대학원 교수는 "시애틀의 라이프스타일, 혁신문화가 스타벅스의 성공을 이끌어냈다. 다른 기업의 성공도 마찬가지"라고 말한다. 그는 하워드 슐츠 스타벅스 회장이 쓴 《스타벅스 커피 한잔에 담긴 성공 신화》를 예로 들면서 "슐츠는 같은 도시에 있는 마이크로소프트를 보면서 혁신문화의 중요성을 깨달았다"고 말한다.

그는 또 19세기 초 작은 도시가 오늘날 세계적인 항구도시로 성장하기까지의 시애틀 기업 발전사를 담은 산업역사박물관 얘기도 들려준다. 특히 아마존 창업자 제프 베조스가 1000만 달러를 기부해 2013년 완성한 베조스혁신센터의 '혁신기업 탄생 포스터'에는 아이디어, 자금 조달, 창업, 건설, 확장, 기업공개 과정이 압축적으로 그려져 있다고 소개한다. 한마디로 비와 커피의 도시 시애틀이 기업의 혁신문화를 창조했다는 얘기다.

그는 대기업과 공생하는 작은 도시의 매력을 찾기 위해 7개국의 11개 도시를 탐방했다. 대기업이 자본과 인프라가 충만한 대도시를 마다하고 작은 도시에 터전을 꾸리고 머문 이유가 궁금했기 때문이다. 그러고는 '세계 강소도시 TOP 10'의 역사와 문화적 배경, 기업과의 관계를 밝혀냈다.

이들 기업은 왜 작은 도시에서 창업했을까. 크게 성장한 다음에도 본사를 옮기지 않은 이유는 뭘까? 그는 해답을 중심 도시와 확연히 구별되는 작은 도시만의 라이프스타일에서 찾았다. 시애틀의 커피 문화가 스타벅스 커피를 만들었듯이 포틀랜드의 아웃도어 문화가 나이키 운동화, 오스틴의 히피 문화가 홀푸드마켓의 자연식품, 알름홀트의 청빈한 실용주의가 이케아를 만들었다는 것이다.

"그 지역만의 독특한 라이프스타일이 기업의 경쟁력을 탄탄하게 한다. 내가 방문한 작은 도시 속 큰 기업은 모두 지역 라이프스타일을 활용한 기업문화와 제품으로 성공했다. 그들의 생태계가 부러웠다. 작은 도시이지만 세계적인 기업을 유치한 데서 우러나는 당당한 자신감도 부러웠다."

글로벌 기업을 품은 세계 여러 소도시를 소개

1부에는 시애틀 외에 나이키가 있는 포틀랜드, 구글이 있는 팰로앨토, 홀푸드마켓이 있는 오스틴 등 미국 4개 도시 얘기가 담겨 있다. 이 가운데 오스틴의 히피 문화가 홀푸드마켓을 성공시킨 사례가 흥미롭다. 오스틴은 미국의 오지라고 할 수 있는 텍사스의 주도다. 대서양과 태평양 연안에서 3000km 이상 떨어진 내륙인데, 다른 지역 출신과 젊은 사람이 많고 문화적으로도 진보적이다. 이 회사는 눈앞의 이윤보다 고객의 건강과 사회 환경을 우선시한다.

1980년에 히피족 2명이 1호점을 세우면서 출발했다. 히피족은 기존 권위와 주류 문화를 거부하고 대안적 삶을 선호한다. 대규모 가공식품을 좋아하지 않고 친환경적이며 자연과 가까운 삶을 추구한다. 그러니 이곳에서 홀푸드마켓이 성공한 것은 당연한 일인지도 모른다.

유럽을 다룬 2부에서는 이케아가 있는 스웨덴의 알름훌트, 맨체스터유나이티드의 영국 맨체스터, 네슬레가 있는 스위스의 브베, 에어버스가 있는 프랑스의 툴루즈 등 유럽 도시들을 소개한다.

알름훌트의 가난한 농부들에게서 나온 실용주의는 이케아의 성공 비결이다. 스웨덴 남부의 스몰란드 지방은 추위와 눈으로 자주 고립된다. 바람이 많이 불고 숲이 많다. 농사짓기에는 아주 척박하다. 농부들은 이런 환경에서 생계를 위해 열심히 일해야 했다. 겸손, 절약, 근면, 가족애는 이들의 생존에 절대적으로 필요한 미덕이었다.

이케아는 새로운 건물을 세우면 화려한 기념비보다 스몰란드 들판에서 흔히 볼 수 있는 돌담을 건물 앞에 쌓는다. 바람이 많은 제주도의 돌담과 비슷하게 생긴 스몰란드 돌담은 불굴의 정신, 낙관주의, 육체노동 등 이케아 창업정신을 기리는 상징이라고 한다.

프랑스 툴루즈 지역에서 성장한 에어버스의 의미도 각별하다. 에어버스는 세계 최대의 상업용 항공기 제작회사다. 이 회사를 진정한 의미의 툴루즈 기업으로 만든 것은 궁극적으로 툴루즈의 몫이었다. 툴루즈 지도자들이 자신의 도시를 인재가 살고 싶은 매력적인 도시로 만들어 그들을 유치할 수 있었던 것이다.

3부에서는 교토의 교세라와 가나자와의 가타니산교를 소개한다. 370년 동안 일본의 수도이던 교토는 오랜 유적과 교토대학으로 유명하다. 일본 노벨상 수상자 8명이 교토대학 출신이어서 자부심도 대단하다. 반골 기질도 강하다. 교토 기업들도 도쿄 기업에는 절대로 질 수 없다는 오기를 품고 있다. 비록 도쿄에 일본 수도 자리를 뺏겼지만 일본 제일의 도시 자리는 뺏기고 싶지 않다는 것이다.

"교토는 도시 개발을 포기한 것처럼 보일 정도로 고집스럽게 전통 가옥, 건물, 거리를 보존한다. 일본에서, 아니 세계에서 최고로 엄격한 건축 규정을 고집하는 도시다. 그래서 교토의 첫인상은 화려하지 않다. 현대적인 건물에 익숙한 서울 사람에게 교토 건물과 거리는 오히려 낙후되어 보이기도 한다. 교토인은 전통문화 보호를 위해서라면 적지 않은 불편을 감수한다."

가나자와는 우리에게 생소한 도시이지만 이곳의 가타니산교는 금박산업 분야의 세계적인 기업이다. 해마다 연매출 80억 엔을 달성하면서 강소기업으로 이름을 떨치고 있다. 이런 기업들의 문화는 도시의 독특한 유전자 덕분에 아무도 흉내 낼 수 없는 개성과 독창적인 스타일을 창조할 수 있었던 것이다.

외국 도시의 사례에서 우리나라 지역 발전의 해법 모색

저자의 궁극적인 목적은 이들 10개 도시의 사례에서 우리나라 지역 발전의 방향을 찾아보자는 것이다. 그들을 부러워만 할 게 아니라 우리 작은 도시도 큰 기업을 배출함으로써 대도시의 인구 과밀화를 극복하고 국가경쟁력도 키우자는 얘기다.

그가 꼽은 작은 도시의 성공조건 4가지는 'E-LOG'로 요약된다. E-LOG란 '기업가정신Entrepreneurship으로 매력적인 도시 라이프스타일Lifestyle을 구축하고 개방적Openness이며 세계화Globalization에 적극적인 도시'를 말한다. 이 책에 소개된 작은 도시들도 4가지 조건을 충족한다.

그는 "바로 'E-LOG'의 핵심사업이 도시 라이프스타일의 개발"이라며 "우리 도시들도 지역 고유의 가치와 문화로 독특한 라이프스타일을 만들 수 있다"고 강조한다. 다양하고 매력적인 라이프스타일을 가진 도시가 늘어나고 이들 도시의 선한 경쟁이 이어지면 많은 창업도시도 생겨날 것이라고 그는 전망한다. 도시마다 2쪽에 걸쳐 '시애틀에서 배우는 비즈니스'와 같은 팁을 별도로 정리해둔 것도 이를 위한 배려다.

발품을 많이 판 자취가 생생한 데다 지역 불균형 문제를 해결할 실마리까지 제시했다는 점에서 더욱 돋보이는 책이다.

함께 읽으면 좋은 책

- 《라이프스타일을 팔다》
  마스다 무네아키 지음 | 백인수 옮김 | 베가북스

저자의 다른 책

- 《라이프스타일 도시》 모종린 지음 | 위클리비즈

'에너지 창의력'에 주목하라
《2030 에너지전쟁》

대니얼 예긴 지음, 이경남 옮김, 올 펴냄

에너지의 과거, 현재, 미래를 고찰하다

석유를 중심으로 국제관계를 재조명한《황금의 샘》(1992년)으로 퓰리처상을 받은 대니얼 예긴. IHS 케임브리지에너지연구협회장이자 미국 에너지자문위원장인 그가 이번에는 석유 이후의 자원전쟁에 관한 책《2030 에너지전쟁》으로 주목받고 있다. 이 책은 그의 표현대로 '에너지의 중요성을 강조하기 위한 해설서로서 현대의 에너지 세계가 어떻게 발전해왔고 기후와 탄소에 대한 관심이 어떻게 에너지를 변화시키고 있으며, 에너지가 장차 어떻게 달라질 것인지에 관한 이야기'를 담고 있다. 그는 900쪽이 넘는 분량에 걸쳐 중국 베이징의 도로부터 중동, 미국 국회의사당 등 시공간을 넘나들며 '에너지 전쟁'에 얽힌 사연을 들려준다.

1부 '석유의 신세계'에서는 걸프전 이후 수십 년간의 복잡한 석유 싸움을 설명한다. 20년 전에는 소외됐던 중국이 '세계의 제조공장'과 국가 주도의 대규모 건설 프로젝트 때문에 새로운 에너지 전쟁터로 뛰어든 과정도 얘기한다. 아울러 '미다스의 손'으로 불린 석유가 '양날의 칼'로 작용하는 사례를 보여준다.

"석유국가와 그에 수반되는 자원의 저주에는 2가지 특징이 더 있다. 하나는 네덜란드병이다. 이 용어는 네덜란드가 1960년대에 시달렸던 병리적 현상을 가리키는 말이다. 당시 네덜란드는 주요 천연가스 수출국으로 발돋움하고 있었다. 가스로 인해 새로운 돈이 흘러 들어왔지만, 가스업을 제외한 네덜란드 경제 각 분야는 심각한 타격을 입었다. 국가의 화폐는 과대평가되었고 수출품은 상대적으로 가격이 올라갔다. 결국 수출은 내리막길을 걸었다. 국내 산업은 값이 싼 수입품과 고질적인 인플레이션으로 경쟁력을 잃어갔다. 일자리가 줄어들고 사업체들이 도산했다. 어느새 사람들의 입에서 네덜란드병이라는 말이 돌기 시작했다."

2부 '공급물량 확보'에서는 석유가 고갈될지, 아니면 어디서 나올지 등을 살핀다. 그에 따르면 새로운 공급원에는 천연가스가 포함된다. 특히 액화천연가스의 극적인 팽창은 또 하나의 글로벌 에너지시장을 만들어내고 있다.

"새로운 세기가 시작된 이후로 가장 큰 에너지 혁신인 셰일가스shale gas는 미국인의 환호를 받았을 뿐만 아니라 앞으로 100년 정도는 마음 놓고 쓸 수 있는 여유를 가져다줬다. 셰일가스는 핵에너지에서 풍력까지 모든 에너지의 경쟁적 지위를 바꾸면서 놀라울 정도로 짧은 기간에 새로운 환경 논쟁을 야기하고 있기도 하다."

3부 '전기 시대'와 4부 '기후와 탄소'에서는 토머스 에디슨이 자신의 발전소에 불을 밝힌 이후로 세상을 움직여온 전기에너지와 일부 과학자들만의 관심사이던 기후변화가 미래의 중요 의제로 발전하게 된 과정을 되짚는다. 기후변화에 대한 연구는 1770년대 알프스에서 순전히 호기심으로 시작됐다고 한다.

"19세기에 일부 과학자들이 기후를 체계적으로 생각하기 시작한 것은 사실이지만 지구온난화에 대한 걱정 때문이 아니라 오히려 빙하시대의 도래에 대한 두려움 때문이었다는 것이다. 기후변화가 정치지도자들이나 CEO, 투자자들의 결정에 중요한 영향력을 행사하고 미국 대법원 판결의 주제가 되기 시작한 것은 21세기가 되어서였다."

재생에너지는 석유를 대체할 수 있을까?

그는 2030년 이후가 되면 에너지 시스템이 지금과 전혀 다른 모습을 보이기 시작할 것이라고 전망한다. 기술 진보와 혁신 덕분에 우리는 어쩌면 에너지의 '위대한 혁명'에서 새로운 단계로 진입하는 위치에 있는지도 모른다는 것. 또 재생에너지 산업을 높게 평가하면서 전기차나 바이오연료가 석유를 몰아낼 가능성에 대해서도 살펴본다. 5부 '새로운 에너지'와 6부 '미래로 가는 길'에 이 같은 미래 에너지 얘기가 압축돼 있다.

그는 "자동차가 거의 한 세기 동안 내연기관의 승리를 누려왔다. 배터리뿐 아니라 정부 후원을 받는 전기차의 등장으로 새 국면을 맞았지만 완전한 전기화가 최후의 승자가 될지는 미지수"라며 "전기차의 경쟁력이 입증된다면, 에너지 세계는 판을 다시 짜야 하겠지만 그때에도 전기차만이 유일한 경쟁자는 아닐 것"이라고 진단했다. 경쟁은 연료를 '채굴'하는 것이 아니라 '재배'하는 바이오연료 개발 분야에서도 벌어지고 있기 때문이라는 것이다. 과연 전기차나 바이오연료가 '수송의 왕국'에서 요지부동의 왕좌를 차지하고 있는 석유를 몰아낼 수 있을까.

"교통수단은 석유를 기반으로 계속될 수밖에 없었다. 그러나 이제는 아니다. 교통의 미래를 놓고 새로운 경주가 시작된 것이다. (…) 전기차, 하이브리드차, 바이오연료차, 천연가스차, 효율성이 높은 내연기관, 언젠가 상용화될 연료전지 등 교통수단을 재정의하는 '미래의 차'를 향한 경주는 이미 재개되었다."

그는 또 "앞으로 몇 년 동안 에너지에 대한 세계적 집착이 더욱 강해질 것"이라면서 "훌륭한 에너지원이지만 흔히들 에너지원으로 생각하지 않는 것이 있다"고 말한다. '보존'이라고도 하고 때로는 '효율성'이라고 하는 개념이 바로 그것이다. 이들 개념은 이론화하기도 어렵고 이동시키기도 어렵지만 당장 몇 년 동안 에너지 균형에 가장 큰 기여를 할 것이라고 그는 설명한다.

새로운 에너지원을 찾는 인류의 노력은 계속될 것

이 같은 차세대 에너지 개념은 책의 마지막 부분에 나오는 맺음말에서 더욱 확장된다. 무엇보다도 가장 중요한 자원은 인간의 창의력이라는 것이다. 그는 유명한 지리학자가 "석유는 인간의 마음속에서 발견됐다"고 한 말처럼 "21세기 에너지 문제의 해결책은 세계인의 마음속에서 발견될 것"이라고 강조한다.

"한 가지만은 분명하다. 앞으로 전혀 예기치 못한 '놀라움'이 사람들의 기존 관념을 뒤엎고 시각을 바꾸고 정책과 투자의 방향을 틀게 하고 국제관계에 영향을 주리라는 사실이다. 이런 놀라움은 정치적 격변일 수도 있고 전쟁이나 테러나 갑작스러운 경제 변화에서 비롯된 이런저런 종류의 충격일 수도 있다. 아니면 어떤 뜻밖의 사건이나 자연의 진노일 수도 있다. 아니면 새로운 기회를 열어주는 예기치 못한 기술적 비약의 결과일 수 있다."

그의 시각은 석유와 풍력, 셰일가스, 전기차 등 물질적인 에너지부터 인간의 창의력 같은 정신적 에너지까지 넘나든다. 또한 65조 달러 규모인 2011년의 세계 경제는 2030년에 130조 달러대로 커질 것이며, 20억 명의 연간 소득이 1만 달러 이하에서 3만 달러 수준으로 늘어날 것이고, 차는 10억 대에서 20억 대로 늘어날 것으로 관측한다. 2030년에는 세계의 총에너지 소비량이 35~40% 증가할 것으로 내다봤다. 에너지 개발의 새로운 단계가 요구되는 만큼 더욱 통찰력 있는 탐색과 예측이 필요하다는 게 그의 결론이다. 이 책의 원제목이 '탐색The Quest'인 이유를 알 것 같다.

기술 진보와 혁신 덕분에 2030년 이후가 되면 에너지 시스템이 지금과 전혀 다른 모습을 보이기 시작할 것이라고 저자는 전망한다. 석유와 풍력, 셰일가스, 전기차 등 물질적인 에너지부터 인간의 창의력 같은 정신적 에너지까지 확대된다. 또한 차세대 에너지에서 가장 중요한 자원은 '인간의 창의력'이라고 주장한다. 에너지 개발의 통찰력 있는 탐색과 예측이 필요하다.

함께 읽으면 좋은 책

- 《에너지 빅뱅》 이종헌 지음 | 프리이코노미북스
- 《에너지 혁명 2030》
  토니 세바 지음 | 박영숙 옮김 | 교보문고(단행본)

경쟁보다 협력으로 승부하라
《콜래보 경제학》

데본 리 지음, 흐름출판 펴냄

    콜래보 경제학Collabornomics은 콜래보레이션Collaboration과 이코노믹스Economics의 합성어로 협력을 통해 이익을 창출하는 '협력의 경제학'이다. 내게 없는 능력을 가진 파트너라면 적이라도 당당히, 그리고 영리하게 손을 잡아야 한다. 어제의 적이 오늘의 동지가 되는 시대, 전략적 콜래보레이션의 성공 비결을 따라가보자.
    LG전자와 프라다의 협력 작품인 프라다폰 성공 이후 국내에서도 '콜래보레이션' 열풍이 불었다. 자기 회사의 시장 장악력을 키워줄 파트너와 생산적인 협력관계를 맺으면 브랜드 이미지를 쇄신하고 새 고객층을 흡수하면서 브랜드 수명까지 늘릴 수 있기 때문이다. 하지만 대부분은 콜래보레이션을 제대로 활용하지 못하고 있다. 왜 그럴까. 다른 기업과 손잡으면 뭔가 손해를 볼지도 모른다는 고정관념에 사로잡혀 있기 때문이다.

콜래보 경제학은 콜래보레이션의 성공·실패 사례를 바탕으로 5가지 전략 유형과 구체적인 실천지침을 제시한다.

저자인 데본 리는 와튼스쿨 출신으로 국내 대기업에서 브랜드 관리 및 소비 심리에 대한 컨설팅과 리서치를 병행한 뒤 뉴욕시립대에서 소비자행동론과 마케팅 전략을 강의하고 있다. 평소에도 패션, 드라마, 쇼핑 등 트렌드와 라이프스타일에 관심이 많다는 그는 인간이나 조직에도 콜래보레이션이 필요하다고 강조한다. 하나만 잘하는 'OR형 인간'이 아니라 이것도 저것도 잘하는 'AND형 인간'이 각광받는 시대가 왔다는 것이다.

그는 기업도 고객의 마음을 얻기 위해 '싸거나 품질이 좋거나'가 아닌 '싸고 품질도 좋고 세련되기까지 한' 제품으로 승부할 때라며 '경쟁'이 아니라 '협력'을 통해 새로운 시장을 창출하고 성공하는 것이 중요하다고 말한다. 시간이 흐를수록 개별화되고 변덕도 심해지는 대중의 욕구를 혼자 힘으로 충족시키는 것은 불가능하기에 나에게 없는 능력을 가진 파트너라면 적이라도 필요에 따라 손을 잡아야 한다는 것이다.

그는 콜래보레이션을 트렌드와 접목해 현장에서 활용할 수 있는 노하우뿐만 아니라 이를 통해 얻을 수 있는 금전적·부가적 이익을 결합시키는 비즈니스의 새로운 패러다임까지 제시한다. 현대카드와 모마, 베네피트와 애니콜, 시에나 밀러와 아모레퍼시픽 등 구체적인 사례도 들려준다.

"단순히 콜래보레이션을 한다고 콜래보노믹스가 창출되지는 않는다. 확장된 네트워크 내에서 효과적으로 콜래보노믹스를 창출하려면 가장 적합한 시기에 양자both parties가 가지고 있는 역량과 철학을 콜래보레이션할 제품에 쏟아야 한다. 다시 말해 콜래보레이션을 통한 혁신의 초점을 소비자의 잠재적 욕구 충족과 편의성 증대에 두어야만 소비자의 폭발적인 반응을 끌어낼 수 있다. 그래야만 진정한 콜래보노믹스를 창출할 수 있다."

시장의 돌풍을 일으키는 5가지 전략적 콜래보레이션

그가 내놓은 5가지 전략적 콜래보레이션 중 첫 번째는 '아트 콜래보레이션-자주 그리고 많이 팔아라'다. 루이비통이 아티스트들과의 협력으로 중년 부인의 한계를 넘어 젊은 고객까지 확보한 것처럼 '자주, 많이 팔 수 있는 방법'을 찾으라는 것이다.

"루이비통의 스테디셀러인 모노그램 스피디 30이라는 백은 관리만 잘하면 세대를 이어 물려줄 만큼 튼튼하고 유행을 타지 않아 구매 주기가 무척 길다. 또한 매년 같은 모양으로 변함없이 출시되어 금전적 여유가 있다 해도 자주 살 필요가 없다. 그렇다면 모노그램 스피디 30이라는 디자인에 매년 다른 예술가들과 아트 콜래보레이션을 시도해 다른 버전을 출시한다면? 한 해는 모던 아티스트인 무라카미 다카시와, 다음 해는 그래피티 아티스트인 스테판 스프라우스와 콜래보레이션해 모노그램 스피디 30이라는 가방을 한 소비자에게 한 번밖에 못 팔던 것을 여러 번 자주 팔게 된 셈이다."

그는 "문화나 정보도 간편하게 즐겨 먹는 스낵컬쳐 시대인데 '한 번 사면 오래 쓴다'는 고정관념에 묶여 매출정체를 겪고 있다면 아트 콜래보레이션을 과감하게 시도하라"고 권한다.

두 번째는 '고가와 저가의 콜래보레이션-고가시장과 저가시장을 넘나들어라'다. 대형 할인점 타깃이 저가로 승부하는 월마트 방식을 포기하고 디자이너와의 PB상품으로 뉴요커를 끌어들인 사례처럼 상·하 고객층을 껴안으라는 얘기다. "특정 계층이 소비를 주도하던 시대는 갔다. 누구나 작은 사치를 즐기는 맥럭셔리 시대, 소비자의 지갑을 기분 좋게 열려면 고가와 저가의 콜래보레이션에 주목하라."

세 번째의 '공간 콜래보레이션-랜드마크가 되어라'는 소호의 프라다 매장이나 서울 인사동의 쌈지길처럼 한 지역의 랜드마크가 되어 집객효과와 매출 상승을 꾀하라는 뜻이다. 막대한 시간과 예산을 들여 체리 피커들만 양산하는 공간 마케팅은 도움이 되지 않는다는 얘기다. 프라다도 예술적인 향취가 강한 소호의 랜드마크가 되어 새로운 라이프스타일을 제시할 수 있었다.

"소니는 플래그십 스토어 콘셉트를 '여성과 어린이를 위한 패션 부티크'라고 설명한다. 그리고 1년 동안 약 35만 명이 방문해 소니 스타일을 경험한다. 애플의 경우 2001년 처음으로 플래그십 스토어를 낸 이후 4년 만인 2005년에는 평당 약 14만 달러의 판매고를 올리며 뉴욕에서 평당 9만 달러를 판매한 티파니를 누르고 평당 최고 판매액을 올렸다."

마음의 점유율이 중요… 소비자의 마음을 훔쳐라

　네 번째 '하이컨셉 콜래보레이션-하이컨셉으로 승부하라'의 대표적인 사례는 삼성전자가 화장품 회사 베네피트와 연계해 첨단 IT 기기의 새 고객인 테크 파탈족을 사로잡고 LG전자가 뉴비틀과 협력한 케이스다. 미국 자동차 업체들도 테크 파탈족을 잡기 위해 여성의, 여성에 의한, 여성을 위한 자동차를 선보이며 여성의 절대적인 공감과 열광을 이끌어내고 있다.

　"이제 시장 점유율이 아닌 마음 점유율이 중요하다. 자동차 회사들이 여성의 고용을 늘리고, LG전자가 뉴비틀과 손잡는 이유다. 소비자의 마음을 훔치고 싶다면 하이컨셉 콜래보레이션으로 승부하라."

　마지막 '스타 콜래보레이션-스타의 레거시와 협력하라'는 시즌마다 독특한 프린트로 장식한 가방을 선보인 레스포삭의 전략을 벤치마킹하자는 것. 파파라치에게 포착된 스타의 스타일을 채집하고 재생산하는 인포러스트 시대의 소비자를 유혹하기 위해서는 스타의 총체적인 이미지와 콜래보레이션을 시도해야 한다는 얘기다.

　"스타의 인기가 사그라져도 브랜드는 전설이 되고 싶다면 스타 마케팅을 넘어 스타 콜래보레이션을 활용하라. 레스포삭은 스타와의 단순 콜래보레이션이 아닌 스타의 삶이 투영된 콜래보노믹스를 창출했다."

　이처럼 없는 시장도 만들어내는 똑똑한 콜래보레이션이야말로 레드오션에서 허우적거리는 기업들에 무한한 블루오션의 기회를 열어준다고 그는 강조한다. 그의 말처럼 대중의 마음 점유율을 높여줄 새로운 '협력경제'의 문을 먼저 여는 사람이 미래를 선점할 수밖에 없다.

> **함께 읽으면 좋은 책**
>
> • 《콜라보!!》
>
> 윌리엄 브래튼, 재커리 튜민 지음 | 차백만 옮김 | 유비온

상상 이상의 미래… 예측하고 준비하라
《미래가 보이는 25가지 트렌드》

크리스토퍼 바넷 지음, 손진형 옮김, 더난출판사 펴냄

피크 에브리싱 시대가 온다

"석유 매장량이 생산량보다 부족해지는 '피크오일'이 2030년 이전에 올 수 있다. 물 수요가 공급을 초과하는 '피크워터'는 그보다 빠른 2025년으로 예상된다. 이 시점에 이르면 전 세계 18억 명이 절대적 물 기근 상태에 이르고 세계 인구의 3분의 2가 제한 급수를 겪게 될 것이다. 여기에 광물을 비롯한 각종 자원이 20~30년 안에 턱없이 부족해질 전망이다."

노팅엄대 경영대학원 컴퓨팅 및 미래학과 교수인 크리스토퍼 바넷은 《미래가 보이는 25가지 트렌드》에서 "이른바 '풍요시대'가 종말을 고하고 '피크 에브리싱'의 시대가 곧 올 것"이라고 경고한다.

이 같은 위협을 극복할 대안으로 그는 미래 신기술 25가지에 주목한다. 특히 앞으로의 산업지도 전체를 바꿀 것으로 예상되는 주요 기술혁명과 에너지, 우주개발 등에 큰 관심을 기울인다. 이미 핵심 산업으로 주목받고 있는 3D프린팅 기술과 나노기술, 유전자 변형, 합성생물학, 수직농업도 마찬가지다.

이미 현실이 된 첨단 기술

이 가운데 1984년 찰스 헐이 고안한 입체 프린팅 기술은 가구나 의료기기, 전투기 엔진 제작에 벌써 활용되고 있다. 인도의 한 연구기관은 이 기술을 이용해 재래식으로 1년 걸리는 엔진 제작 공정을 단 30일 만에 끝낼 수 있었다. 데이터를 디지털 방식으로 저장해 우주에서 각종 장비와 부품을 생산하는 것도 가능해졌다.

입체 프린터는 잉크 대신 고분자 물질이나 플라스틱, 금속가루를 뿜어내 입체형 물건을 복제하는 기계다. 시장조사업체들은 2018년까지 세계 제조업체의 25% 이상이 입체 프린터를 도입할 것이라고 전망했다. 삼성경제연구소도 '미래산업을 바꿀 7대 파괴적 혁신기술'의 하나로 꼽았다.

가격부담도 줄어들고 있다. 콘크리트를 소재로 하면 누구나 집을 지을 수 있고 단백질을 이용하면 인공장기도 만들 수 있다고 한다. 이렇게 되면 영화〈미션 임파서블〉도 더 이상 놀라울 게 없다. 톰 크루즈가 입력한 사진파일이 곧바로 정교한 가면으로 만들어지는 장면이 현실에서도 가능해지는 것이다.

산업지도를 바꾸는 기술혁명과 에너지·우주 개발

　수직농업도 미래의 핵심 산업이 될 전망이다. 수직농장은 작물 재배나 축사 용도로 사용되는 고층건물을 말한다. 농경지 부족 문제를 해결하기 위해 1999년 미국 컬럼비아대학 딕슨 데스포미어 교수가 창안한 개념이다. 농사에 영향을 주는 모든 조건을 인위적으로 통제할 수 있어 연중생산이 가능하고, 날씨와 상관없이 농작물을 재배할 수 있어 생산량 증대와 안정적인 공급효과를 볼 수 있다는 게 장점이다. 데스포미어 교수는 50층 높이의 수직농장을 세우면 시민 5만 명에게 값싼 농산물을 공급할 수 있고, 고층건물에서 식물을 다층으로 재배하면 10배 정도의 토지 활용도를 높일 수 있다고 주장했다.

　물론 모든 시설을 인공적으로 만들어야 하기 때문에 설비 및 유지 비용이 많이 들어 경쟁력이 떨어질 수 있다는 단점도 있지만, 이 아이디어는 미래 식량난 해결의 한 방법으로 각광받고 있다. 우리나라에서도 수원 농업진흥청에서 연구용으로 '식물공장'을 운영하고 있다.

　에너지 개발은 인류의 생존과 직결되는 문제여서 더욱 관심이 높다. 화석연료가 거의 바닥날 상황에서 저자는 전기자동차, 풍력, 파력, 운동에너지, 태양에너지, 핵융합, 우주여행 등의 최신 트렌드에 관심을 기울인다.

　오래전부터 조명이나 난방에 사용된 태양에너지 기술이 앞으로는 지구 궤도에 태양열발전 위성을 쏘아 올려 하루 종일 에너지를 생산하는 방식으로 발전할 것으로 저자는 내다본다. 2009년 일본 우주항공연구개발기구가 우주 궤도 태양발전소 설립 프로젝트를 내놓았고 2010년에는 유럽 최대 항공우주회사인 EADS 아스트리움이 지구 궤도 태양열발전 시범을 위해 협력업체를 구한다고 발표했다. 위성 제작에 필요한 기술은 이미 확보된 상태다.

한발 가까이 다가온 우주여행의 가능성

우주 자원개발 기술은 우주여행으로까지 확대되고 있다. 국가뿐 아니라 우주 관련 기업들이 로켓 개발에 막대한 비용을 쏟아붓고 있다. 지구와 지구 궤도를 연결하는 우주 엘리베이터도 집중적으로 연구하고 있다. 우주 엘리베이터는 지구의 정지 궤도상에 거대한 인공위성을 띄운 뒤 지표면에서 위성까지 케이블을 연결해 엘리베이터와 같은 방식으로 우주에 물건을 운송하자는 아이디어다.

2003년 11월 미국에서 열린 제2차 우주 엘리베이터 콘퍼런스에서 미국과학연구협회 책임연구원 브래들리 에드워드 박사가 제안한 것으로 현재의 로켓 방식은 1kg당 2만 달러 이상의 비용이 들지만 이를 20분의 1로 줄일 수 있다고 한다. 2010년 8월 우주 엘리베이터 과학기술 심포지엄이 워싱턴D.C.에서 열린 데 이어 미항공우주국NASA은 가장 우수한 우주 엘리베이터 기술을 고안한 참가자에게 200만 달러의 포상기금까지 마련해놓고 있다.

200세, 맞춤형 아기, 6세대 함께 사는 '미래시대'

컴퓨터와 인터넷의 변화 중에서는 클라우드 컴퓨팅과 인공지능, 증강현실, 양자 컴퓨터, 로봇 기술의 활약이 기대된다. 새로운 컴퓨터 혁명이라 할 수 있는 클라우드 컴퓨팅은 사람들이 개인 또는 업무용 데이터를 언제 어디서든 접근할 수 있도록 해준다. 미래의 인공지능과 증강현실이 이 클라우드 컴퓨팅에 크게 의존할 것이다.

로봇 또한 주목할 만한 핵심 기술이다. 점점 더 많은 로봇이 가정과 일터, 학교, 식당 등 우리 일상에 등장할 것이다. 국내에서도 일부 초등학교에서 로봇 선생님이 영어수업을 진행하고 있다. 로봇의 대중화 덕분에 세계 경제규모가 급격히 팽창하고 그 혜택이 인간에게 돌아올 수 있지만 이에 따른 대량실업 같은 문제는 새로운 과제로 떠오를 전망이다.

유전의학의 발전은 '생일 케이크에 200개의 초를 꽂는 시대'를 앞당길지도 모른다. 치명적인 질병의 치료와 유전형질 개량, 맞춤형 아기 탄생도 머지않았다.

디지털 데이터를 이용해 실제 물체를 만들 수 있는 기술과 생물학의 결합으로 손상된 신체와 장기에 이식할 인공 신체 및 장기를 생산할 수도 있다. 신체와 결합되는 인공물은 인공장기, 인공눈, 인공귀, 인공두뇌까지 해당된다. 뇌와 컴퓨터의 인터페이스가 가능해지면 그야말로 사이보그의 세상이 올 수 있다. 수명이 연장되면 6세대가 함께 사는 가정이 나올 수도 있다고 한다.

저자의 말처럼 자원과 에너지 문제 등으로 인류의 과제는 늘어나겠지만, 그럼에도 미래 세상은 지속적으로 발전하며 우리의 삶과 질을 향상시켜줄 것이다. 그 커다란 변화의 흐름 속에서 저마다 어떤 시각을 갖고 무엇을 준비해야 하는지에 대한 아이디어를 이 책에서 얻을 수 있다.

함께 읽으면 좋은 책

- 《명견만리-미래의 기회 편》
  KBS '명견만리' 제작진 지음 | 인플루엔셜㈜

- 《리얼리스트를 위한 유토피아 플랜》
  뤼트허르 브레흐만 지음 | 안기순 옮김 | 김영사

- 《넥스트!》 죠슈아 그린 외 지음 | 한세정 옮김 | 21세기북스

이코노미스트, 2050년 종합 미래예측서
《메가체인지 2050》

이코노미스트 편집부 지음, 김소연·김인항 옮김, 한스미디어 펴냄

《메가체인지 2050》은 영국 시사주간지 〈이코노미스트〉의 종합 미래예측서다. 부문별 전문가들이 인구, 비즈니스, 의료, 환경 등 20가지 주제를 통해 '메가체인지'로 불리는 커다란 트렌드 변화를 다룬다. 메가체인지란 거대한 규모의 변화가 사회 전반에 걸쳐 놀라운 속도로 일어나는 현상을 말한다.

영국 시사주간지 〈이코노미스트〉가 전망한 2050년은 긍정적이다. 약 40년 후 세계는 더 부유하고 건강하며 활기찰 것으로 예상한다. 경제 분야에서는 아시아가 세계의 중심이 되고, 그중에서도 한국이 미국을 능가하는 부국으로 성장할 것이라고 내다본다.

《강대국의 흥망》저자인 폴 케네디 역시 "한국은 2050년 1인당 GDP 세계 2위 국가로 성장해 동아시아 경제를 주도할 것"이라고 예측했다.

이코노미스트가 전망한 2050년 세계

〈이코노미스트〉의 전망은 아주 긍정적이다. 약 40년 후 세계는 더 부유하고 건강하며 활기찰 것으로 예상한다. 빈부격차나 남녀 불평등도 많이 해소될 것이며, 기후변화와 안보위협 등의 과제도 잘 극복할 수 있을 것이라고 한다.

2050년 세계 인구는 90억 명을 넘을 것으로 보인다. 고령화도 빠르게 진행된다. 2010년 65세 이상 인구는 총 인구의 8% 이하였지만 2050년엔 16%로 늘어나고, 인류의 중간 나이는 지금보다 9세 많은 38세가 된다. 늘어난 인구가 거의 도시로 유입돼 도시 거주자 비율은 지금의 50%에서 70%로 높아질 전망이다. 늘어나는 인구 23억 명 가운데 절반은 아프리카에 거주할 것이라고 한다.

질병 치료와 관련해서는 하나의 독감 백신이 평생을 보호해줄 수도 있다는 낙관론을 펼친다. 유전학과 의료 서비스 개선으로 인류의 생활수준은 더 좋아질 것이라는 얘기다. 물론 사람들이 뚱뚱해지고, 빈곤국은 전염병이나 만성질환으로 어려움을 겪을 것이다. 그래서 가난한 국가의 의료 시스템을 개선해야 한다는 지적도 빼놓지 않는다.

한국 GDP 일본의 2배… 동아시아 경제 주도

경제 분야에서는 세계의 중심이 아시아, 그중에서도 중국으로 이동하면서 중국의 영향력이 커질 것이라고 전망한다. 아시아가 세계 경제의 절반 이상을 차지할 것이라는 데에는 이견이 없다. 그러나 중국어가 세계 공용어 지위에 오르기는 힘들 것으로 내다본다.

눈이 번쩍 뜨이는 것은 한국이 미국을 능가하는 부국으로 성장할 것이라는 대목이다. 이들의 전망에 따르면 한국인의 소득은 2030년 독일·프랑스·일본인보다 많아진다. 한국의 1인당 국내총생산GDP은 2050년 일본의 두 배 가까이 늘어나고 세계 최대 경제대국으로 떠오른 중국보다도 두 배 이상 많아진다.

이걸 정말 믿을 수 있는지 의아해하는 사람도 많다. 하지만 미국 투자은행 골드만삭스, 투자 솔루션업체 프로비타스, 시티은행, 부동산 컨설팅업체 나이트프랭크 등도 미래의 한국을 세계 최고 부자 나라로 꼽고 있다.《강대국의 흥망》저자인 폴 케네디 역시 "한국은 2050년 1인당 GDP 세계 2위 국가로 성장해 동아시아 경제를 주도할 것"이라고 예측했다.

골드만삭스는 몇 년 전부터 계속 '한국의 1인당 GDP가 2050년 9만 달러를 넘어서 미국에 이어 세계 2위에 오를 것'이라고 전망해왔다. 이에 비해 일본은 6만 7000달러를 밑돌고, 독일은 6만 8000달러를 웃도는 수준으로 예상했다. 신경제대국으로 떠오른 중국은 5만 달러 선으로 추산했다.

이 기간 전 세계 GDP는 어떻게 변할까. 2010년의 구매력평가지수를 바탕으로 측정한 전 세계 GDP는 연간 3.7% 속도로 성장할 것이라고 한다. 같은 기간 1인당 실질 GDP 성장률은 연간 3.3%로 전망된다. 연평균 세계 실질 GDP의 예상 성장률은 1950년에서 1970년까지의 평균인 4.9%나 2008년 금융위기 전 8년간의 평균 4.2%보다 낮은 것이다. 그러나 느린 인구성장 때문에 2010~2050년의 1인당 성장률은 1950~1970년이나 2000~2008년보다 약간 더 빠른 것이라고 분석한다.

새로운 관점에서 보는 미래가 안정적인 이유

이처럼 미래성장을 안정적으로 보는 이유도 설명돼 있다. "경제성장에서 종종 언급되지 않고 넘어가는 특성이 있다. 정치적으로 더 큰 실체일수록 더 안정적으로 성장하는 경향이 있다는 사실이다. 국가는 도시보다 경제적 호황과 불황의 영향을 덜 받고 대륙은 국가보다 그 영향에서 더 자유롭다. 제2차 세계대전 이후 단 한 해 2009년에만 전 세계는 마이너스 0.9%의 성장률을 기록했다. 1970년 이래 1인당 실질 GDP는 두 배 이상 늘었다. 다가오는 40년 동안 유사한 경제성장률을 유지한다면 2050년 전 세계인의 평균 수입은 오늘날 달러 기준으로 2만 2000달러에 달할 것이다."

2050년의 소셜 미디어 환경도 매우 달라질 것으로 보고 있다. 개인정보 유출을 걱정하는 사용자들은 상업적 사이트 대신 비영리기관에 자신의 개인정보와 네트워크 정보를 저장할 수 있게 된다. 정보소통 또한 메가네트워크의 무차별 정보가 아니라 개인별로 유용한 정보만 선별해 받는 방식으로 바뀔 것으로 보인다.

2050년 국가의 형태는 어떨까. "나이 든 유권자들은 자신들에게 유리한 쪽으로 정책을 결정하기 위해 그들의 정치적 영향력을 늘릴 것이다. 그러나 투표는 단순히 한 개인의 이기심을 만족하게 하기 위한 것이 아니며, 나이 든 세대는 다가오는 자녀 세대를 염려하기 마련이다. 그러므로 정치인들이 개혁의 필요성을 잘 설명할 수 있다면 2050년 국가의 상태는 더욱 똑똑하고 건강하게 변해 있을 것이다."

환경은 곳곳에서 파괴되겠지만 광범위한 생태 복원의 시기가 올 것이며, 기후변화에 대처하는 비결도 속속 나올 것이라고 한다. "기후변화는 미래에 일어날 무엇인가라기보다는 미래를 포함하는 것에 가깝다. 이 사실이 기후변화를 다루기 어렵게 만드는 것은 아니다. 그러나 기후변화는 우리 세기에서 피할 수 있는 무엇이 아니라 금세기의 발전을 결정하는 제약조건에 불과할 것이다."

생물학적 발견도 수없이 이뤄질 것으로 기대된다. 생물학은 여전히 미지의 영역이고 생물학이 제공할 수 있는 가능성도 엄청나기 때문이다. 따라서 전통 과학 이외의 분야들을 서로 연결하고 재조명하면서 기술발전을 촉진할 게 분명하다.

"생물학은 나노과학과 정보과학 영역에 모두 해당된다. 세포는 나노 영역에서 작동한다. 화학의 영역보다는 더 크지만 전통적인 역학보다는 작다. 그리고 생물은 본질적으로 정보 처리 시스템이다. 그렇다면 생물학, 나노과학과 정보과학은 정확히 어떻게 지금부터 다가오는 2050년까지의 수많은 혁신을 함께 주도할 것인가."

이 책에는 일반인의 통념과 다른 전망과 데이터도 많이 담겨 있다. 그만큼 미래를 새로운 관점에서 바라보게 해준다. 이는 기업 최고경영자와 전략 담당자, 정부의 정책 입안자, 경영학자, 사회학자 등에게 창의적인 사고법을 일깨워주는 정신의 청량제이기도 하다.

함께 읽으면 좋은 책

- 《알렉 로스의 미래 산업 보고서》
  알렉 로스 지음 | 안기순 옮김 | 사회평론
- 《플랫폼 레볼루션》
  마셜 밴 앨스타인 외 지음 | 이현경 옮김 | 부키
- 《블록체인 혁명》
  돈 탭스콧 외 지음 | 박지훈 옮김 | 박성준 감수 | 을유문화사

우주관광 · 뇌파소통 · 노화방지…
미래를 대비하라
《유엔미래보고서 2040》

박영숙 · 제롬 글렌 외 지음, 교보문고 펴냄

2014년부터 2060년까지 '미래 예측'

"2015년에는 태양광비행기가 세계 일주에 성공한다. 최초로 달 관광객이 탄생하고 과학자들은 매머드 복원에 성공한다. 2017년에는 우주에 최초의 호텔이 건설되고 뇌질환을 치료하는 신약이 나온다. 2020년엔 생각만 해도 뇌파를 통해 문자 메시지가 전달된다. 2023년엔 뇌공학의 발달로 뇌 이식이 가능해지고 잃어버린 기억을 되찾을 수 있게 된다. 2030년에는 스마트폰, 웨어러블 컴퓨터를 넘어 몸에 이식되는 바이오폰의 시대가 온다. 가정마다 3D프린터를 보유하고 무엇이든 집에서 만들어 사용함으로써 제조업의 대부분이 사라진다. 2035년에는 중동 경제가 급속히 추락하고 로봇이 전쟁을 치르게 된다. 2040년에는 미국을 따라잡은 인도가 중국을 능가하면서 인도·중국·미국의 G3시대가 온다."

《유엔미래보고서 2040》이 보여주는 앞날의 모습이다. 이 책은 레이 커즈와일, 토머스 프레이 등 대표적인 미래학자들의 예측과 퓨처리스트, 미 국가정보위원회, 매킨지 등의 미래 전망을 담고 있다. 각국 연구소와 학자들이 내놓은 미래예측을 2014년부터 2060년까지 모아 정리한 미래예측 연대표도 들어 있다. 갑자기 찾아올 미래가 아니라 서서히 순차적으로 변해가는 미래를 보여줌으로써 미래의 흐름을 읽을 수 있도록 도와준다.

2040년을 책 제목으로 삼은 것은 중요한 예측이 이 해에 몰려 있기 때문이다. 2040년에는 세계에서 두 번째로 큰 열대우림인 콩고 정글의 3분의 2가 소멸하는 등 온난화가 심각해지고, 대체에너지로서 핵융합에너지가 완성될 것이라고 한다. 인도가 중국을 넘어 세계 최고 경제대국으로 자리 잡는 시기도 이때로 보고 있다.

뇌파로 의사소통, 세계 권력 다자지배구조 재편

과학기술에서는 생체시료시스템과 유전체정보시스템의 등장으로 의료계에 혁명이 오고, 뇌공학 발달로 사람들 간에 말하지 않고 생각하는 것만으로도 의사소통이 가능해진다. 물질을 자유자재로 구성하는 나노기술 개발로 3D프린터에 이어 소비자 제품의 혁명도 당겨질 것이라고 한다.

미국의 국제경찰 퇴직과 세계 권력의 이동은 벌써부터 예견돼왔다. 미국이 2008년 경제위기 이후 내부에 집중하는 동안 유럽연합 EU과 중국 등은 힘을 키워왔다. 이 같은 과도기가 2030년까지 이어지고 그 이후에는 유엔이나 국제통화기금IMF 같은 연합체, 혹은 일부 국가들이 함께 그 역할을 수행하는 다자지배구조가 될 것이라고 저자들은 내다봤다.

이런 상황에서 대체에너지가 또 하나의 불안 요소로 떠오를 전망이다. 획기적인 대체에너지로 탄소배출량을 줄이게 되면 지구온난화를 막고 수몰 위기에 놓인 국가들도 구할 수 있을 텐데 왜 국제정세가 불안해질까. 이유는 불안정한 중동 국가들에 있다고 한다. 석유가 나는 국가들은 지금도 지정학적으로 불안한 상황인데, 여기에 경제적인 불안이 더해지면 걷잡을 수 없게 된다는 것이다. 이를 방지하기 위해서는 어떻게 해야 할까. 학자들은 대체에너지가 개발될 때까지 이스라엘과 팔레스타인이 극적 타협을 이뤄 평화를 이루는 등 중동 국가들의 안정화가 필요하다고 강조했다.

교육에서도 엄청난 변화가 예상된다. 우선 대학의 온라인 공개강의가 교육 방법부터 근본 개념까지 바꾸게 되고, 순수하게 학문만 하는 대학은 살아남지 못할 것이라고 저자들은 예측한다. 학생들은 굳이 대학에 입학하지 않아도 온라인 공개강의를 통해 전 세계에서 공부할 수 있다. 캠퍼스에서는 교수와 학생들이 모여 산학협력 프로젝트를 진행하게 될 것이다.

또 학습시스템과 뇌공학의 발달로 넘쳐나는 정보를 더욱 빨리 소화할 수 있게 돼 2020년쯤에는 2년 내에 학사 학위를 취득할 수 있게 될 것이다. 2045년에는 따로 학습하지 않아도 컴퓨터를 통해 바로 지식을 흡수하는 단계로 발전하게 된다.

SF영화 속 순간이동·기억조작 현실화돼

지금 개발 중인 첨단기술을 SF영화와 연결해 설명하는 대목도 재미있다. 영화 〈벤자민 버튼의 시간은 거꾸로 간다〉에서 노인의 몸으로 태어난 벤자민 버튼(브래드 피트 분)이 갈수록 젊어지는 것 같은 일도 현실화될 수 있다. 피부의 조기 노화를 방지하는 줄기세포, 황화수소 기술이 2020년 상용화될 예정이기 때문이다. 하버드 피부연구소는 이미 쥐의 유전자DNA를 변경해 늙은 쥐를 젊게 만들었다. 이렇게 되면 영화 〈스타트랙〉의 순간이동, 〈토탈리콜〉의 기억조작, 〈터미네이터2〉의 액체금속도 더 이상 불가능한 게 아니다. 자가 치유 능력을 가진 폴리머가 스페인에서 이미 개발됐고 뇌를 통해 생각을 전달하는 뇌 인터페이스 실험도 미국 워싱턴대에서 이루어졌다.

미국 매사추세츠공대MIT의 '테크놀로지 리뷰'는 2012년 말 물리학자들이 양자 정보를 150m 순간이동시켰다고 발표했다. 중국과학원 산하 중국과학기술대학 연구진은 양자 하나를 97km 떨어진 곳에 순간이동시키는 데 성공했다고 밝혔다. 오스트리아 빈대학 연구진도 카나리아제도의 섬 중 143km 떨어진 라팔마와 테네리페 사이에 양자를 순간이동시켰다.

양자 원격전송을 이용하면 인공위성과의 통신에 양자암호를 이용할 수 있다고 한다. 양자암호 기술은 절대로 도청할 수 없어 해킹도 원천봉쇄할 수 있다. 스위스 제네바 주정부는 투표 결과 조작을 막기 위해 전자투표 시스템에 양자암호를 채택해 쓰고 있다.

한발 앞서 미래를 예측하고 대처해야

나쁜 소식도 있다. 2017년 선진국의 종이신문 인쇄는 중단되고, 2020년엔 석유 위기가 또 한 번 세계를 흔든다고 한다. 2020년께 한국에서 추락할 7가지도 눈길을 끈다. 저출산과 고령화로 노동생산인구가 감소하면서 국력이 쇠퇴하고 탄소 신소재인 탄소나노튜브와 그래핀, 카르빈이 떠오르면서 철강산업이 사라진다는 것이다. 또 무인자동차와 전기자동차가 보편화되면서 자동차 수출산업이 큰 타격을 입고, 3D프린터가 보급되면서 제조업과 유통업이 추락하며 웨어러블 컴퓨터와 사물 인터넷이 스마트폰을 대체한다는 내용도 있다.

세계미래회의가 선정한 '2030년에 사라질 10가지'도 관심을 모은다. 미래에는 종이·컴퓨터·도로표지판 등의 물리적인 것에서부터 EU와 같은 체제, 공교육과 병원진료, 배심원, 현재의 판매형태 등의 시스템, 교사와 의사 같은 직업, 익명성과 문화 등 무형의 가치들도 소멸할 것이라고 한다.

과연 이런 전망이 모두 맞을까 의심스럽기도 하지만, 최신 연구 성과를 토대로 미래를 먼저 알고 이에 대비하는 사람의 경쟁력이 더 커질 것은 분명하다. 미래의 첨단기술은 그 자체뿐만 아니라 개인의 삶과 사회의 움직임을 송두리째 바꿀 것이다. 언제 어디서든 한 발 먼저 생각하고 움직이는 사람이 유리할 수밖에 없다.

저자의 다른 책

- 《세계미래보고서 2055》
  박영숙, 제롬 글렌 지음 | 이영래 옮김 | 비즈니스북스
- 《인공지능 혁명 2030》
  박영숙, 벤 고르첼 지음 | 엄성수 옮김 | 더블북

2030년 세계의 중심은 '아시아'
《글로벌 트렌드 2030》

미국 국가정보위원회 지음, 이미숙 외 옮김, 예문 펴냄

　오바마 미국 대통령은 2012년 재선에 성공한 뒤 묵직한 보고서 한 편을 건네받았다. 미국 16개 정보기관의 수장 격이자 대외정책 컨트롤타워인 국가정보위원회NIC가 향후 20년의 세계 정치와 경제, 외교, 안보, 자원 등을 다룬 글로벌 트렌드 보고서였다. 인구증가와 정보통신, 국제분쟁, 테러리즘 등의 문제뿐만 아니라 한·중·일 관계, 북한을 중심으로 한 동아시아 정세, 유럽연합EU의 미래, 이슬람권과 관련한 이슈 등 민감한 쟁점까지 들어 있었다.
　이 보고서는 중앙정보국CIA, 연방수사국FBI, 국가안전보장국NSA 등이 수집한 정보와 랜드연구소, 부르킹스연구소, 맥킨지 글로벌 인스티튜트 등 정상급 싱크탱크들의 조사 결과를 바탕으로 국가정보위원회가 집필하고 새 행정부의 중장기 전략 수립을 지원하기 위해 4년마다 대통령 당선자에게 보고하는 주요 자료다.

미국 국가정보위원회가 본 한국의 미래

《글로벌 트렌드 2030》은 바로 이 보고서를 옮긴 것이다. 이 책에는 오바마 집권 2기의 국내외 정책 밑그림과 향후 20년간의 메가트렌드가 정리돼 있다. 한국 관련 내용을 간추려 '미국 국가정보위원회NIC가 본 한국의 미래'를 별도로 요약한 것도 눈길을 끈다.

이 책은 앞으로 15~20년간 게임 체인저(중대 변수)들과의 상호작용이 복잡해지면서 세계가 급변할 것으로 전망한다. 또 절대적인 패권국이 없는 상황에서 국가 간 협력이 세계 평화와 동반성장을 위해 어느 때보다 중요해지리라고 본다.

특히 "미국의 국제적 역할은 축소될 것이 확실하고 중국과 인도는 경제대국으로 급부상하며 아시아가 (1500년 전에 그랬듯이) 세계 권력의 중심 자리를 탈환할 것"이라고 내다본다.

주요 내용을 몇 가지 추려보자. 우선 세계 인구의 60%가 도시에 살고 인구 절반이 중산층인 시대가 온다고 한다.

"앞으로 15~20년 동안 대부분의 개발도상국에서 중산층이라고 주장할 수 있는 사람들이 절대적인 수와 인구 비율 면에서 크게 증가할 것이다. 가장 보수적인 미래 모형에서조차 세계 중산층 인구는 현재 약 10억에서 20억 남짓으로 증가할 것으로 예측한다. (…) 우리가 검토한 모든 분석 자료들은 아시아의 중산층이 가장 빠른 속도로 증가하며, 장기적으로 인도가 중국을 다소 앞설 것이라고 예측했다."

또 권력이 분산돼 미국은 더 이상 '국제경찰' 역할을 하지 않을 것이라고 전망한다. 중국은 2030년을 몇 년 앞두고 세계 최대 경제국이 되고, 2030년까지 유럽·일본·러시아 경제는 쇠퇴하며 한국은 중국·인도·브라질 등과 함께 경제적 성공을 거둔다고 한다. 한반도 통일 문제를 놓고 미국과 중국 간에 팽팽한 교착 상태가 빚어질 것이라는 얘기도 포함돼 있다.

고령화 때문에 세계적인 대이주 시대가 시작되고, 2030년 무렵엔 한국도 노동력 부족으로 이민이 더 활발해지는 세계적 추세에 동참할 것이라고 곁들였다. 주목되는 대목은 한국이 앞으로 경제를 위해서는 중국, 안보를 위해서는 미국과 긴밀한 관계를 유지할 것이라는 '보험 이론'이다.

"1995년 이래 일본, 한국, 호주, 인도를 포함하는 아시아 강국들은 점차 미국 대신 중국을 그들의 최대 교역 상대국으로 삼기 시작했다. 이처럼 증대되는 경제적 상호 의존성 이면에는 미국과의 긴밀한 안보관계라는 지속적인 '보험'이 존재했다. 이 같은 양상은 2030년까지 이어질 가능성이 크다."

변화를 이끌 큰 흐름 '메가트렌드'와 중대 변수 '게임 체인저'

책은 이 같은 맥락 속에서 전 세계적인 변화를 이끌 4가지 메가트렌드와 6가지 게임 체인저, 이들의 상호작용이 만들어낼 미래의 4가지 시나리오를 제시한다.

4가지 메가트렌드를 요약하면 이렇다. '개인의 권한 확대-세계 인구 과반수가 가난에서 벗어나 중산층이 중요한 사회 및 경제 집단으로 자리 잡는다.' '분산되는 권력-2030년 무렵이면 세계 권력 면에서 아시아가 북미와 유럽을 능가할 것이다.' '변화하는 인구 패턴-노령화 국가들은 힘겨운 생존 투쟁에 직면할 것이며 전 세계적인 이주노동자 시대가 온다.' '밀접해지는 식량·물·에너지의 관계-식량·물·에너지 수요가 각각 35%, 40%, 50%가량 높아진다.'

6가지 게임 체인저는 뭔가. 위기에 직면할 세계 경제, 거버넌스 갭, 분쟁이 증가할 가능성, 지역적인 불안정 확대, 신기술의 영향, 미국의 역할이 그것이다. 이외에도 심각한 전염병이 발생할 가능성과 급속한 기후변화, 유로와 EU 붕괴, 중국의 민주화 혹은 붕괴, 이란의 개혁, 핵전쟁 또는 개인이나 단체가 사용할 수 있는 대량살상무기와 사이버공격 등도 영향을 끼칠 수 있다고 한다.

멎어버린 엔진, 융합… 가상 시나리오

이를 바탕으로 한 4가지 가상 시나리오가 흥미롭다. 이 부분이 책의 핵심이기도 하다. 시나리오 1은 '멎어버린 엔진'인데 이른바 최악의 시나리오다. 미국과 유럽이 국내 문제에 초점을 맞추고 국제사회의 리더 자리를 유지하는 데 관심을 기울이지 않게 된다는 것이다. 시나리오 2는 '융합'으로 최선의 경우를 뜻한다. 중국과 미국, 유럽이 협력해 각국의 양자관계가 긍정적으로 변화한다는 것이다. 시나리오 3은 '램프에서 나온 지니(지니계수)'인데 별로 좋지 않은 시나리오다. 많은 국가에서 불평등이 팽배하고 그 결과 정치·사회적 긴장 상황이 늘어나게 된다. 시나리오 4는 '비국가적인 세계'로 비정부기구와 다국적기업, 학문기관, 부유한 개인 같은 비국가 세력이 성장해 변화 과정을 주도하는 것을 말한다.

이 가상 시나리오는 메가트렌드와 게임 체인저의 상호작용 결과를 토대로 작성된 것이다. 이 가운데 최선과 최악의 경우 세계인의 소득이 27조 달러나 차이가 난다고 한다.

"미국과 유럽이 국내 문제로 관심을 돌리며 세계화가 멈춘다는 '멎어버린 엔진'은 가장 설득력 있는 동시에 최악의 상황을 담보한 가상 시나리오라 할 수 있다. (…) 일단 전 세계 소득이 4가지 시나리오 중 가장 긍정적이라 할 '융합' 시나리오보다 27조 달러 정도 적을 것으로 예상된다. 27조 달러는 오늘날 미국과 유로존을 합한 경제규모보다도 큰 액수다. 엔진이 멎은 세계에서 미국과 유럽은 과거의 능력을 상실하고 글로벌 리더십을 유지하는 데에도 관심이 없을 것이다."

맨 뒷부분의 한국 관련 요약 보고서 중 "골드만삭스는 신흥국 넥스트 11 리스트에 한국을 포함시킨 바 있다"는 대목이나 "향후 20년 동안 한국은 로봇공학의 효과를 보는 몇 안 되는 국가가 될 가능성이 높고, 로봇공학을 통해 노령화 사회 문제를 일부 해결할 국가는 한국과 일본을 비롯한 몇몇 특정 국가에 그칠 것이다"라는 구절에도 눈길이 오래 머문다.

세계 경제순위가 바뀐다
《넥스트 컨버전스》

마이클 스펜스 지음, 이현주 옮김, 리더스북 펴냄

노벨경제학상 수상자 마이클 스펜스는 선진국과 개발도상국이 한곳에서 만나는 넥스트 컨버전스의 시대엔 세계 인구의 75%가 풍요에 접어들 것으로 예측한다. 저자는 지난 50년과 앞으로의 50년, 과거와 미래를 아우르며 100년의 세계경제를 분석하고 전망한다. 특히 세계 경제지도를 뒤바꿔놓을 거대 중국과 인도, 한국 등을 주목하는 한편 미래 성장과 세계 경제구조 등에 어떤 변화가 필요한지 등을 심도 있게 그려낸다.

"급성장하는 개발도상국과 성장 정체를 보이는 선진국이 한곳에서 만나게 되는 '넥스트 컨버전스Next Convergence'의 시대가 온다. 중국, 인도, 한국 등 신흥강대국들이 세계 경제를 주도할 것이다." 노벨경제학상 수상자인 마이클 스펜스 뉴욕대학 스턴경영대학원 교수의 말이다. 1950년 이후 최소 25년 동안 연평균 7% 이상 성장을 지속한 국가들의 공통 요소를 추출한 '성장 보고서'(2008년, 세계은행)를 썼던 그는 《넥스트 컨버전스》에서 "세계 경제가 위기를 거치는 동안 선진국과 신흥국 간 격차는 줄었고 의존성은 커졌다"며 "앞으로 선진국과 신흥국이 어느 정도 협력할 수 있는지에 따라 많은 것이 달라질 것"이라고 얘기한다.

몇몇 선진대국이 세상을 지배하던 시대에서 고속성장한 개도국들이 글로벌 경제를 뒤흔드는 시대로 바뀌는 지금 세계 인구의 절반 이상이 풍요의 세계에 접어들 21세기 뉴 글로벌 지도가 필요하다는 것이다.

마이클 스펜스는 2006년 성장및개발위원회CGD를 발족해 국가경제의 성장과 개발, 실용주의와 지속성을 연구하면서 각국을 방문하고 기업·노동·시민사회 지도자들과 함께 그들의 눈으로 세상을 보는 통찰력을 키웠다고 한다. 이 과정에서 개도국들의 빈곤이 줄어드는 동시에 성장속도가 빨라지고, 그 안에서 낙관적인 시각이 커져가고 있다는 것을 확인했다.

그는 이런 극적인 변화가 개도국뿐 아니라 전 세계 모든 사람의 삶에 커다란 영향을 끼칠 것이기 때문에 향후 세계 경제가 어떻게 발전해갈 것인지, 우리 앞에 놓인 기회와 위험은 무엇인지를 반드시 알아야 한다고 강조한다.

"고도성장을 구가하는 개도국들은 7%가 넘는 성장률을 기록하고 있는데 30년 전에는 중국이, 최근에는 인도가 지속적인 고도성장 패턴을 보이며 세계의 경제전망을 바꾸고 있다. 이 두 국가의 인구를 합치면 세계 인구의 40%에 달한다."

그의 시각은 지난 50년의 과거와 앞으로 50년의 미래까지 1세기의 기간을 관통한다. 그는 과거 50년으로 돌아가 선진국과 개도국의 성장 그래프를 분석한다. 이에 따르면 극심한 격차를 보이던 선진국과 개도국의 상황은 제2차 세계대전이 끝나면서 역전되기 시작했다. 일본과 브라질은 성장을 가속해 지속적인 고도성장 패턴을 보였고 한국과 대만, 홍콩, 싱가포르 경제가 그 뒤를 이었다. 이어 태국, 인도네시아, 보츠와나, 오만 등이 확장 패턴에 합류했다. 그 뒤를 이어 중국, 인도, 베트남도 고도성장 패턴에 진입하면서 선진국 수준으로 그래프를 수렴하는 진행 과정을 보여준다.

개도국과 선진국 차이 줄고… 50년 후 세계 인구 75%가 부유

"처음에는 고립된 개별 국가에서 상대적으로 느린 속도로 형성된 이 메가트렌드는 점차 확산되면서 속도가 붙기 시작했다. 마침내 세계 경제에서 1세기에 걸친 긴 여정이 시작된 것이다. 아마도 종착점은 세계 인구의 75% 이상이 소득수준이 높아지고 소비 및 에너지 사용량 또한 증가하는 선진국에서 살게 되는 세상일 것이다."

이 대목에서 성장률과 관련한 '72의 법칙'이 나온다. "이 법칙에 따르면 특정한 연성장률이 두 배가 되는 데 걸리는 햇수는 72를 성장률로 나눈 값이다. 말도 안 되는 것 같지만 이 법칙은 실제로 작용한다. 따라서 성장률이 1%일 경우 소득은 72년 뒤에 두 배가 된다.

성장률이 (최근까지 가장 높게 유지된 수준인) 7%인 경우 소득이 두 배가 되기까지는 10년이 걸린다. 따라서 성장률이 7%로 유지된다면 소득과 생산력은 10년마다 두 배가 될 수 있다."

그는 "세계에서 두 번째로 큰 경제국인 중국은 현재 중소득 국가로 옮겨가는 중으로 1인당 소득이 5000달러에서 1만 달러 영역에 진입하는 과정에 있다"면서 "지금의 성장률로 추정하면 중국 경제는 10년에서 15년 후 유럽연합EU이나 미국의 규모와 같아질 것"이라고 전망했다. "그때가 되면 중국의 1인당 소득은 미국의 4분의 1 수준이 될 것이며, 중국의 1인당 소득이 선진국 수준과 비슷해지기까지는 그로부터 15년이 더 걸릴 것으로 보인다."

이 계산에서 놀라운 점은 중국이 낮은 1인당 소득에도 불구하고 경제대국이 될 것이라는 점이다. 인구가 이 정도인 국가가 이토록 빠르게 성장한 것은 전례 없는 일이다. 선진국 기준에서 보면 중국의 소득수준은 여전히 낮지만 기후 분야나 식량 소비 등 세계 경제 체제 유지와 안정에는 엄청난 영향을 미치고 있다. 에너지와 무역, 자본 흐름까지 감안하면 중국의 힘은 갈수록 커질 것이라고 그는 진단한다.

인구 12억의 인도와 관련해서는 이렇게 얘기한다. "막대한 재정부양정책과 통화팽창정책을 통해 회원국들의 경기부양에 힘쓴다는 공조체제에도 불구하고 미국발 경제위기는 이미 유럽의 재정위기로 확산돼버린 상태다. 이 위기는 과연 얼마나 더 지속될까? 중요한 힌트 중 하나는 '넥스트 컨버전스' 속의 중국과 인도다. 이들을 단순히 신흥경제국이라는 경제발전적 프리즘을 통해서만 볼 것이 아니라 이들의 경제가 2~3세기 전 세계 경제에서 차지하던 비중과 역할에 견주어 앞으로 사회·문화·환경적 차원을 모두 포괄하는 미래 질서 패러다임의 새로운 축이 될 것이라는 관점에서 살펴야 할 것 같다."

한국 성장은 중국 등 개도국들의 길잡이

한국에 대한 언급도 눈길을 끈다. 그는 "이미 중소득 국가 대열에 성공적으로 합류한 한국은 중국을 비롯한 다른 국가들의 모델이자 중요한 길잡이"라며 "혁신적이고 역동적인 경제를 성장시킨 '융통성 있는 실용주의적 시스템'은 한국과 유사한 길을 가고 있는 국가들에게 결정적인 예시가 되고 있다"고 평가했다.

특히 중소득 수준으로 성장한 국가들의 성장속도가 더뎌지거나 성장이 멈추기도 하는데 예외적인 국가가 한국이라며 "한국과 같은 국가들이 세계 경제에서 규모가 가장 큰 경제지역으로 부상할 것"이라고 전망했다. 또 오래전 가전제품 제조업체이던 삼성이 반도체 칩을 생산하겠다고 나서 서구를 놀라게 한 일화와 한국이 광대역 인터넷 부문에서 세계 최정상의 위치에 올랐다는 얘기도 자세하게 소개했다.

그는 이 같은 분석을 통해 미래 50년의 세계 경제 트렌드를 예측한다. 브릭스를 중심으로 한 신흥경제국들과 떠오르는 개도국들이

고도성장을 유지할 수 있을까. 미국과 유럽을 중심으로 한 선진국의 정체현상은 어떻게 될까. 고도성장을 유지하기 위해서는 어떤 성장전략과 내외부 동력이 필요할까. 서로 연결돼 있는 세계 경제를 관리하기 위해서는 어떤 글로벌 거버넌스의 틀을 마련해야 할까.

글로벌 위기 해법과 관련해서 그는 미국의 역할을 강조한다. 〈위클리비즈〉와의 인터뷰에서 "세계 경제를 신흥국과 선진국, 수출국과 수입국, 채권국과 채무국 간 글로벌 불균형으로 유지하던 올드 모델은 작동을 멈췄으므로 중국으로 대표되는 신흥국의 발언권을 인정해주는 새 글로벌 거버넌스가 필요한 시점"이라고 한 그는 "이제라도 세계 최대 경제강국인 미국이 나서야 한다"고 역설했다.

그는 미국을 '거북에게 뒤처진 토끼'로 비유하면서 "중국은 12차 5개년 계획, 유럽은 재정통합이라는 거대한 실험을 통해 뉴 모델을 모색하고 있는데 미국은 그렇지 못하다"며 "오랫동안 자신을 뒤따라오던 거북(중국, 유럽)에게 뒤처진 토끼(미국) 같은 모습"이라고 지적했다. 따라서 이제는 미국이 자국 경제를 되살리고 국제적 공조를 이뤄내는 역할을 적극적으로 해내야 한다는 것이다.

그러고 보면 우리는 토끼인가, 거북인가. 수십 년간 고속성장을 지속했으나 지금은 성장과 안정이라는 두 마리 토끼를 좇아야 하는 우리에게 그는 "성장의 핵심 엔진이자 전체 시스템에서 중요한 의미를 갖는 나라"라는 찬사와 함께 "많은 과제를 성공적으로 수행해야 할 나라"라는 고언을 동시에 전한다.

그들은 어떻게 거목이 되었나
《새로운 자본주의 선언》

우메어 하크 지음, 김현구 옮김, 동아일보사 펴냄

젊은이들이 즐겨 먹는 버거 한 개의 실제 비용은 얼마일까?《새로운 자본주의 선언》의 저자 우메어 하크(하바스미디어랩 소장)에 따르면 3달러짜리 버거 한 개의 실질적인 경제비용은 30달러에 달한다. 버거 제조에 들어가는 쇠고기와 물, 땅, 일자리 등의 요소에 최소 20달러 이상의 보조금이 투입되고 나머지 10달러가량의 환경비용과 건강비용은 공동체와 미래 세대에 전가되고 있을 뿐이라는 것이다.

세계에서 가장 강력한 기업 월마트는 왜 환경단체에 거부권을 주는 조직을 구축했을까. 가치 사슬에서 가치 사이클로, 가치 제안에서 가치 대화로, 전략에서 철학으로, 시장의 보호에서 시장의 완성으로, 재화goods보다 더 좋은 재화betters의 생산과 소비로의 이동. 이것이 자본주의를 개조할 5대 코드다. 이 책은 이처럼 21세기형 미래 기업을 건설하기 위해선 스스로 껍질을 깨고 나와야 한다고 말한다.

미국 대평원 지역의 주에서 물 보조금을 중단한다면 쇠고기 1파운드의 비용은 35달러로 치솟게 된다고 한다. 요리에 필요한 에너지 역시 마찬가지다. 우메어 하크는 버거 한 개를 살 때 지불하는 3달러와 실제 비용 30달러 사이의 거대한 불균형이 바로 20세기 자본주의의 본질적인 결함이라고 지적한다. 2008년 금융위기 때도 이런 불균형 메커니즘이 작동했고 유례없는 구제조치를 통해 공동체와 미래 세대에 비용이 전가됐다는 것이다.

그는 이런 제도화된 피해를 '심층적 부채deep debt'라고 부르며 자본주의의 위기를 극복하고 더 큰 번영을 이루기 위해서는 이를 청산해야 한다고 주장한다.

지속가능한 자본주의를 위한 5대 코드

방법은 무엇인가. 그는 전 세계에서 고른 250개 회사의 표본을 바탕으로 15개의 혁신기업을 선별하고 이들의 '건설적 우위'를 통해 자본주의를 개조할 5대 코드를 찾아냈다. 애플, 구글, 타타, 닌텐도, 레고, 인터페이스, 유니레버, 나이키, 월마트, 스타벅스, 위키피디아, 그라민 등 이른바 '건설적 집단'의 특징은 다음과 같다.

첫째, 그들은 자원의 착취가 아니라 재생을 통해 '가치 사슬'에서 '가치 사이클'로 이동 중이었다. 둘째, 자원을 민주적으로 할당하고 수요와 공급의 충격에 더 잘 대응하기 위해 '가치 제안'에서 '가치 대화'로 이동하고 있었다. 셋째, 경쟁을 일시적으로 봉쇄하기보다 장기적으로 경쟁력을 높이기 위해 '전략'에서 '철학'으로 옮겨가고 있었다. 넷째, 단순히 기존 것들을 지배하기보다는 경쟁의 새로운 영역을 창출하기 위해 '시장의 보호'에서 '시장의 완성'으로 옮겨가고 있었다. 다섯째, 재정적인 측면이 아니라 인간적인 면에서 중요하고 의미 있는 이익을 추구하기 위해 '재화goods'보다 '더 좋은 재화betters'의 생산과 소비로 옮아가고 있었다.

월마트, 구글, 나이키 등… 건설적 자본주의를 향해가는 기업들

건설적 자본가들이 단지 더 좋은 제품과 서비스, 전략, 사업모델을 구축하고 있는 것은 아니다. 이들은 먼저 더 나은 제도를 만들고 있다. 애플과 닌텐도, 구글, 나이키 등은 주주 가치뿐만 아니라 수익성과 성장 면에서도 그들 산업을 선도하는 기업이다.

월마트의 경우 '가치 제안'에서 '가치 대화'로 이동한 대표적인 사례다. 월마트의 가치 사이클은 지속가능성을 관리하는 14개 네트워크 위에 구축돼 있다. 이는 학자, 싱크탱크, NGO, 광범위한 이해관계자들로 이루어져 있다. 월마트는 지속가능한 어업을 추진하기 위해 자사의 수산식품 네트워크에 해양관리협회를 포함시켰다.

세계에서 가장 강력한 기업이 환경단체에 거부권을 주는 조직을 구축하리라고 누가 생각이나 했겠는가. 그러나 월마트는 반대야말로 모두를 위해 진정한 가치를 창출할 새 결정을 도와주는 강력한 수단이라는 점을 깨달았다. 미국 건국의 아버지들이 조정력을 위해 상원을 만들었듯이 거부권이 통제력을 발휘할 때 대화를 통한 의미 있는 합의가 이루어진다. 이것이 바로 합의를 강력하게 만드는 힘이다.

구글의 '데이터 해방전선'도 그렇다. 구글은 2009년 데이터 해방전선이라는 팀을 만들었다. 목적은 컴퓨터 마니아들이 말하는 '데이터 휴대성'을 보장하는 것이다. 이것이 보장되면 원하는 어디든지 데이터를 가지고 다니며, 심지어 경쟁자들에게도 서비스해줄 수 있다.

"당신의 문서를 구글닥스에서 워드로 바꾸고 싶은가? 데이터 해방전선은 이 일을 가능하게 했을 뿐만 아니라 더 쉽게 만든다. 당신의 새 책을 워드에서 구글닥스로 바꾸고 싶은가? 아쉽게도 안 된다. 마이크로소프트에는 데이터 해방전선 같은 것이 없다. 역사적으로 마이크로소프트의 목적은 당신을 해방하는 것이 아니라 가둬두는 것이었기 때문이다. 도대체 그게 뭐가 잘못됐단 말인가? 모든 것이 잘못됐다."

데이터 해방전선의 창설자이자 관리자인 브라이언 W. 피츠패트릭은 그것을 이렇게 설명한다.

"우리가 사용자들을 구속하고 있다면 혁신을 통해 더 나은 제품을 만들 긴박감은 없을 것이다. 사람들을 검색창으로 돌아오게 만드는 것은 무엇인가? 사람들이 2년 계약에 서명을 했기 때문이 아니다. 그들이 계속 검색창을 찾는 이유는 그것이 그들의 필요를 가장 잘 충족시키기 때문이다. 우리는 검색기능을 개선하는 임무에 전념하는 엔지니어팀이 있고, 따라서 검색기능은 계속 더 좋아진다.

우리는 이타심에서 데이터를 해방하고 있는 것은 아니다. 그것이 사업적으로 유망하고 지속가능한 성장을 촉진하기 때문에 그렇게 하고 있다."

이런 것이 바로 전략에서 철학으로 탄력성을 발휘하는 조직의 에너지라는 것이다.

'재화'와 '더 좋은 재화'의 두드러진 예는 나이키와 나이키플러스다. 사람들은 나이키가 변화를 꾀할 이유가 없을 거라고 생각할 수도 있다. 그런데 왜 21세기에 들어와 갑작스러운 방향 전환을 하고 있는 것일까? 고객들에게 과거처럼 단지 더 멋진 신발을 팔기만 해도 될 텐데 왜 굳이 달리기를 더 잘하기 위한 원리를 가르치고 있는 것일까?

대답은 이렇다. "나이키가 21세기의 건설적 기업 대열에 합류해 수익성과 가치를 높이는 경로는 제품을 차별화하는 것이 아니라 사람들과 공동체 사회에 차이를 만들어주는 것이라는 점을 깨닫고 있기 때문이다."

오늘날 나이키는 더 좋은 재화를 생산함으로써 스포츠용품 산업을 다시 한 번 혁명적으로 변화시키고 있다. 나이키플러스는 2006년에 문을 연 혁명적인 온라인 커뮤니티다.

"당신이 좀 더 기회를 준다면 나이키플러스는 당신을 더 훌륭한 달리기 선수로 만들어주기 위해 맹렬히 일할 것이다. 거기서 당신은 전문가의 코치를 받을 수 있고 목표를 설정하며 달리기 스케줄을 짜고 다른 주자들과 경쟁하며 주행거리를 기록하고 다른 사람들과 달리기 정보를 교환할 수 있다. 플러스는 세계 최대의 달리기 클럽이지만 단지 그것만은 아니다. 그것은 사람들의 건강을 증진시키고 소비자들이 달리기를 통해 근본적으로 더 큰 건강을 얻을 수 있게 하는 터보 엔진이다."

그는 이 같은 사례들을 하나하나 짚어가며 "이제 스스로 껍질을 깨고 나오지 않으면 새로운 파도가 덮칠 것"이라고 경고한다. "고객으로부터 사랑받고 다른 기업들의 부러움을 사며 지구의 미래를 걱정하는 모든 이에게 존경받을 21세기형 미래 기업을 건설하기 위한 청사진을 제시했다"(게리 해멀 런던비즈니스스쿨 교수)는 평가를 받을 만한 통찰이다.

함께 읽으면 좋은 책

- 《새로운 자본주의가 온다》
  스튜어트 하트 지음 | 정상호 옮김 | 럭스미디어

- 《자본주의를 다시 생각한다》
  마이클 제이콥스 외 엮음 | 정태인 옮김 | 칼폴라니사회경제연구소협동조합(KPIA)

10년 후, 나는 무슨 일을 하고 있을까
《일의 미래》

린다 그래튼 지음, 조성숙 옮김, 생각연구소 펴냄

〈파이낸셜타임스〉와 〈비즈니스위크〉가 선정한 '세계 최고의 경영 사상가'이자 두 자녀의 어머니인 린다 그래튼 런던 경영대학원 경영학 교수. 어느 날 아침식사 자리에서 고등학교를 막 졸업한 큰아들이 자신의 꿈을 얘기했다. "난 기자가 되고 싶어." 두 살 아래인 동생도 형의 말에 자극을 받았는지 이렇게 말했다. "난 의학을 공부할까 생각 중이야." 두 아이의 말은 평범한 것일 수도 있었지만 그에게는 '앞으로 기자를 해도 될까', '의사라는 직업은 괜찮을까'라는 진지한 질문으로 다가왔다. 그날 이후 석 달 동안 이 문제로 고민하면서 그는 '일의 미래'와 관련해 질문을 던지는 사람이 한둘이 아니라는 것을 알게 됐다.

위 질문들에 대한 답이 바로 이 책《일의 미래》다. 앞으로 일의 내용과 환경이 어떻게 변화할지 예측하고 그 대비책을 제시한 것이다.

린다 그래튼 교수는 일의 역사와 의미, 업무처리 방식, 인간관계 등에 대한 정보를 분석해 2025년의 하루 일과를 6가지 가상 시나리오로 작성했다.

일의 변화를 예측하고 그에 대비하라

제러미 리프킨이《노동의 종말》에서 "기술의 발전으로 기계가 인간의 노동을 대체하는 '무노동'의 시대가 올 것"이라고 전망했지만 그는 '일과 인간의 상관관계'를 상기시키며 "앞으로 노동 상황이 부정적으로 바뀌든 긍정적으로 바뀌든 인간은 일에서 삶의 의미와 행복을 찾는 일을 멈추지 않을 것"이라고 말한다. 일자리가 사라질 것이라는 걱정은 버리고 일의 변화를 예측하고 미래에 요구되는 능력을 준비하는 자세가 필요하다는 것이다.

그는 1·2차 산업혁명에 이어 정보통신혁명과 수명 연장이 또 한 번의 대전환을 가져올 것이라고 예측한다. 그 시기는 인터넷과 소셜 미디어, 디지털 기술의 탄생을 지켜본 Y세대(1980~1995년생)가 사회의 중심에 설 2025년이라고 한다. 2025년은 은퇴한 베이비붐 세대(1945~1964년생)와 은퇴를 앞둔 X세대(1965~1979년생), 활발하게 사회 활동을 하고 있는 Y세대, 이제 막 일을 시작한 Z세대(1995년 이후 출생)가 공존하는 시점이다.

그는 이 4세대가 함께 사는 2025년의 하루 일과를 시나리오로 작성하기 위해 2009년부터 30개국 200명의 글로벌 인재를 만나 이들의 얘기를 들었다. 남아프리카공화국의 최대 은행 압사, 핀란드의 노키아, 일본의 노무라, 인도의 인포시스, 미국의 시스코 등 다양한 분야에서 일하는 직장인들이었다. 이들의 견해를 통해 그가 만든 시나리오는 이렇다. 우선 '파편화와 고립이 만들어낸 암울한 미래'가 먼저 보인다.

2025년의 하루 일과 가상 시나리오

- 3분이 한계인 세상-아무도 '생각'을 하지 않는다: 다국적기업에 다니는 질은 잠에서 깨자마자 밤사이 전 세계 동료와 고객들이 보내온 메시지를 확인한다. 그리고 출근 준비를 서두르는 대신 아바타를 손보고 화상회의를 시작한다. 그녀는 회의 틈틈이 밀려드는 업무를 처리하고 스마트 기기로 중국과 인도, 미국, 남아프리카공화국에서 일하는 동료와 실시간으로 의견을 주고받는다. 오후에는 회사에서 마련한 공동 사무실 오피스허브에 출근하지만 아는 사람은 거의 없다. 모두들 가상공간이나 화상통화를 통해 업무를 처리하기 때문에 아는 사람을 만나는 경우는 드물다.

런던에 사는 질은 하루 종일 베이징에서 LA에 이르기까지 여러 시간대를 결합하려고 노력하며 1년 내내 인터넷 및 전화로 연결된 동료와 고객들에 둘러싸여 살아간다. 밀려드는 이메일과 빗발치는 휴대전화 벨소리 때문에 어떤 일이든 3분 이상 집중하지 못한다. 무언가에 정통해지려면 시간을 들여 집중해야 하지만 질에게는 그럴 만한 시간과 여력이 없다.

- 외로움에 익숙한 사회-병원에 출근하지 않고 수술하는 외과의사: 인도의 뇌 전문 외과의사 로한은 하루 종일 병원에서 환자를 만나지 않는다. 그는 2025년의 다른 많은 전문직 종사자와 마찬가지로 하루의 대부분을 자택 사무실에서 보낸다. 원거리 화상회의 방식 중 하나인 텔레프레즌스를 이용해 중국 의료진과 함께 뇌출혈 환자를 수술한다. 그는 자국어로 말하며 수술을 이끌지만 그의 말은 자동으로 통역된다.

그는 일주일 내내 세계 곳곳의 동료와 일하지만 아파트를 거의 벗어나지 않는다. 일상에서 따뜻한 피와 살을 가진 인간을 접하는 일은 좀처럼 없다. 다가올 미래에는 직장생활에서의 직접적인 접촉은 서서히 사라지고 깊은 외로움과 고립이 그 자리를 대신할 것이다.

이와 달리 '협력과 참여, 창조가 만들어낸 밝은 미래'도 눈길을 끈다.

- 함께 생각하면 크게 바뀐다-다양한 관점과 아이디어로 무장한 집단: 2025년 브라질에 사는 미겔은 다른 나라 사람들과 프로젝트를 준비하고 있다. 그는 인도 도시 러크나우의 도로 혼잡을 개선하는 데 아이디어를 보태기 위해 덴마크에 있는 친구 두 명과 다른 도시의 도시계획과에서 일하는 대학동창, 80대 문화인류학자, 젊은 인도 사업가를 모아 팀을 구성했다. 왜? 의미 있는 아이디어를 다른

사람과 함께 나누고 고민하는 과정을 통해 세상을 좀 더 긍정적으로 변화시키는 데 기여하기 위해서다.

그 시각 지구촌 곳곳에서는 또 다른 미겔들이 서로 아이디어를 내고 의견을 교환하기 위해 소통한다. 정보통신 기술과 웹은 '혁신'의 개념을 수백만 명이 참여하는 집단활동으로 바꿔놓았다. 이를 통해 지구촌을 아우르는 '집단지성'이 탄생했다.

- 은퇴는 없다-70대 1인 기업가의 반란: 중국 정저우에서 수예품 사업을 하는 슈이 리는 70대를 바라보고 있다. 예전 같으면 벌써 은퇴할 나이지만 그는 전 세계의 다른 수백만 명과 마찬가지로 자신의 일을 사랑하며 적어도 10년은 더 원기왕성하게 일할 생각이다. 기술과 세계화, 장수의 결합은 그에게 자신이 좋아하는 일을 능동적으로 할 수 있는 기회를 제공한다. 그래서 나이에 상관없이 소기업가로서 자신만의 경력을 구축하고, 강력한 플랫폼을 토대로 다른 기업가들과 연계해 사업 영역을 세계로 확장하고 있다.

유연성을 지닌 전문적 능력이 미래에 더욱 각광받을 것

그의 표현에 따르면 "미래에는 가치 있는 능력이 화폐 역할을 하게 될 것"이다. 우리는 미래에 중요해질 능력이 무엇인지 파악해 그 능력을 습득하는 최고의 방법을 알아내야 하며, 미래에 귀중해질 능력과 투자할 만한 가치가 있는 능력을 이해해야 한다는 것이다.

평범한 지식과 능력보다는 유연성을 지닌 전문가의 역량이 더 각광받을 것이라는 점도 강조한다. 자신만의 고유성을 가져야 사회적인 쓰임새나 개인적인 만족도에서 유리하기 때문이다.

그는 또 "연봉보다 중요한 것은 의미 있는 경험"이라고 말한다. "우리는 기계의 톱니바퀴가 아니다. 스스로의 힘으로 선택하고 그 결과를 책임질 능력이 있다. 이를 위해서는 자신의 감정과 단점을 솔직히 인정하고 안전지대 너머의 위험을 감수해야 하며 용기 있게 행동해야 한다."

위대한 경영사상가의 결론치고는 평범한 것 같지만 미래는 우리가 만들어가는 것이며 그 결실을 수확하는 것은 용기 있는 사람임에 틀림없다. 굳이 2025년까지 기다릴 필요도 없다. 변화는 지금 우리 앞에 이미 일어나고 있다.

함께 읽으면 좋은 책

- 《직업의 종말》 테일러 피어슨 지음 | 방영호 옮김 | 부키
- 《일의 미래, 무엇이 바뀌고 무엇이 오는가》
  선대인 지음 | 인플루엔셜(주)

과학기술이 '풍요의 미래' 연다
《어번던스》

피터 다이어맨디스·스티븐 코틀러 지음, 권오열 옮김, 와이즈베리 펴냄

"알루미늄은 한때 금이나 은보다 귀한 금속이어서 나폴레옹 3세의 연회 때 귀빈 식기로 쓰였지. 이후 전기분해 기술로 값이 싸졌고, 오늘날엔 그냥 쓰고 버리는 물건이 돼버렸어. 희소성은 절대적인 조건이 아니라 상황적 조건과 관련된 문제야. 커다란 오렌지 나무를 상상해보자고. 낮은 가지의 오렌지를 전부 따버리면 오렌지가 희귀 과일이 되지. 하지만 누군가가 사다리라는 기술을 발명하면 문제가 해결되잖아. 기술은 자원을 해방하는 수단이야. 그게 한때 부족했던 걸 풍부하게 만들 수 있어."

천재적인 혁신기업가 피터 다이어맨디스가 《어번던스》에서 들려주는 얘기다. 그는 MIT에서 분자생물학과 항공우주공학 학위, 하버드 의대에서 의학박사 학위를 받았으며 10개가 넘는 우주·첨단 기업을 창업한 주인공이다. 창의적 혁신기술을 가르치는 싱귤래리

티대학을 설립하고 혁명적인 인류 발전을 지원하는 엑스프라이즈 재단도 운영하고 있다.

엑스프라이즈 재단은 '정부의 도움 없이 3인승 민간 우주선으로 고도 100km까지 올라갔다 내려오는 작업을 2주 안에 되풀이하면 1000만 달러를 지급하는 프로그램'과 같은 상금 대회를 운영하는 비영리단체다.

우리의 걱정과 달리 미래는 낙관적이다

그는 "비관주의야말로 '손실 혐오'라는 인지편향과 냉소주의에서 비롯된다. 이런 심리적 약점을 극복하면 미래에 대한 공포에서 벗어나 낙관적인 풍요를 꿈꿀 수 있다"고 강조한다. 하버드의 진화 심리학자 스티븐 핑커가 《폭력의 역사》에서 "우리는 인류 역사상 가장 평화로운 시대에 살고 있다"고 한 관점과 비슷하다.

그의 말마따나 지난 100년간 인간의 평균 수명은 2배 이상 늘었고 1인당 수입은 세 배나 증가했다. 유아 사망률은 10분의 1로 줄었다. 10배에서 1000배 싼 비용으로 음식이나 전기, 교통, 통신을 누릴 수 있게 됐다. 19세기 영국 거리는 말똥으로 뒤덮였으나 자동차가 발명되자 말똥 공포는 말끔히 사라졌다.

그에 따르면 현대의 기술혁신은 눈부시다. 휴대전화 크기의 랩온어칩Lab-on-a-Chip은 피나 소변을 채취해 바로 수십 가지 질병을 진단하고 새로운 질병이 발견되면 즉시 정보를 업로드해 대처할 수 있게 해준다. 인공지능 무인항공기는 오지에 농기계나 의료품을 싸고 빠르게 수송한다. 안경부터 맞춤식 의족, 로봇과 항공기까지 찍어내는 3D 프린팅은 장소와 시간의 한계를 뛰어넘는다. 생명공학기업들은 이것으로 인간의 장기를 만들고 국제 우주정거장에서도 필요할 때마다 예비 부품을 만든다.

그가 진행하는 엑스프라이즈 계획은 상업용 우주선이나 달 착륙 로봇, 휴대용 의료장치, 고효율 자동차, 게놈 분석에 필요한 아이디어를 장려하면서 인류 발전에 기여하고 있다. 그가 설립한 싱귤래리티대학은 생명공학과 생물정보학, 컴퓨터 시스템, 네트워크와 센서, 인공지능, 로봇공학, 의학, 나노 물질, 나노 기술 등 급성장하는 8개 분야를 핵심 교과 과정으로 채택해 미래 인재를 양성하고 있다.

그는 이런 흐름을 바탕으로 이른바 '풍요 피라미드'의 총체적인 모습을 제시한다. 전 인류는 기술 발전에 힘입어 풍요 피라미드의 기초인 식량, 물, 주거를 보장받게 된다. 이어 에너지, 교육, 정보통신기술의 혜택을 받게 되고, 마지막으로 풍요 피라미드의 맨 위 단계인 건강과 자유를 누리게 된다는 것이다.

기술 혁신으로 실현 가능한 풍요사회

조금 더 구체적으로 들어가보자. 먼저 에너지 분야다. 한 시간 동안 지구 표면에 닿는 햇빛에는 1년간 소비하는 화석에너지 전량보다 더 많은 에너지가 들어 있다. 태양에너지 가격은 매년 5~6% 떨어지는 반면 생산 능력은 연 30% 비율로 성장하고 있다. 이뿐만 아니라 각종 재생에너지, 에너지 네트워크의 시장성이 커지며 에너지 혁명이 가속화하고 있다.

깨끗한 물을 만들기 위한 노력도 치열하다. 딘 카멘이 개발한 냉장고 크기의 워터메이커 슬링샷은 하루에 1000L의 바닷물이나 오물을 나노 기술로 정수해 식수를 만든다. 슬링샷의 사용법은 간단하다. 흡입 호스를 무엇이든 젖은 것에 찔러 넣으면 된다. 그것이 비소가 들어 있는 물·소금물·분뇨·화학 폐수 처리 공장의 오수 탱크 등 사실상 물기 있는 것이면 뭐든지 상관없다. 그러면 약용으로 쓰기에 적합한 등급의 100% 순수한 물이 배출된다.

슬링샷의 전력원은 무엇이든지 태울 수 있는 특수 엔진이다. 방글라데시에서 6개월간 진행한 시험에서 그 엔진은 소똥만으로 가동했다. 마을 사람들에게 휴대전화를 충전시키고 전등불을 밝히기에 충분할 정도의 전력을 공급했다. 또 세계에서 가장 외진 마을에도 설치할 수 있도록 최소 5년 동안 유지비 없이 가동하게끔 설계했다.

현재 최빈국에 속하는 물 부족 국가는 GDP의 20%를 물에 지출하고 있다. 깨끗한 물을 공급하는 시장은 연간 약 4000억 달러를 넘어섰다. 물 관련 기술은 혁명적으로 바뀔 것이다.

식량 문제는 어떤가. 생명공학을 이용한 농업은 연 10%씩 성장하고 있다. 도시의 빌딩을 활용한 수직 농장과 유전자 변형 작물, 줄기세포에서 생산한 배양육으로 환경 파괴 없이 90억 인구가 먹을 식량을 만들 수 있다.

정보통신 기술의 발달이야 더 이상 강조할 필요도 없다. 2013년 말에 벌써 개발도상국가의 인구 70% 이상이 휴대전화를 사용하고 있다. 아프리카의 마사이족 전사가 스마트폰으로 구글을 검색하면 15년 전 클린턴 미국 대통령보다 더 많은 지식과 정보를 얻을 수 있는 세상이다.

의료 분야에서는 비용 1달러 정도의 간단한 검진과 저가 휴대용 의료장치가 세계 시장을 휩쓸 것이다. 또 로봇 수술, 로봇 간호사 기술이 실현되며 2015년엔 세계 맞춤형 의료 시장규모가 4520억 달러, 게놈 분석 분야는 1조 달러에 이를 것으로 예측했다.

'떠오르는 40억 인구'도 주목된다. 휴대전화를 활용한 모바일뱅킹 확대가 40억 명을 세계 경제활동 영역으로 끌어들이고 있다. 정보통신 기술 확대로 40억이 새로운 정보와 네트워크 세계에 연결됐다. 전에는 발언권이 없었던 이들이 인터넷을 통한 세계적인 대화에 동참할 수 있는 기회를 맞았다. 다가올 풍요로운 세계 속에서 떠오르는 40억의 생산과 소비는 세계경제에 수십 조 달러 이상 기여할 것이다. 그들의 창의력이 기하급수로 발전하는 기술을 더욱 혁신할 것도 분명하다.

기술맹신주의 or 혁신의 도구

이런 주장은 보기에 따라 기술맹신주의의 나락으로 우리를 떨어뜨릴 수도 있다. 생물 테러와 사이버 범죄, 로봇과 인공지능의 잘못된 활용 등 기하급수 기술이 심각한 위험을 가져올 가능성도 얼마든지 있다.

그러나 저자는 "미래의 기술은 단지 도구일 뿐이며 도구는 중립적"이라고 얘기한다. 오랜 역사를 돌아볼 때 인류는 당면한 과제를 창의적으로 해결할 방법을 잘 찾아냈기 때문에 우리의 상상력과 행동을 가로막는 비관주의에서 벗어나 기술적·제도적 혁신에 나서고 풍요의 허브에 동참하는 게 중요하다는 것이다.

이 책은 〈월스트리트저널〉로부터 '인구 과잉, 에너지 부족, 교육과 건강, 자유를 향한 갈망 등 인류의 시급한 과제에 대한 획기적인 해법을 담고 있는 미래 청사진이자 지속가능한 미래를 위한 가장 실용적이고 놀라운 해결책'이라는 찬사를 받았다. 빌 게이츠가 필독 추천서로 꼽아 더욱 화제를 모은 책이다.

함께 읽으면 좋은 책

- 《특이점이 온다》
  레이 커즈와일 지음 | 김명남, 장시형 옮김 | 김영사
- 《새로운 황금시대》 제이 하먼 지음 | 이영래 옮김 | 어크로스

5장
사람을 꿈꾸게 만드는 경영

미래의 디지털 소통… 약인가 독인가
《에릭 슈미트 새로운 디지털 시대》

에릭 슈미트·제러드 코언 지음, 이진원 옮김, 알키 펴냄

전 세계인이 하나로 연결되는 디지털 세상

알람시계는 없다. 대신 당신은 새로 끓인 커피 향을 맡고, 자동 커튼으로 들어오는 햇볕을 쬐고, 최첨단 침대가 제공하는 부드러운 등 마사지를 받으며 잠에서 깰 것이다. 매트리스 안에는 수면 리듬을 체크하면서 당신을 깨울 시점을 정확히 판단하는 특별 센서가 내장돼 있다. 오늘 중요한 회의가 있다는 것을 디지털 달력이 알려주는 동안 자동화된 옷장에서는 깨끗한 양복이 나온다. 당신은 반투명 화면을 통해 뉴스를 훑어본다. 아침을 먹으면서 눈앞에 투사된 홀로그래픽 태블릿PC로 이메일을 읽는다. 무인자동차로 출근하기 직전 전자 시스템이 조카의 생일선물을 사야 한다는 것을 상기시킨다.

에릭 슈미트 구글 회장과 제러드 코언 구글아이디어 소장이 《에릭 슈미트 새로운 디지털 시대》에서 보여주는 가까운 미래의 한 단면이다. 구글은 전 세계 젊은이들이 가장 들어가고 싶어 하는 회사 1순위로 꼽힌다.

이 회사를 성장시킨 주역인 두 사람은 "2025년이 되면 전 세계 인구 80억 명 대부분이 온라인에서 활동하게 될 것"이라고 말한다. 이들은 앞으로 각 개인과 그들의 계층, 전 지구가 디지털 기술로 연결되면서 어떻게 힘이 재분배될지, 그 과정에서 새롭게 떠오르는 분야는 무엇인지, 새롭게 닥칠 위험과 도전은 어떤 것인지를 다각도로 전망한다.

전 세계인이 하나로 연결되는 디지털 세상은 어떤 모습일까. 이들은 우선 2010년 대지진 이후 아이티에서 단 며칠 만에 통신기능이 복구된 사례를 상기시킨다. 이를 통해 네트워크를 복구하는 것이 긴급구조보다 더 급한 이유를 설명한다. 세계에서 가장 폐쇄적인 북한에서조차 2012년 초까지 18개월간 전화 가입자 수가 30만 명에서 100만 명 이상으로 급증했다는 사실도 일깨운다.

나아가 중동의 억압받는 소수민족이 '가상 국가체제'를 만들어 온라인상에서 국가를 이루고, 반체제 인사들이 '인터넷 망명'을 통해 자유롭게 세상을 활보하는 미래가 멀지 않았다는 점을 강조한다. 기술력을 갖춘 독재국가가 국민의 모바일 기기를 이용해 전례 없이 강력한 감시체제를 구축할 수 있다는 경고도 덧붙인다.

구체적으로 살펴보자. 앞부분에서는 무인자동차가 컴퓨터보다

흔해지고, 휴대폰이 알아서 질병을 진단한 후 의사와 약속을 잡으며, 학교에서 성교육보다 사생활 및 보안 교육이 먼저 시작되는 등 개인 삶의 변화를 하나씩 살핀다. 지문, 사진, DNA 판독 결과 등을 일컫는 '바이오메트릭' 정보의 활용이 늘어나면서 국민을 상대로 한 온라인 정보 필터링이 심화되는 문제도 짚어본다.

그런 다음에는 누구나 구글 검색으로 사제폭탄을 만들 수 있게 된 세상에서 테러를 막는 방법과 사이버 공간에서 펼쳐지는 가상 대학살, 급증하는 비정부기구NGO와 파괴된 국가를 대리할 가상정부의 역할까지 이야기한다. 2009년 두 사람이 이라크에서 경험한 얘기가 흥미롭다. 당시 이라크는 사담 후세인의 몰락 이후 6년 넘게 전쟁에 휘말려 있었다. 국민 대부분이 전기는 물론 음식이나 물을 제대로 구할 수 없는 상황이었다. 게다가 국민의 보안이 전혀 보장되지 않았다. 전체주의 편집광이던 후세인이 휴대전화 사용을 금지했기 때문이다.

"휴대전화 구입은 이라크 국민이 해야 할 너무 많은 일들 가운데 가장 후순위처럼 보였다. 그러나 우리는 이라크 국민이 고달픈 현실적 문제에도 불구하고 휴대전화를 최우선 순위로 장만했다는 것을 깨닫게 되었다."

두 사람은 이라크 정부가 위험할 정도로 변화 예측에 뒤처져 있으며, 새로운 도구가 각종 도전과제를 해결해줄 수 있는 가능성을 보지 못하고 있다고 확신했다. 또 모두가 알고 있는 수준 이상으로 기술산업에는 해결해야 할 문제와 상대해야 할 고객이 많다는 생각을 재확인했다.

이런 사례는 콩고의 여성 어부와 스마트폰에서도 찾아볼 수 있다. "과거에 그들은 매일 잡은 물고기들을 시장에 갖다놓고 하루하루 지날수록 서서히 상하는 물고기들을 지켜봐야 했지만, 이제는 물고기를 잡아 강에 넣어두었다가 고객으로부터 휴대전화가 오기만 기다리면 된다. 주문이 들어오면 강에서 물고기를 꺼내 매수자에게 배달할 준비를 한다. 이제는 값비싼 냉장고도, 밤에 물고기를 지켜야 할 사람도 필요 없다. 물고기가 상해서 가치가 떨어지고 고객을 식중독에 걸리게 만들 위험도 없으며, 물고기를 불필요하게 많이 잡을 필요도 없다." 이렇게 만든 시장규모는 주변지역에서 활동하는 다른 어부들과의 통화로 협력관계를 이루면 더 커질 수 있다고 이들은 얘기한다. 더 넓은 범위의 지역공동체와 국가 간, 대륙 간 디지털 협력의 성과도 마찬가지다.

약이나 독이 될 수 있는 디지털 기술

그러나 새로운 디지털 시대가 열린다고 해서 좋은 일만 생기는 건 아니다. 사이버 공격의 주체를 놓고 국가적인 차원에서 오류를 범할 수도 있다. 2009년 세 차례 디도스 공격으로 한국과 미국의 주요 정부 웹사이트가 마비됐을 때 보안 전문가들은 공격이 북한에서 시작됐다는 것을 시사하는 여러 단서를 찾아냈다. 양국 언론은 이를 토대로 북한을 용의자로 지목했다. 그러나 1년 뒤 분석가들은 이 공격을 북한이나 다른 어떤 국가가 저질렀다는 사실을 입증할 수 있는 아무런 증거도 발견되지 않았다고 공식 발표했다.

그나마 이때는 피해가 크지 않고 유실된 데이터도 없어 다행이었지만 치명적인 피해가 생길 경우엔 차원이 달라진다. 국가의 미래와 직결되기 때문이다. 더욱이 테러리스트나 사제무기와 연결되면 두려움은 더 커진다. 저자들은 이라크에서 누구든 테러리스트 되기가 너무 쉽다는 사실에 놀랐다고 한다. 이들이 만난 미군 대령은 순찰 중인 미군들이 공통적으로 느끼는 가장 큰 두려움 중 하나가 길가에 숨겨진 사제폭발물IED이라고 했다. 전쟁 초기만 해도 IED를 만드는 데 돈이 많이 들고 특별한 재료도 필요했지만, 시간이 지나면서 테러를 저지르고자 하는 사람 누구나 폭탄의 제조도구와 제작법을 쉽게 구할 수 있게 됐다는 것이다.

"미래의 수제 테러 기기는 누구나 만들 수 있는 드론과 모바일 IED를 합친 것일 가능성이 크다. 그러한 드론은 온라인숍이나 장난감 가게에서 구매할 수 있다. 실제로 간단한 원격조종 헬리콥터들은 이미 어디서나 구할 수 있다. 프랑스 기업 패롯이 개발한 무인비행체 'AR. 드론'은 2011~2012년 성탄절 연휴 때 엄청나게 팔린 장난감 중 하나였다.(…) 이착륙 장치에 사제폭탄이 들어가고 와이파이로 연결된 보다 복잡한 형태의 드론이 개발됐다고 상상해보라. 이는 완전히 새로운 차원의 공포를 초래한다. 그리고 이 공포는 조만간 미국에 닥칠 것이다."

이처럼 미래의 디지털 기술은 사용하기에 따라 약이나 독이 될 수 있다. 그래서 이 책은 단순한 기술의 진보뿐만 아니라 인간이 현재와 미래의 환경에서 어떻게 기술과 소통하고 이용하느냐를 깊이 다룬다. 저자들이 "커뮤니케이션 기술의 여러 가능성에도 불구하고 그것을 선이나 악 중 어떤 목적을 위해 쓸지는 전적으로 사람들의 손에 달려 있다"고 말하는 이유도 여기에 있다. "기계가 세상을 장악할 것이라는 이야기는 전부 잊어라. 미래에 일어날 일은 전적으로 우리에게 달려 있다."

함께 읽으면 좋은 책
- 《디지털 노마드》 박영훈, 권광현 지음 | 라온북
- 《IT 트렌드 스페셜 리포트 2018》 김석기 외 지음 | 한빛미디어

흔들리는 세계 기축통화 달러…
금융대전 '안전핀' 뽑히나
《커런시 워》

제임스 리카즈 지음, 신승미 옮김, 더난출판 펴냄

"우리가 맺은 협정을 미국이 반격할 겁니다. 솔직히 우리는 달러 기반의 무역 체계에서 명령을 해대는 미국에 신물이 납니다. 아직 달러를 대체할 준비는 안 돼 있습니다. 하지만 금은 항상 양화였습니다. 세계가 금본위제 형태로 돌아가는 것은 시간문제입니다."

러시아 관료는 이렇게 말하고 중국에서 엄청난 양의 금을 비밀리에 사들였다. 달러 기축통화 시대에 질린 국가들이 이를 해체하려 시도한 것이다. 물론 현실 속의 일은 아니다. 미국 국방부가 2009년 60여 명의 전문가를 모아 실시한 모의 금융 세계대전의 한 장면이다.

전통적으로 재무부 소관이던 통화 문제를 국가안보 차원에서 검토하기 시작한 미국이 군사·정보·학계 전문가 등과 함께 워싱턴 인근의 응용물리연구소에 모여 세계 기축통화의 패권을 놓고 모의 금융 세계대전을 벌인 이유는 무엇일까. 전함과 전투기 대신 통화, 주식, 채권, 파생상품, 국부펀드 등 금융 관련 무기를 사용한 이 모의 전쟁은 미국 달러화와 중국 위안화를 비롯한 각국의 통화전쟁 시나리오를 설정, 실제 금융전쟁이 진행되는 과정에서 결과를 예측하고 교훈을 얻으려는 것이었다.

모의 금융대전과 3차 통화전쟁 분석

《커런시 워》는 이 가상전쟁에 참여한 미국 통화제도 분석가이자 투자은행가인 제임스 리카즈가 지금 벌어지고 있는 세계 통화전쟁을 분석한 책이다.

저자는 모의 금융 세계대전 이야기를 통해 미국이 1930년대나 1970년대와 비슷한 금융위기 시대로 진입했다고 말한다. 또 현재의 국제통화체제가 확립된 과정을 짚어보고 2010년 극심하던 '3차 통화전쟁'에 대해서도 자세히 소개한다. 주류경제학을 비판하고 금본위제와 다수의 기축통화 등 미래의 통화체제 모습도 전망한다.

그의 지적대로 일부 애널리스트는 모의 금융 세계대전 이후 2년 동안 주식과 금값이 85% 이상 상승하자 무척 당황했다. 그러나 이러한 결과는 1933년 4월 금 비축 및 보유 금지를 골자로 한 프랭클린 루스벨트의 대통령령 발표 이후와 1971년 8월 닉슨 대통령이 TV에 출연해 달러를 금으로 교환하는 활동을 전면 금지하는 신경제정책 발표 이후의 상황과 비슷하게 진행되고 있다.

1930년대에 실시된 달러의 평가절하 이후 곧바로 일본의 아시아 침략과 독일의 공격이 이어졌고, 1970년대에 단행된 달러의 평가절하 이후 역사상 최악의 인플레이션 시대가 시작됐다. 그리고 2009년 미국은 1930년대나 1970년대와 유사한 세 번째 금융위기 시대로 다시 접어들었다.

그는 미국의 통화정책이 세계 통화전쟁을 부추기고 있다고 주장한다. 글로벌 금융위기를 맞아 미 중앙은행Fed은 몇 차례 '양적완화'를 단행했지만 별 효과를 거두지 못했는데 이 정책이 초인플레이션을 일으킬 수 있다고 지적한다. 자산가격에 버블(거품)이 끼었다 빠지면 또다시 위기가 올 수 있다. 15조 달러가 넘는 미국 부채가 평가절하돼 채권국이 회수하는 돈은 실질적으로 줄어든다. 각국이 통화정책 운용을 '이기적'으로 할 만한 상황을 만들고 있는 것이다.

그래서 그는 달러의 탄탄대로가 지속될 수 없다고 단언한다. 이것이 대혼란의 이정표가 될 수도 있다고 말한다. 흔들리는 기축통화 달러의 운명은 어떻게 될 것인가. 뉴욕 맨해튼 타임스퀘어 근처의 한 건물 외벽에는 미국의 총 부채 규모와 가구당 부채 금액이 표시된 시계가 걸려 있다. 1989년 부채 금액이 2조 7000억 달러일 때 어느 부동산업자가 국민의 경각심을 불러일으킬 목적으로 만든 것이다.

이 부채 시계는 몇 번의 한도 수정을 거쳐 15조 달러까지 넘나들고 있다. 달러 헤게모니를 유지하고 해외 부채의 실질가치를 줄이려는 미국 입장에서 이러한 달러화의 평가절하 및 인플레이션 유발 행위는 최후의 몸부림이라고 볼 수 있다.

단기 금리를 인하하고 대출을 자유화해서 경제 붕괴를 막는 데 앞장섰던 미 재무부와 연방준비제도이사회는 2008년 경기부양의 일환으로 종이돈 공급을 늘리는 양적완화 조치를 단행했지만, 이는 그동안 감추어왔던 새로운 위험성을 드러내는 꼴이 되고 말았다.

미국이 무한정으로 달러를 발행하면 중국에서 인플레이션이 생겨나고 이집트에서는 식품 가격이 오르며 브라질 주식시장에 버블 현상 등이 일어난다. 세계 각국은 미국이 유발한 인플레이션에 맞서 국가 보조금이나 관세, 자본 통제 등으로 싸울 태세를 갖추고 있다. 또 다른 통화전쟁이 전 세계로 확산되고 있는 것이다. 그는 3차 통화전쟁이 미국의 대중무역 적자와 중국의 엄청난 미 국채 보유라는 불균형 상태에서 시작됐으며 유럽발 경제위기를 놓고 볼 때 유로화 운명도 불투명한 상태라고 진단한다.

"중국인민은행은 준비금을 어딘가에 투자해서 타당한 수익률로 수익을 얻어야 했다. 전통적으로 한 국가의 중앙은행은 투자정책에 극단적으로 보수적인 태도를 취한다. 중국인민은행도 예외가 아니어서 미국 재무부가 발행한 유동성이 높은 국채를 선호했다. 그 결과 중국은 대미무역 흑자가 계속 늘어나는 가운데 미국 재무부 채권을 대량으로 사들였다. 2011년 초반에 로이터통신은 모든 통화를 합한 중국의 총외환준비금이 약 2조 8500억 달러이며, 그중에서 약 9500억 달러가 다양한 미국 국채에 투자됐다고 추산했다. 미국과 중국은 1조 달러에 달하는 금융관계에 서로 얽히게 된 것이다. 통화전쟁이 통제 불능으로 악화될 경우 둘 중 어느 쪽이라도 폭발시킬 수 있는 일촉즉발의 화약고를 안고 있는 셈이었다."

경제파국을 피하기 위한 해결책

그러면 어떻게 해야 하는가. 그는 파국을 피하기 위한 몇 가지 해결책을 제시한다. 대형 은행을 여러 개로 나누고 은행의 활동을 기본적인 금융 서비스로 제한해야 한다는 것, 파생상품 거래를 대부분 금지해야 한다는 것 등이다.

달러 중심의 국제통화 질서가 해체될지, 어떤 대안이 현실로 자리 잡을지 아직은 알 수 없다. 그의 문제의식은 섣부른 예측보다 싸움이 벌어지고 있는 현재의 토대가 절대 견고하지 않다는 데 초점이 맞춰져 있다. 현대 경제를 혼란에 빠뜨릴 수 있는 통화전쟁도 우리가 생각하는 '세계대전'과 다를 바 없다는 게 그의 생각이다.

한국어판 서문에 실린 그의 경고가 섬뜩하다. "한국은 통화전쟁에서 가장 큰 피해를 보는 대표적 '패전국'이다. 주요 통화의 평가절하가 발생하면 수출이 큰 타격을 받지만 상황을 반전시킬 능력이 없기 때문이다."

함께 읽으면 좋은 책

- 《화폐전쟁》 쑹훙빙 지음 | 남영택 옮김 | 평단(평단문화사)
- 《기축통화 전쟁의 서막》
  장팅빈 지음 | 차혜정 옮김 | 김철 감수 | 위즈덤하우스

도시는 어떻게 인간을 더 풍요롭게 만들었나
《도시의 승리》

에드워드 글레이저 지음, 이진원 옮김, 해냄출판사 펴냄

도시는 인류 최고의 발명품이자 '혁신의 발전소'

도시경제학 분야의 권위자인 에드워드 글레이저 하버드대학 경제학과 교수는 전 세계 도시의 흥망성쇠와 주요 이슈를 일목요연하게 정리했다. 그는 도시의 특성인 인접성, 친밀성, 혼잡성이 인재와 기술, 아이디어 같은 인적자원을 한곳에 끌어모아 도시가 혁신의 중심지로 부상했으며 도시야말로 우리 인류의 가장 위대한 발명품이라고 강조한다.

인도의 실리콘밸리로 불리는 벵갈루루에는 HP, 인텔, IBM 같은 세계적인 기업과 2000여 개의 첨단 IT 기업이 밀집해 있다. 세계에서 네 번째로 큰 IT 클러스터에 걸맞게 창의적인 인재가 넘치고 일자리도 그만큼 풍부하다. 중소기업 소프트웨어 개발비용 절감을 위

한 프로그램 제작 아웃소싱센터도 즐비하다. 인도 전체 전자 수출의 30% 이상이 이 도시에서 이뤄진다. 이곳 핵심인력들은 미국 실리콘밸리도 장악하고 있다. 세계 최대 소프트웨어 회사 마이크로소프트가 인도 출신의 최고경영자를 임명한 것도 그리 놀랄 일이 아니다. 삼성전자 소프트웨어 인력 3만여 명의 약 25%도 인도 출신이다.

벵갈루루는 인도 항공우주산업의 수도이기도 하다. 인도 전체 항공산업의 65% 이상을 차지하고 있다. 2008년 무인 달 궤도선 발사에 이어 2013년 11월 화성탐사선 발사에 성공했고 2014년에는 화성 궤도에 세계 네 번째로 진입했다. 이 모든 에너지가 벵갈루루 특유의 도시 구조와 활력 넘치는 인재들에게서 나온다.

스위스의 예술도시 '바젤'도 한때는 볼품없는 시골 도시에 불과했다. 그러나 시반느 호바스라는 전문가가 체계적인 도시 브랜딩을 진행한 결과 30여 개 박물관과 50여 개의 갤러리, 20개의 소극장을 갖춘 예술 명소로 거듭났다. 이 과정에서 바젤 관광청은 '주식회사' 시스템으로 움직였다. 뉴욕 관광청이 NYC & Co.이고 청장이 CEO로 불리는 것처럼 기업 원리를 도입해 체계적으로 도시를 개발한 결과 세계적인 경쟁력을 갖추게 됐다.

뉴욕에서 뭄바이까지… 전 세계 도시의 쟁점을 폭넓게 분석

도시경제학 분야의 세계적 권위자인 에드워드 글레이저 하버드 대학 교수는 저서 《도시의 승리》에서 이처럼 잘나가는 도시에는

'승리의 DNA'가 내재돼 있다고 말한다.

그는 이 책에서 경제학과 역사를 매끈하게 연결하며 "도시야말로 우리 인류의 가장 위대한 발명품"이라고 강조한다. 뉴욕에서 인도 뭄바이까지 전 세계의 사례를 살피며 인적자본과 교통, 주택, 환경 등에 대한 새로운 해법, 개발과 보존의 끝없는 갈등, 스프롤(도시 확산) 현상의 득실, 도시 빈곤 같은 쟁점도 다룬다.

이를 통해 세계화와 정보기술 시대에 가장 인간답고, 건강하고, 친환경적이며, 문화적·경제적으로 살기 좋은 곳이 곧 도시라는 것을 증명해 보인다. 일부 사회운동가들이 비아냥거리는 것처럼 '더럽고, 가난하고, 범죄 소굴이며, 반(反)환경적인 곳'이 절대 아니라는 얘기다.

우선 도시를 '혁신의 발전소'로 정의한 대목부터 흥미롭다. 도시의 인접성, 친밀성, 혼잡성이 인재와 기술, 아이디어를 끌어모아 혁신의 중심지 역할을 한다는 것이다. 인도 벵갈루루와 미국 실리콘밸리가 대표적인데, 사람들이 교육과 신기술을 매개로 함께 모여 사는 이유도 혁신 때문이라고 한다.

그는 "고대 그리스의 플라톤과 소크라테스가 아테네 시장에서 논쟁을 벌이던 시기부터 도시가 혁신의 엔진 역할을 해왔다"며 "이탈리아 피렌체 거리들은 우리에게 르네상스를 선물했고, 영국 버밍엄 거리들은 우리에게 산업혁명을 가져다주었다"고 말한다. "인도의 자갈길을 걷든, 격자무늬로 잘린 교차로를 걷든, 로터리 주변이나 고속도로 아래를 주행하든 이런 도시들을 돌아다니는 것은 인간의 발전을 연구하는 것이나 다름없다."

그의 말처럼 인간은 다른 인간으로부터 많은 것을 배운다. 우리는 더 많은 사람과 함께 있을 때 더 많은 것을 배운다. 다른 사람들의 성공과 실패를 관찰함으로써 얻는 새로운 정보의 지속적 흐름도 그 과정에서 나온다.

그는 "인류의 본질적인 특징은 다른 사람들로부터 배울 수 있다는 것이고, 그래서 도시는 우리를 더 인간답게 만들어준다"며 "루소가 '도시는 인간종(人間種)이 모여 사는 깊은 구렁'이라고 했는데, 이는 도시를 완전히 잘못 이해했기 때문"이라고 지적한다. 인류를 가장 빛나게 만들어주는 협력작업이 도시에서 가장 잘 이뤄진다는 것이다.

그는 또 "한 국가와 개인의 성공도 도시의 건강과 부(富)에 달려 있다"며 미국을 예로 든다. 뉴요커들이 다른 지역의 미국인보다 심장병과 암에 걸릴 확률이 낮고, 미국인의 소득 중 절반 이상이 22개 대도시에서 나온다는 것이다. 도시가 사람들을 빈곤하게 만든다는 주장에 대해서는 "도시가 기회의 땅으로서 가난한 이들을 끌어들이기 때문"이라고 반박한다. 도시 빈민이 시골 빈민보다 더 부유하고 위생적이며 더 많은 기회를 얻을 수 있다는 사실도 상기시킨다.

"어떤 힘이 가난한 사람들을 도시로 끌어오는 것일까? 무엇보다도 그들은 일자리를 얻기 위해 도시로 향한다. 도시의 높은 인구밀도는 거래를 용이하게 해준다. 즉 시장을 만들 수 있게 해준다. 세계에서 가장 중요한 시장은 노동시장이다. 이곳에서 사람들은 금융자본을 가진 사람들에게 자신이 가진 인적자본을 빌려준다. 그러나 도시가 단순히 노동자와 자본가에게 상호 교류의 장만 마련해주는 것은 아니다. 도시는 종종 수천 종에 달하는 광범위한 일자리를 제공한다. 대도시는 고용주들로 짜여 있는 분산 포트폴리오인 셈이다."

그래서 "세계는 평평하지만 도시는 '높아져야' 한다"고 그는 강조한다. 개발과 보존의 갈등도 그런 시각에서 보면 답이 나온다. "아름다운 과거의 흔적들을 보호하는 것도 가치가 있지만 도시가 방부처리된 호박 화석처럼 되어서는 안 된다. 지나친 보존 논리 때문에 도시가 거주자들을 위해 더 새롭고 크고 나은 조건을 제공하는 것을 막는 것은 근시안적 조치다."

그런 점에서 도시는 숲 속의 생활공간보다 환경적인 면에서 훨씬 더 유리하다고 그는 주장한다. "우리가 숲과 기름을 태우기 때문에 결과적으로 주변 환경에 해를 입히는데, 진정 자연을 사랑한다면 자연으로부터 떨어져 살아야 한다. 우리가 녹지에 둘러싸여 살자고 주장할 때 그것은 환경에 주는 피해를 극대화하게 된다. 저밀도 지역은 결국 더 많은 이동을 요구하고, 그러려면 더 많은 에너지가 필요하다. 널찍한 생활공간은 분명 나름대로 이점을 갖고 있으나 교외 주택들은 훨씬 더 많은 에너지를 소비한다."

도시의 미래는 사람에게 달려 있다

그러면 어떻게 해야 하는가. 그는 "도시의 진정한 승리를 위해 사람에게 투자하라"고 조언한다. 19세기만 해도 한 국가의 성공 여부는 풍요로운 농지나 석탄 광산에서 나오는 원자재에 달려 있었지만 오늘날에는 '얼마나 똑똑한가'에 달려 있다는 얘기다. 그가 한국어판 서문에서 "도시는 사람들을 한곳에 모으면서 경제 성장에 도움이 되는 협력적 생산활동을 할 수 있게 해주는데, 서울은 수십 년 동안 많은 인재들을 끌어오며 번영한 도시로 위상을 높였으며 그 결과 위대한 혁신의 집합소가 됐다"고 평가한 것과도 맞닿는다. 21세기 도시경제학의 신고전으로 꼽힐 만한 역저다.

함께 읽으면 좋은 책

- 《도시 브랜딩》 윤영석, 김우형 지음 | UNITAS BRAND
- 《도시는 브랜드다-랜드마크에서 퓨처마크로》
  서정렬, 김현아 지음 | 삼성경제연구소

불평등이 경제성장 촉진… 풍요사회 만든다
《위대한 탈출》

앵거스 디턴 지음, 이현정·최윤희 옮김, 한국경제신문사 펴냄

불평등의 역설

"인류 전체의 삶을 빈곤과 죽음에서 탈출할 수 있도록 도운 근본 동인動因은 경제 성장이었다. 이 과정에서 선진국과 빈곤국의 격차가 생겼지만, 경제 발전 덕분에 현재 가장 빈곤한 나라의 삶은 과거 산업혁명 직후 가장 부유한 나라였던 영국의 상황보다 좋아졌다. 이는 영아사망률과 절대빈곤율, 기대수명, 각종 질병으로 인한 사망률 등 다른 자료들을 봐도 입증된다."

노벨경제학상 후보에 오른 앵거스 디턴 프린스턴대학 교수는 《위대한 탈출》에서 이렇게 강조하며 인류가 시장경제체제를 통해 빈곤과 죽음으로부터 어떻게 탈출했는가를 실감나게 보여준다.

소득 면만 보더라도 전 세계에서 하루 1달러 미만으로 살아가는

사람이 1981년에 약 15억 명이었는데, 2008년에는 8억 5000여만 명으로 줄었다. 절대적인 기준으로 환산하면 빈곤인구 비율이 42%에서 14%로 낮아진 것이다. 《21세기 자본》을 쓴 피케티 같은 학자는 상대적 빈곤율이란 수치로 빈곤층의 삶이 개선되는 현실을 과소평가한다. 그러나 빈곤 문제는 상대적 기준보다 절대적 기준으로 분석해야 한다고 디턴은 설명한다.

또 지난 1세기 동안 인간의 기대수명은 30년가량 증가했고, 10년마다 2~3년씩 꾸준히 늘어난다. 교육 측면에서도 그렇다. 1950년에는 세계 인구의 절반가량이 문맹이었지만 지금은 문맹률이 20% 수준으로 떨어졌다. 디턴에 따르면 이 과정에서 생긴 불평등 그 자체는 별로 문제가 되지 않는다. 부유한 국가들의 불평등은 지난 몇십 년간 개발도상국에 있는 수십억 명의 극심한 빈곤층을 가난으로부터 탈출하게 만들었기 때문이다. 오히려 불평등은 발전을 자극하는 동기유발제다.

지난 200여 년 사이에 수백만 명이 죽음과 궁핍에서 구출됐고, 불평등 뒤에 남겨진 수백만 명이 있음에도 현재는 역사상 어느 때보다 살기 좋은 세상이 됐다는 것이다.

디턴이 이 책에서 다루는 주제는 크게 두 가지다. 물질적 생활수준과 건강이 그것이다. 이 두 가지는 만족스러운 삶을 사는 데 중요한 역할을 할 뿐만 아니라 그 자체로도 중요하다. 인간 역사상 가장 위대한 진보가 '빈곤과 질병으로부터의 탈출'이라고 그가 강조하는 이유도 여기에 있다.

그런데도 피케티 등 몇몇 학자들은 지금의 소득 불평등이 인류 역사 300년 동안 처음 경험하는 수준이라고 지적한다. 어느 견해가 맞는 걸까. 그것은 우리가 각 국가를 하나씩 살펴보느냐, 아니면 세계 전체를 보느냐에 따라 달라진다. 중국과 인도, 한국, 대만처럼 얼마 전까지만 해도 가난했던 국가들이 현재 부유국가보다 훨씬 빠른 속도로 성장했다.

또 국가 내의 불평등, 특히 부유한 국가들 내에서의 불평등은 지난 몇십 년간 개발도상국에 있는 수십억 명의 극심한 빈곤층을 부유하게 만들어주었다. 미국 등 부유국에서의 불평등 증가 요인이 다른 국가에서는 수십억 명에게 더 공평한 기회를 제공하게 됐다는 얘기다.

그 결과 역사상 그 어느 때보다 인간의 삶은 나아졌다. 더 많은 사람이 부유해졌고 지독하게 가난한 사람의 수는 줄어들었다. 산업혁명 이후 세계는 과거와 비교할 수 없을 만큼 불평등해졌지만 수많은 사람이 물질적 가난에서 탈출하는 데 원동력이 된 경제성장을 촉발했다. 대탈출은 분명 우리에게 과거보다 더 부유하고, 더 건강한 차별화된 세상을 선사했다. 한편으로는 부정적인 의미의 차별화된 세상을 선사하기도 했다. 많은 사람이 탈주자들 뒤에 남겨진 탓에 300년 전에 비해 세상이 헤아리지 못할 만큼 불평등해졌다는 뜻이다.

그러나 정부가 모든 사람에게 똑같은 수입을 보장한다면 어떻게 될까. 사람들은 더 적게 일하려고 할 것이다. 그러면 가장 가난한 사람들은 몇 가지 불평등이 허용된 국가의 최빈곤층보다 더 궁색한 삶을 살 수도 있다. 어떤 학자들은 평등한 성과 분배보다는 평등한 기회 제공을 강조하지만 평등한 기회 제공의 의미를 해석하는 각도는 서로 다르다. 또 다른 사람들은 비례의 원칙이라는 관점에서 공정성을 생각한다. 각자 공헌도에 따라 대가를 얻어야 한다는 뜻이다. 이런 시선으로 공정성을 따진다면, 소득 균형 원칙에 따라 부자에게서 가난한 사람으로 소득 재분배가 실시되는 것은 공정하지 못하다.

불평등은 과연 해악인가

어떤 사람이 다른 사람보다 훨씬 부자가 되는 것을 막는 법이나 제도가 사회에 이로울까? 보건 분야의 불평등이 소득 불평등과 같을까? 불평등은 항상 공정하지 않을까, 아니면 가끔은 더 나은 결과를 낳을까? 고소득자들에게 부과하는 소득세를 최고세율 80%까지 올린다고 불평등의 문제가 해결될까? 부유세 도입은 사회주의 방식의 복지제도를 운용하는 유럽에서도 비현실적인 것으로 밝혀졌다. 자본 유출과 투자 부진 등 나쁜 결과가 나올 게 명백하기 때문이다.

디턴도 이 책에서 불평등에 대해 언급한다. 7장 '탈출에 성공하지 못한 사람들'에서 그는 부국이 빈국을 돕는 각종 공적개발원조ODA: Official Development Assistance를 조목조목 비판한다. ODA를 제공해도 가난한 나라의 후진적 정치행태 때문에 원조자금이 군사정권이나 부패한 정부에 흘러들어가고 있다는 게 그의 분석이다. 그래서 이들을 정치적으로나 경제적으로 고립시켜(ODA를 제공하지 않고 불평등을 그대로 둬서) 스스로 발전하고자 하는 의욕을 심어줘야 한다는 것이다. 이런 방법을 통해 그는 경제 성장과 삶의 개선을 이뤄야 한다고 주장한다.

"의학의 진보가 질병의 퇴치를 불러왔듯이 경제 발전이 인류에게 새로운 '대탈출'의 기회를 제공한다. 이 과정에서 전 세계적으로 생기는 불평등은 성장의 산물이며 삶을 개선하는 과정에서 자연스러운 것이다. 불평등은 성장의 유인책(인센티브)으로 작용한다. 어느 정도의 불평등은 사람들에게 동기를 부여한다. 스스로 교육 기회를 찾게 하거나 경제활동을 자극한다. '좋은 불평등'은 경제를 성장시키고 삶을 개선시킨다."

그는 한국 언론과의 인터뷰에서도 "일반인들은 불평등이라는 현상의 복잡함을 잘 이해하지 못하기 때문에 단지 불평등에 반대하거나 찬성할 뿐이지만, 불평등의 본질을 이해하는 것이 더 중요하다"고 강조했다. "영국 케임브리지대학에 있을 당시 동료 중 한 명이 26세에 교수가 됐다. 질투가 났지만 나도 할 수 있다고 생각했고 2년 안에 따라잡았다. 이런 게 '좋은 불평등'이다."

그는 '성장을 위한 불평등'에 대해 "누가 나보다 더 많이 가지고 있으면 나도 따라잡기 위해 열심히 노력하는 게 세상의 이치"라며 "어느 정도의 불평등이 적합할까는 어려운 문제지만 최적의 불평등

정도가 '제로(0)'는 아니다"고 말한다. 그래서 '지속적인 성장'이 중요하다는 것이다.

"성장은 미스터리와 같다. 지속적인 성장을 달성할 수 있는 비법이 무엇인지는 각국 상황에 따라 다르지만 성장을 저해하는 것이 무엇인지는 확실하다. 과도한 규제와 정부의 시장개입, 자유무역을 해치는 수입 제한 등이 성장에 마이너스라는 것은 틀림없다."

'기업가정신'도 성장 조건의 하나다. "많은 사람이 구글의 혁신과 창업정신을 좋아하지만 기업이 커지고 돈이 많아졌다고 미워하지는 않는다. 이게 바로 기업가정신에 대한 평가이며 불평등의 좋은 측면이다."

우리나라는 운 좋게도 빈곤과 죽음으로부터 가장 빨리 탈출했다. 시장경제 체제를 도입하기 시작한 지 불과 60여 년밖에 되지 않았지만 빈곤에서 완전히 벗어났고 이젠 선진국 문턱에 와 있다. 그의 말마따나 경제 성장을 이룬 것이 '위대한 탈출'의 지름길이었다는 사실을 입증한 사례다.

> **함께 읽으면 좋은 책**
>
> - 《21세기 자본》 토마 피케티 지음 | 장경덕 외 옮김 | 글항아리
> - 《우리 본성의 선한 천사》
>   스티븐 핑커 지음 | 김명남 옮김 | 사이언스북스

한일 갈등 해법…
'박태준의 지일극일'이 답이다
《박태준이 답이다》

허남정 지음, 썽크스마트 펴냄

知日克日: 일본을 제대로 알고, 뛰어넘어야 진정한 파트너로 성장할 수 있다.

"내년이 한일 국교 정상화 50주년인데 지금은 양국 관계가 위태롭기 그지없다. 최악으로 치닫고 있는 현 상황을 극복하려면 한일 협력으로 포스코를 세계적인 철강기업으로 키운 박태준 회장의 지일극일知日克日 정신을 활용하고, 하루빨리 양국 정상회담을 열어야 한다."

《박태준이 답이다》를 펴낸 허남정 에스포유 회장은 '일본을 제대로 알고, 잘 활용하고, 뛰어넘어야 우리가 무시당하지 않고 진정한 파트너로 성장할 수 있다'고 강조하던 박태준 정신이야말로 실타래처럼 꼬인 양국 갈등을 풀 수 있는 열쇠라고 강조한다.

통번역 전문회사 에스포유를 경영하고 있는 저자는 1982년 와세다대학 연수를 시작으로 일본과 인연을 맺은 뒤 32년 동안 한일 경제협력에 힘을 쏟은 일본 경제 전문가다. 민간 경제협력을 목적으로 1981년 출범한 한일경제협회의 운영을 맡아 2009년 퇴임 때까지 27년 동안 양국 관계 개선에 기여했다.

박태준식 협력방식을 벤치마킹해야 할 때

그는 한일경제협회 초대~3대 회장이던 박태준 회장을 20년 이상 보좌한 경험을 바탕으로 양국 관계의 해법을 탐색해왔다. 이 책은 2013년 환갑이 넘은 나이에 한양대학교에서 받은 박사학위 논문 〈박태준 리더십의 재고찰-일본 문화적 속성의 발현과 변용〉을 다듬은 것이다. 이를 통해 그는 "정치적인 마찰로 늘 흔들리며 애증의 세월을 보내고 있는 한일 관계의 경색을 풀고 발전시키기 위해서는 박태준의 한일 협력방식을 벤치마킹해야 한다"고 역설한다.

그가 보기에 박태준은 지일파다. 경제협력과 미래지향적인 동반관계를 위해 수많은 일본 지인들을 만나 막후교섭을 진행했다. 고위급 관료와 정재계 인사들과 밤낮없이 교섭한 결과 중화학공업의 불모지이던 한국 경제를 회생시키고 부국으로 가는 디딤돌을 놓았다. 특히 일본에서 최고 엘리트 교육을 거치며 청렴과 원칙을 고수하는 실용주의 정신을 체득했다. 박태준의 직업정신과 대인관계는 감정에 치우치기보다는 이성과 논리에 입각한 실용정신에 바탕을 둔 것이다.

한일 과거사 문제에 대해서는 '일본=악'이라는 고정관념이 양국 관계 개선과 깊이 있는 성찰을 방해한다고 봤다. 일본인에게도 한국인에게 없는 장점이 많으니 그 장점을 활용하면서 협력 가능성을 열어놓는 게 중요하다는 것이었다.

25년 만에 2100만 톤의 철강생산 신화를 창조한 포스코의 시작도 박태준이 아니었으면 불가능했을 것이다. 당시 세계은행은 '1968년 한국 경제 평가보고'에서 한국의 계획은 무모하므로 종합제철 건설을 연기하고 노동 및 기술 집약적인 기계공업을 우선적으로 육성해야 한다고 지적했다. 미국의 국제개발처마저 1969년 한국의 제철산업은 경제성이 없다고 평가절하했다.

벼랑 끝으로 몰린 박태준은 일본으로 날아가 대일청구권자금을 농림부문이 아닌 종합제철 건설자금으로 쓸 수 있도록 일본 측 인사들을 한 명, 한 명 설득했다. 일본에서 14년간 교육을 받으며 일본 문화와 고급 언어를 익혔고 역사와 문화, 지리까지 막힘이 없던 그에게 일본의 정재계 인사들이 반하지 않을 수 없었다고 한다.

당시 막후 실력자인 야스오카 마사히로가 일본 정재계 유명 인사들을 일일이 소개하며 결정적인 도움을 줬다. 제5공화국 시절 한국의 정재계에 일본이 경멸에 찬 시선을 보낼 때 이들에게 포항제철소를 견학시키며 마음을 사로잡은 것도 박태준이었다. 브라질을 비롯한 남미 지역과 외교단절 위기에 직면했을 때 역시 그는 관계 개선을 위해 물밑에서 뛰었다. 대통령의 특사가 영국 총리와 면담하지 못하고 있을 때 포항제철 회장의 전화 한 통화가 총리의 스케줄까지 바꾸게 한 일화는 유명하다.

저자가 머리말에서 "포스코 설립 이후 한국은 철강부문의 대일 흑자를 달성했고 세계적인 수준의 광양제철소를 우리의 기술로 건설했다. 이것이 바로 박태준식 극일이다. 상대방을 이해함으로써 비로소 상대방을 뛰어넘는 것이야말로 진정으로 상대방을 이기는 것이다"라고 강조한 이유도 여기에 있다. 첨단기술 유출을 우려하던 일본철강연맹과 야와타제철, 후지제철, 니혼고칸 등 일본 철강 3사의 적극적인 기술협력까지 받아낸 그가 아닌가. 새삼 일본 정재계가 박태준에게 보낸 존경과 신뢰에서 한일 관계의 새로운 해법을 생각하게 된다. 감정적인 대응이 아니라 열정과 담대함, 해박한 지식과 지혜로 그들의 감동을 끌어내는 게 더욱 중요한 시점이다.

독도 문제와 역사 교과서, 종군위안부, 징용 문제의 해법을 박태준 식으로 찾는다면 어떨까. 마침 이 책의 부제도 '한일협정 50년, 실종된 한일관계'다. 저자는 50년의 양국 교류 역사와 현재의 냉각 관계를 관통하는 공통의 키워드를 '박태준'이라고 거듭 강조한다.

일본을 알고, 이용하고, 뛰어넘어라

저자는 일본에 대한 박태준의 기본적인 태도를 지일知日, 용일用日, 극일克日의 3단계로 설명한다. 감정에 압도당하면 일본을 알 수 없게 되고, 일본을 모르면 일본의 장점을 활용할 수 없게 되며, 결국 일본에 앞설 수 없게 된다는 것이다.

일본에 대해 누구보다도 잘 아는 박태준이지만, 일본 출장 때는 꼭 시간을 내서 신간을 둘러보고 읽으면서 일본을 연구했다고 한다. 미무라 요헤이 전 미쓰비시상사 회장도 "우리가 비즈니스를 하기 위해 한국을 연구하는 것처럼 박 회장은 일본을 아주 깊이 연구하는 전략가"라며 "그런 의미에서 일본을 가장 잘 아는 지도자는 바로 박태준 회장"이라고 했다.

발전적인 한일 관계를 위한 5가지 방안 제시

이 같은 분석을 토대로 저자는 향후 한일 관계의 발전을 위한 5가지 방안을 제시한다.

첫째는 양국 언론이 달라져야 한다는 것이다. 포퓰리즘을 조장하거나 내셔널리즘을 부추기는 보도는 양국 관계 개선에 도움이 되지 않기 때문이다.

둘째는 정부와 정치권의 전향적인 자세다. 우리의 반일 감정이나 일본의 혐한 감정은 양국 정치인들 입장에서는 달콤한 유혹일 수도 있지만, 이는 상대방에 대한 적개심만 키울 뿐이다.

셋째는 양국 국민의 역할이다. 우리가 심정적으로 미워하는 일본이지만 일본은 국가별 평판에서 변함없이 최상위권을 유지하고 있다. 우리는 일본의 시행착오를 반면교사로 삼고 일본 사회의 질서와 배려, 예의, 도덕성을 따라잡아야 한다. 정말로 상대를 이기고 싶다면 라이벌에 대해 연구하고 자신의 역량을 키우는 게 중요하다.

넷째는 과거사 문제와 영토 문제의 의견 조율을 위해 위기관리 시스템을 설치하는 게 필요하다. 우리 서쪽에는 13억 인구를 갖고 세계 1위 경제대국으로 부상하려는 중국이 있고, 동쪽에는 인구 1억 2000만 명에 세계 3위의 경제력을 가진 일본이 있으며, 북쪽으로는 세계 1위 자원보유국으로 세계 2위 군사력을 지닌 1억 4000만 인구의 러시아가 있다. 그러니 언제든 국제 문제가 터질 수 있다. 따라서 어떤 문제가 발생했을 때 최단 시일 내에 대화를 시작할 수 있는 '한·중·일 안정 시스템'을 마련해야 한다. 이를 위해서는 중단된 3국 정상회담의 정례화와 한일 정상의 셔틀 회담을 복원해야 한다.

다섯째는 이 같은 환경 속에서 새로운 21세기 한일공동선언을 채택하고 미래로 나아가야 한다. 특히 북한 핵 이슈에 있어 한국과 일본의 공조는 절대적이며, 그런 점에서 양국 정상이 미래를 위한 '한일 파트너십 공동선언'을 앞당기는 게 필요하다.

이 책의 프롤로그 제목 '불꽃 속으로 걸어 들어간 사나이'와 마지막 장 제목 '거인, 무덤에서 걸어 나오다'에 핵심 메시지가 함축돼 있다. 상처를 딛고 함께 열어가는 미래의 문도 바로 그 경계의 접점에서 열릴 것이라는 게 저자의 분석이자 바람이다.

차이나머니의 '자원 독식'을 막아라
《승자독식》

담비사 모요 지음, 김종수 옮김, 중앙북스 펴냄

페루 산, 호주 광산 통째로 사버리는 중국 기업

중국의 한 회사가 2007년 페루에 있는 산 하나를 통째로 샀다. 1만 5000피트(4500m) 높이의 토로모초 산은 에베레스트 산 높이의 절반에 이르는 거대한 규모다. 이 산에는 단일 구리 매장지로는 세계 최대인 20억 톤의 구리가 매장돼 있다. 30억 달러라는 어마어마한 돈에 토로모초 산의 채굴권은 페루 국민에게서 중국인의 손에 넘어갔다. 구리는 전선에서부터 배관에 이르기까지 현대 생활의 필수 소재이지만 중국에는 매장량이 부족하다. 이 회사는 1년 뒤 호주의 알루미늄 광산 지분도 130억 달러에 사들였다.

중국 최대 석유화학기업인 시노펙은 2009년 6월 이라크와 나이지리아에 거액의 자산을 보유한 아덱스 석유를 72억 달러에 매입했다. 이렇게 통 큰 자원투자는 거의 매주 한 건꼴로 이뤄지고 있다. 이라크와 나이지리아의 석유회사, 스페인의 에너지 기업, 러시아의 석유가스회사 등 전 세계 주요 자원을 싹쓸이하는 중국의 행보를 보면 입이 딱 벌어질 정도다.

중국의 자원 싹쓸이… 세계 경제의 위기 예고

중국의 자원 매집은 빠르고 과감하게 이뤄진다. 필요하다고 판단하면 직접구매, 교환거래, 간접거래 등 어떤 방식으로든 뛰어든다. 직접구매는 말 그대로 자원확보의 기초가 되는 자산 소유권을 갖는 것을 말한다. 교환거래는 자산구입 대신 자산으로부터 나오는 모든 생산량을 전량 구입하는 것으로 중국은 인프라 건설을 위한 차관을 제공한다. 이는 자원 보유국이 전혀 손해 볼 게 없는 방법이다. 간접거래는 기업의 지분 인수와 같이 국제 자본시장을 통해 자원에 간접적으로 접근하는 것이다.

이런 과정을 거쳐 중국은 불과 10여 년 만에 자원 인수와 관련된 수많은 거래에서 상대적으로 '하찮은 존재'에서 '독보적인 위치'로 올라섰다. 석유와 석탄 등 고갈 위기의 화석연료뿐만 아니라 금속 등 산업에 필요한 원재료에도 중국의 손길이 닿지 않는 곳은 거의 없다시피 할 정도다.

《승자독식》의 저자 담비사 모요는 이 같은 중국의 행보를 통해 자원 확보가 미래의 생존에 얼마나 치명적인 사안이 될 것인지를 잘 보여준다. 그는 〈타임〉지 선정 '세계에서 가장 영향력 있는 100인'이자 2011년 《미국이 파산하는 날》로 서구 경제권의 몰락 시나리오를 제시한 경제학자다.

그에 따르면 중국은 미국과 비교해 도시 인구만 미국 전체 인구의 2배이며 연간 석탄 소비량은 3배, 국내총생산GDP당 물 소비량은 8배이고, 인구 증가율은 세계의 4배에 이른다. 이 가운데 세계 인구의 20%를 차지하는 중국의 변화는 더 숨가쁘다.

중국은 2000년부터 2010년까지 무려 4조 달러에 가까운 GDP 성장을 이룩했다. 또한 중국의 도시화 속도는 엄청나게 빠르다. 2010년에도 중국의 인구 100만 이상 도시는 40개였는데 2020년이면 그만한 도시가 225개 더 늘어날 전망이다. 도시의 생활방식은 전기, 수도, 교통 등 모든 방면에서 더 많은 자원을 필요로 한다. 도시 인구 증가는 곧바로 자원 수요의 증가를 의미한다.

'주권국가 지배할 뜻은 없다'… 양의 탈을 쓴 늑대?

이 같은 위기상황에 가장 적극적으로 대비하고 있는 나라는 어디일까. 역설적이게도 바로 중국이다. 저자는 중국의 공격적인 자원확보 정책과 함께 그들이 미래의 자원 수요를 충족시키기 위해 얼마나 노력하는지를 생생하게 보여준다. 중국의 외환보유액은 3조 달러 이상이다. 세계 최대의 현금 동원력을 가진 나라인 만큼 필요한 돈이라면 얼마든지 꺼내 쓸 준비가 돼 있다.

서구 국가들은 이런 중국의 물량공세에 대해 자원보유국을 정복하려는 '신식민지주의'라고 비난한다. 하지만 저자는 중국의 방식이 오히려 '반식민지주의'에 가깝다고 말한다. 중국은 자원보유국의 정치나 사회보다 자원을 얼마나 얻을 수 있는가에 관심을 집중한다. 즉 중국은 자원을 얻고, 자원보유국은 필요한 돈과 시설을 얻는 거래방식이라는 것이다. 자원보유국을 대등한 교역 상대로 보려 하지 않는 서구권과 비교할 때 자원보유국들이 어떤 국가와 거래하고 싶어 할지는 명백하다.

　"오늘날 중국의 이익은 대체로 투명하게 공개돼 있고, 상업적 거래관계를 구축한다는 명확한 동기에 의해 추진되고 있다. 중국의 야심이 주권국가의 지배보다는 자원확보에 목표를 두고 있다는 것은 상당히 분명하다. 적어도 현재로선 자원에 한정된 중국의 공세는 신식민주의라는 기본적인 주장과 어긋나는 활동 형태다. 사실 중국은 주권의 책임을 떠안거나 특히 자원보유국의 정치·사회적 인프라를 구축하는 데 완전히 무관심한 것으로 보인다."

　왜 그럴까. 다른 나라를 지배하려는 식민주의와 달리 중국의 목적은 '자원'에 한정돼 있기 때문이다. 아프리카 국가들이 중국을 긍정적으로 받아들이고 있는 것도 이 때문이다. 적어도 아직까지는 중국이 다른 나라의 지배와 억압에 목적을 두지 않고 자원을 충분히 확보하기 위해 그들과 '협력'하는 것처럼 보인다는 게 저자의 분석이다.

　이런 자원전쟁에서 중국이 앞장설 수 있는 것은 막강한 현금뿐만 아니라 강력한 정부의 힘이 뒷받침되기 때문이다. 저자는 "중국 정부가 경제를 운용하고 경제적 결과를 결정한다는 사실로 볼 때 미국처럼 정부의 역할이 좁게 정의된 나라에 비해 자신의 효용함수를 극대화할 수 있는 수단을 더 많이 가졌다"고 진단한다.

더욱이 40년 안에 물 공급이 수요보다 부족해지고 식량 공급 불균형도 심각해질 것이라고 한다. 영국 정부는 20년 안에 전면적인 식량배급제를 실시할 가능성을 이미 경고한 바 있다. 석유와 광물 채취에는 갈수록 더 큰 위험이 따르고 더 많은 비용이 든다. 자원위기의 희망으로 여겨지는 바이오 연료나 셰일 오일도 궁극적인 해답이 되지는 못한다. 새로운 자원을 만들어내기 위해서는 또 다른 자원의 투입이 필수이기 때문이다.

에탄올 생산에는 식량자원인 대두와 옥수수가 대량 소비된다. 셰일 오일을 채취하려면 막대한 양의 물이 파쇄공정에 사용된다. 결국 살아남기 위해서는 현존하는 자원을 최대한 확보하는 길밖에 없다는 게 국제사회의 공통된 인식이다.

이런 상황에서 미국은 중국의 자제와 일정한 의무부담을 요구하고, 중국은 그동안 자원 가용이나 온실가스 배출에 책임 있는 미국에 행동을 요구하고 있다. 결국 자원경쟁의 승자는 단 하나일 뿐이고 승자가 모든 것을 가져갈 것이라는 점은 불을 보듯 뻔하다.

이 같은 승자독식의 자원전쟁 시대에 과연 우리는 어떻게 해야 하나. 우리의 식량 자급률은 22.6%에 불과하고 원유 의존율은 100%다. 유엔이 지정한 물 부족국가, 중요 6대 자원에 대한 의존도

95%의 자원부족 국가다. 한 가지 자원도 100% 자급력을 갖지 못했으니 자원 면에서 보면 세계 최빈국이다.

그러니 어떻게 하겠는가. 자원보다는 그 자원을 찾아내고 확보하는 능력과 기술, 두뇌를 잘 활용하는 수밖에 없다. 기업 경영뿐만 아니라 국가 경제의 미래도 결국 창의적인 인재 확보에 달렸다.

함께 읽으면 좋은 책

- 《희토류 자원전쟁》 김동환 지음 | 미래의창
- 《자원전쟁》 요한 그롤레 외 지음 | 김태희 옮김 | 영림카디널

미·중 긴장구도가 금융위기를 불러왔다고?
《전쟁의 경제학》

비제이 메타 지음, 한상연 옮김, 개마고원 펴냄

미국 금융위기와 군산복합체의 관계

2008년 미국 금융위기의 숨겨진 원인이 무기산업이라고? 평화운동가 비제이 메타는 그의 저서《전쟁의 경제학》에서 전 세계를 대상으로 한 군산복합체 때문에 금융위기가 터졌다고 주장한다. 군산복합체란 군부와 방위산업체가 결탁해 세계 곳곳에 무기를 팔아넘기는 방식으로 '검은돈'을 벌어들이는 시스템을 말한다.

특이한 점은 미국의 군산복합체가 중국에는 절대로 무기를 팔지 않는다는 것이다. 중국의 국방예산이나 경제규모로 볼 때 해마다 1000억 달러 정도의 미국산 무기를 수입할 수 있지만, 미국은 기술유출을 우려해 이 '돈줄'을 외면하고 있다는 것이다. 저자의 조사에 따르면 미국이 중국에 수출하는 상위 5개 품목은 하이테크 제품이 아니라 고철, 식물성 유지작물, 곡물, 합성수지, 합성고무였다.

중국은 무역으로 벌어들인 달러를 미국 국채에 투자하며 외환보유액을 늘렸다. 그 덕분에 미국은 0%에 가까운 저금리로 국채를 발행할 수 있었고, 이 같은 사상 초유의 저금리가 미국 자본시장을 붕괴시킨 거품을 만들었다. 만약 2004~2008년 미국이 중국에 무기를 판 돈으로 무역 균형을 유지했다면 적자는 줄고 국채 금리가 자연스럽게 올라 금융위기도 일어나지 않았을 것이라는 분석이다.

인권 선진국이라는 프랑스가 리비아 독재자 카다피를 '은근슬쩍' 지지했다는 의혹도 거론한다. 실제로 카다피가 반정부 시위대를 폭격할 때 동원한 것은 프랑스산 미라지 전투기였다. 영국 또한 카다피에게 무기를 팔려고 안달했다. 토니 블레어 전 영국 총리는 2007년 카다피와 만나 무기 계약을 맺으며 카다피 직속 근위대를 훈련시켜주겠다고 약속했다.

영국은 석유회사 BP가 리비아 유전개발권을 얻는 데 도움을 주기 위해 카다피가 지시한 팬암기 폭파사건의 범인을 석방해주기도 했다. 2011년 리비아 사태 때에는 영국이 카다피에 대항하는 반군에 무기를 지원하겠다고 제안했다. 차기 리비아 정부에 무기를 판매할 발판을 마련하기 위한 사전 포석이었다.

그러다 양국 간에 웃지 못할 일이 벌어졌다. 유엔이 비행금지구역을 설정하려 하자 영국은 찬성했으나 프랑스는 반대한 것이다. 리비아 상공에서 프랑스제 전투기가 미 공군에 격추당한다면 프랑스의 무기 수출에 치명적인 타격이 올 수 있기 때문이다.

서구 선진국은 가난한 나라의 독재정권에 무기를 제공하면서 천연자원에 접근할 기회까지 얻는다. 이들은 독재정권의 비호 아래 안정적으로 자원을 가져가지만 그 나라의 경제 발전에는 별로 관심이 없다. 프랑스 석유회사 토탈은 리비아의 유전에서만 수십억 달러의 이익을 얻는다.

사우디아라비아는 미국의 최대 원유 수입국이자 미국 군수업체의 주요 고객이다. 2010년 사우디아라비아는 미국과 600억 달러 상당의 전투기와 헬리콥터 판매계약을 체결했다. 600억 달러는 7억 배럴 상당의 석유 판매금이고, 이는 미국이 이 나라에서 수입하는 석유의 2년치에 해당하는 양이다. 저자의 표현대로 "무기 판매는 미국 경제가 석유수입 대금을 마련하는 몇 안 되는 방법 중 하나"인 것이다.

대립과 갈등 부추기는 '군사균형' 이론

"어느 나라든 무언가를 사면 그 대금을 지불해야 한다. 다시 말해 무언가를 수입해온 만큼의 부를 수출국에 건네줘야 한다. 이런 관계로 인해 서구 강대국은 개발도상국에게 강력한 군사적·정치적·산업적 압력을 행사한다. 개발도상국의 안보환경에 어울리지 않는 값비싼 무기 시스템을 판매하기 위해서다. (…) 결과적으로 서구 방위산업체는 개발도상국의 부패한 공직자와 결탁하여 무기 매매를 조작하는 수법으로 이 나라의 부를 도둑질한다고 할 수 있다."

저자는 민주주의 국가의 군산복합체가 정부의 묵인 아래 '불량국가'와 거리낌없이 거래하는 사례들을 하나씩 들춰낸다. 그 과정에서 많은 개발도상국 관료들이 군산복합체의 '마수'에 넘어가는 뒷얘기도 공개한다. 방위산업계에서는 거래국 중개인에게 거래 금액의 20%를 '뒷돈'으로 건네주는 게 일종의 관행이라고 한다.

1985년 영국과 사우디아라비아의 무기 거래 때도 그랬다. 영국은 토네이도 전투기 72대를 포함해 430억 파운드 규모의 무기를 사우디에 수출하면서 국방장관 일가족에게 10년간 모두 10억 파운드를 건네준 것으로 드러났다.

이른바 '군사균형' 이론을 갖고 대립과 갈등을 부추기는 경우도 많다. 미국은 파키스탄에 최신 무기를 판매한 다음 인도 정부에 "더 많은 무기를 구매해 '군사균형'을 유지하라"고 설득하곤 했다.

미국은 탈레반에 맞서는 핵심 동맹국이란 이유로 파키스탄에 F-16 전투기를 비롯해 각종 무기를 팔아왔다. 그러나 F-16 같은 최첨단 무기는 탈레반에 별 효과가 없고 적국인 인도와의 긴장만 고조시킨다. 인도는 파키스탄의 F-16이 자국을 노린다고 생각한다. 그 불안감을 역이용해 미국은 인도에 최신 무기를 팔려고 한다.

2010년 오바마 대통령이 인도를 방문했을 때 언론이 '보잉과 록히드마틴이 인도에 F-18 전투기와 F-16 전투기를 추가 판매할 수 있도록 로비를 벌이는 게 주된 목적이었다'고 보도한 것도 이를 뒷받침한다.

여기에서 질문 하나. 한국과 일본이 독도 문제로 영토 다툼을 벌이고, 일본과 중국이 첨예하게 대립할 때 누가 가장 기뻐할까? 정답은 서구 국가의 군산복합체다. 독도 문제로 한일 간 대립이 심해지고 센카쿠 열도 문제 때문에 중·일 간 갈등이 격화되자 미국 국방장관이 "폭력과 충돌로 귀결될 가능성이 커지고 있다"며 무력 분쟁 가능성을 시사했다.

이렇게 관계가 험악해지면서 세 나라의 군비경쟁이 시작되면 경제개발과 복지 분야는 쪼그라들고 무기 수출국의 배만 불러진다. 군산복합체와 한몸이 돼 전략적·경제적 우위를 유지하려는 서구 국가들이 분쟁을 조장할수록 개발도상국은 전쟁과 빈곤의 악순환에 빠지고 세계 경제는 나빠지게 된다.

군비 축소는 평화뿐 아니라 경제에도 이롭다

그러면 이런 악순환의 고리를 어떻게 끊어야 할까. 저자는 "국제법에 부합하는 국제 평화와 안보 체제를 구축하고 지속가능한 발전을 위해 군비 축소를 실현해야 한다"고 강조한다. 세계 강대국이 군비 축소를 통해 거둘 장기적 이익에 눈을 돌려야 한다는 것이다.

군산복합 무역의 거래 매개인 석유를 대신할 에너지원 개발도 한 방법이라고 한다. 방위산업체가 신재생에너지 부문으로 비중을 옮긴다면 그 기술을 수출해 무역균형을 맞출 수 있고 석유 의존도가 낮아져 자원분쟁도 줄어들 것이라는 얘기다.

《전쟁의 경제학》의 원제는 '살상의 경제학 The economics of killing'이다. 지금 같은 '블러디 이코노믹스-전쟁을 먹고사는 시스템'이 계속되면 세계 경제도 '살상'될지 모른다. 지구촌이 함께 발전하고 번영을 누리기 위해서는 전쟁이 아니라 평화를 추구하는 경제 모델이 필요하다는 것을 명징하게 일깨워주는 책이다.

함께 읽으면 좋은 책

- 《냉전의 과학》
  오드라 J. 울프 지음 | 김명진, 이종민 옮김 | 궁리

초대형 은행들… 탐욕을 보라
《위험한 은행》

사이먼 존슨·곽유신 지음, 김선희 옮김, 로그인 펴냄

　미국 대형은행들의 탐욕과 잘못된 경영은 2008년 글로벌 금융위기를 불렀다. 저자들은 월스트리트의 대형은행들이 야기한 경제 재앙의 실체를 해부하고 이들이 어떻게 정치권력에 영향력을 행사했는지 보여준다. 또한 미국경제 전체를 인질로 잡을 만큼 막강한 대형은행을 해체하고 파산해도 큰 타격을 주지 않는 작은 은행 형태로 바꾸라고 강조한다.
　《위험한 은행》에서 저자들은 극단으로 치닫는 월스트리트 점령 시위, 그리스 국가부도 사태와 유로존의 재정위기, 꼬리를 물고 이어지는 글로벌 경제 대란 등 1%의 탐욕이 불러일으킨 위기의 세계 경제에 대한 해답과 미래를 읽어낸다. 겉으로는 경제 문제로 보이지만 사실 금융 혹은 단순히 경제 문제에 그치는 것이 아니라 정치 문제인 것이다.

"만약 당신이 은행에 100달러를 빚지고 있다면, 그건 당신의 문제다. 만약 당신이 은행에 1억 달러를 빚지고 있다면, 그건 은행의 문제다."(폴 게티)

100달러의 빚을 지고 그것을 당장 갚기 힘든 형편이라면 은행의 눈치를 볼 수밖에 없다. 그러나 은행에 1억 달러를 빚지고 있다면 상황은 정반대가 된다. 돈의 액수가 너무나 크기 때문에 파산하지 않도록 은행 측에서 갖은 노력을 다하게 될 것이기 때문이다. 빚을 지고서도 채권자인 은행을 쥐락펴락하는 권력자가 되는 셈이다.

《위험한 은행》은 바로 이 접점에 렌즈를 들이댄다. 위에서 말한 채무자와 은행의 관계를 대형은행과 정부의 관계로 바꾸자 금방 고개가 끄덕여진다.

2008년 미국발 금융위기의 배경에는 강력한 정치적 영향력을 행사하며 미국을 주물러온 대형은행들이 있었다. 그들은 돈과 '전관예우'라는 수단을 활용해 영향력을 키웠고, 이를 바탕으로 금융에 좋은 것은 미국에도 좋은 것이라는 이데올로기를 만들었다. 이들의 영향력은 금융위기 속에서도 줄어들지 않고 갈수록 커졌으며, 지금도 더 많은 이익과 더 많은 규제완화를 얻기 위해 뛰고 있다.

미국 국내총생산GDP의 60% 이상을 굴리는 6개 초대형 은행(뱅크오브아메리카, JP모건체이스, 시티그룹, 웰스파고, 골드만삭스, 모건스탠리)을 비롯해 대형은행들은 글로벌 경제를 인질로 잡고 정부를 위협하면서 세금을 낭비하고 있다. 더욱이 과도한 위험감수를 통해 또 다른 금융 붕괴를 야기하려 하고 있다.

탐욕이 불러일으킨 위기의 세계 경제

어떻게 이런 일이 벌어질 수 있을까.《위험한 은행》의 저자인 곽유신(제임스 곽)과 사이먼 존슨은 미국발 경제위기와 세계불황, 아시아 금융위기 등을 유기적으로 연결하며 대형은행이 야기한 경제 재앙의 실체를 해부한다.

2009년 3월 27일 금요일. 미국 주가가 7개월 만에 40%나 추락했고 미국인 4000만 명이 일자리를 잃었다. 시티그룹 주가는 최고치에서 95%나 떨어진 주당 3달러 아래로 거래됐다. 뱅크오브아메리카의 주가도 85% 급락했다. 이 와중에 국민의 세금 1800억 달러로 구제된 아메리칸인터내셔널그룹이 2008년 9월에 회사를 거의 파산 직전까지 몰아간 부실 경영진과 트레이더들에게 1억 6500만 달러의 보너스를 지급했다. 뉴스를 접한 대중은 분노에 떨었다.

오바마 행정부는 시장의 악화일로를 막기 위한 제안을 서둘러 내놓았다. 그날 미국 13대 금융회사의 최고경영자들이 백악관에서 오바마 대통령을 만났다. 대통령은 "나를 도와주면 당신들을 도와주겠소"라며 도움을 청했다. 그는 너무 많은 보너스를 받는 금융권에 대한 대중의 분노를 이용해 금융 시스템 규제를 정비하려는 행정부의 계획을 은행가들이 지지해줄 것을 요청했다. 하지만 여름이 끝날 즈음 오바마가 은행가들의 협력을 얻는 데 실패했다는 것이 분명하게 드러났다. JP모건체이스와 골드만삭스가 선도하는 대형은행들이 기록에 가까운 이익을 공표한 것이다. 그에 걸맞은 보너스가 지급된 것은 물론이다.

2009년 9월 오바마가 뉴욕의 페더럴 홀에서 월스트리트가 자신의 핵심 개혁안을 지지해줄 것을 요청하는 연설을 했다. 그러나 이날 대형은행의 최고경영자는 한 명도 모습을 드러내지 않았다. 이는 월스트리트를 변화시키기 위해서는 행정부가 정치적인 힘을 행사해야 한다는 결론을 내기에 충분했다.

대형은행을 해체해야 경제가 산다

금융 시스템이 붕괴 직전에 몰리자 정부는 필사적으로 은행을 구제해줬다. 그런데도 왜 정부는 대형은행들을 효율적으로 규제할 힘을 갖지 못했을까. 당시 상황을 보자. 대형은행들의 부채가 감당하기 힘든 지경에 이르렀지만 정부는 이들이 파산하도록 내버려둘 수 없었다. 실물경제와 수많은 사람에게 미칠 파급효과 때문이었다. 이것은 은행과 정부가 대결할 때 은행이 유리한 카드를 손에 쥐고 있다는 것을 의미했다.

"공화당이 형성한 모든 탈규제, 규제의 부재로 성장해버린 새로운 금융수단 때문에 대형은행들은 경제를 볼모로 삼아 우리를 위협할 수 있게 됐다. 그래서 좋든 싫든 우리는 이제 몸값을 지불할 수밖에 없게 됐다."(바니 프랭크)

지난 30여 년간 월스트리트의 은행들은 최고의 부자가 됐다. 그들은 주체할 수 없이 많은 돈을 선거운동 자금으로 쏟아부었다. 그 결과 투자은행가들과 동맹세력들은 백악관과 재무부의 고위직을 차지할 수 있었다. 은행업은 날로 복잡해지고, 유명해지고, 큰 돈벌이가 됐다. 이들이 거둔 더 큰 승리는 사람들의 통념을 자신들에게 유리하게 변화시킨 것이다. 따라서 은행의 정치적 영향력을 무시할 수 없는 정부는 은행에 유리한 조건으로 구제금융을 지원해줄 수밖에 없었던 것이다.

저자들이 "정부가 거대하고, 복잡하고, 큰 위험을 감수하고, 이윤이 매우 높은 은행이 미국에 필요하다는 고정관념에 사로잡혀 있는 이상 은행은 어떤 협상에서든 우위에 설 수밖에 없다"고 지적하는 이유도 여기에 있다. 정치인들은 나타났다가 사라질 테지만 골드만삭스는 여전히 남을 것이기 때문이다.

이들은 토머스 제퍼슨에서 앤드루 잭슨까지, 시어도어 루스벨트에서 프랭클린 D. 루스벨트까지 아우르며 미국 금융의 역사를 민주주의와 거대금융 간 대결의 맥락에서 설명한다. 그러면서 '금융은 좋은 것이고, 규제받지 않는 금융은 더 좋은 것이며, 자유로운 금융이 제멋대로 하도록 내버려두는 것이 최선'이라는 통념과 이를 추종하는 정부정책, 그것을 교묘하게 이용하는 월스트리트의 이면을 깊숙하게 파헤친다.

워싱턴 정계가 호황기에는 이윤을 불리고 불황기에는 손실을 납세자에게 전가하는 금융의 불평등 관행을 그냥 놔둘까, 아니면 엄격한 규제를 통해 경제성장의 핵심 엔진인 은행업 시스템을 개혁할까. 이는 미국과 긴밀하게 연결돼 있는 우리에게도 민감한 현안이다.

저자들은 이 대목에서 다소 급진적이지만 실현 가능한 제안을 내놓으며 금융 시스템을 당장 개혁해야 한다고 역설한다. 그 핵심은 현재의 미국 금융 시스템을 지배하고 미국 경제 전체를 인질로 잡을 만큼 막강한 힘을 가진 초대형 은행들을 해체하자는 것이다. 그리고 '파산해도 국가와 국민에게 큰 타격을 주지 않는 작은 은행'으로 형태를 바꾸자는 것이다.

이들은 "이것이 금융이나 경제 문제에 그치는 게 아니라 정치 문제이고, 월스트리트에 대한 정부의 혜택을 중단하고 그것을 반대 방향으로 움직일 수 있느냐 없느냐의 문제이며, 그래서 미 행정부가 직면한 도전과제이기도 하다"고 지적한다. 극단으로 치달았던 월스트리트 점령 시위와 유로존의 재정위기, 꼬리를 물고 이어지는 글로벌 경제 대란…. 현대 금융 시스템의 환상을 걷어내고 그 속에 감춰진 탐욕과 권력의 뿌리를 적나라하게 드러내면서 새로운 경제 혜안을 가질 수 있게 해주는 책이다.

함께 읽으면 좋은 책

- 《탐욕의 도둑들》
  로저 로웬스타인 지음 | 제현주 옮김 | 한국경제신문
- 《금융자본주의의 폭력》
  크리스티안 마라찌 지음 | 심성보 옮김 | 갈무리

새로운 자본주의가 온다
《국가는 무엇을 해야 하는가》

이언 브레머 지음, 차백만 옮김, 다산북스 펴냄

세계 금융위기와 더불어 재부상한 국가자본주의

"중국의 성장 둔화와 금융 분야에 대한 우려가 계속 제기되고 있다. 장기적인 성장을 위해 내수 확대와 민간 중심의 경제가 필요하다. 그러나 중국은 반대 방향으로 움직이고 있다."

세계 최대의 위기관리 컨설팅회사인 유라시아그룹 대표 이언 브레머의 말이다.

중국이 반대 방향으로 움직인다는 것은 무슨 뜻인가. 그는 세계 금융위기가 한창 진행되고 있던 2009년 5월 중국 외교부 부부장 허야페이가 경제전문가들 앞에서 "자유시장경제가 실패한 게 분명한 이 시점에 정부가 경제를 위해 할 수 있는 게 무엇이라고 생각하나?"라고 질문한 데 대해 "실소를 터뜨릴 뻔했다"면서 "문제는 국가

자본주의의 폐해"라고 꼬집었다.

"정부가 직접 시장에 개입해 경제를 관리함으로써 국가적 번영을 가져올 수 있다는 주장은 20년 전 동유럽과 소련이 붕괴하면서 종지부를 찍었다."

개인의 경제적 번영은 자유시장 자본주의에서만 가능해

이 책의 저자인 이언 브레머는 국가자본주의는 본질적인 한계 때문에 오래가기 힘들다고 잘라 말한다. 따라서 그는 개인들이 기대하는 경제적 번영은 자유시장 자본주의체제에서만 가능하다고 결론짓는다.

국가자본주의란 정치적 영향력을 확대하기 위해 국가가 경제를 지배하는 시스템을 말한다. 이를 채택한 국가들은 국영기업과 에너지기업, 친정부기업, 국부펀드 등의 수단을 통해 시장에 영향을 끼치며 동시에 정치적 안정을 추구한다. 중국의 국영기업뿐만 아니라 러시아의 에너지기업과 걸프 연안 국가들의 국부펀드, 브라질의 에너지탄광기업 등이 여기에 해당된다.

이언 브레머에 따르면 지난 10년 동안 세계 무대의 전면에 나선 새로운 형태의 기업들은 정부가 직접 소유하거나 정부와 매우 친밀한 기업들이다. 세계 3대 시멘트 제조업체인 멕시코의 시멕스는 2008년에 이미 시가총액이 코카콜라와 맞먹었고 해외 자산규모는 다우케미컬이나 알코아보다 컸다. 브라질 광산회사 발레도 마찬가지다. 시멕스와 발레는 모두 자국 정부와 긴밀한 관계를 맺고 있다. 정부와의 돈독한 관계 덕분에 중소 경쟁업체에 대한 적대적 인수합병을 통해 지배적인 시장점유율을 유지할 수 있었다.

두 회사 모두 민영기업이면서 동시에 '국가대표 기업national champions'이다. 지난 수년 동안 〈포브스〉나 〈포천〉 등이 발표하는 세계 최대 기업 명단에 중국 국영 에너지기업들이 등장하기 시작했다.

그런데 2008년 금융위기와 글로벌 경제 불황이 닥치면서 선진국과 개발도상국 정치지도자들은 시장에 맡겨두었던 의사결정 권한을 다시 거둬들였다. 경제에 대한 의사결정 권한이 월스트리트에서 워싱턴으로, 상하이에서 베이징으로 넘어간 것이다. 마치 자유시장 경제체제가 종말을 맞이한 것처럼 보였다.

국가자본주의는 경제 위기의 해법이 아니다

하지만 그는 《국가는 무엇을 해야 하는가》에서 "정부가 직접 시장에 개입해 경제를 관리함으로써 국가적 번영을 가져올 수 있다는 주장은 20년 전에 동유럽과 소련이 붕괴하면서 종지부를 찍었다"고 잘라 말한다. 국가자본주의는 일관된 정치철학이라기보다 경영기법에 가깝고, 정치적 영향력을 키우기 위해 시장을 지배하는 시스템인 만큼 본질적인 한계 때문에 오래가기 힘들다는 것이다.

"정부 주도 하에 공격적으로 산업을 키우고 진공청소기처럼 모든 자원을 흡수해 공장을 돌리고 있는 중국이 폭발적인 경제성장을 이룬 것은 시장경제 자본주의를 실험적으로 도입했기 때문에 가능했다는 점을 잊지 말아야 한다."

그는 "국가자본주의를 실천하는 사람들에게 가장 중요한 것은 권력"이라며 "이들은 권위적인 정치경제 시스템, 즉 위험관리를 국가통치의 최우선 과제로 삼는 시스템에서 잔뼈가 굵었기 때문에 하나같이 위험을 회피하려 한다"고 지적한다. 중국이 공산주의를 채택하기 전부터 사회적 혼란을 두려워했고, 러시아가 정치적으로 수 세기에 걸쳐 기밀성과 중앙통제 기법을 가다듬어온 것도 이 때문이라는 것이다.

"그들은 경제성장을 계속하기 위해 역동적인 경제 시스템을 유지하는 동시에 경제에 대한 정부의 통제력을 극대화하기를 원한다. 정치적 영향력을 확대하기 위해 국가가 시장을 지배하고 있는 것이다. 경제발전을 위해 국가가 개입하는 것이 아니라 정치적 목적을 위해 자유시장 자본주의를 일부 수용한 것일 뿐이다."

국가자본주의의 본질적 한계 분석

그는 국가자본주의의 위험요소 중 가장 큰 것은 이들에 대한 경제 의존도가 갈수록 커지고 있는 점이라고 얘기한다. 이들 국가가 해외 자본과 국제무역에 대한 개방정책을 버리고 시장을 닫아버릴 경우 다른 나라들의 위험이 커질 것은 불 보듯 뻔하다는 것이다. 중국 정부가 국영기업들을 해외로 진출시켜 석유, 가스, 금속, 광물 등에 대한 장기 사용권을 앞다퉈 확보하고 있는 것을 떠올리면 더욱 그렇다.

그는 또 언론이나 시민단체 등 정치적 견제세력이 상대적으로 부족하기 때문에 국가자본주의 국가에선 보호주의가 훨씬 쉽게 적용될 수 있다는 점을 상기시킨다. 국가자본주의는 국가의 안위를 최우선으로 고려하면서 정부의 영향력 증대를 가장 중시하므로 자국에 해가 된다고 느끼면 언제라도 보호주의 장벽을 칠 수 있다는 얘기다.

내부적인 통제도 문제다. "인터넷을 통해 주요 정보를 파악한다거나 정부에 대한 저항을 불러일으킬 우려가 있으면 인터넷망도 끊으려 할 것이다. 장기적으로 보면 그런 행위가 경제발전을 위축시킨다. 특정 산업부문이 위축되거나 없어지면 그 부문을 지탱했던 근로자와 자산, 아이디어가 해체되고 재결합돼 새로운 상품과 서비스로 재창출되는 '창조적 파괴'가 일어나는데 국가자본주의에서는 이것을 두려워한다. 통제가 불가능하기 때문이다."

비효율적 의사결정으로 인한 비용낭비와 투자, 고용창출 또한 난제다. "국가자본주의는 궁극적으로 효율성과 생산성이 떨어진다. 2008년 경제위기 이후 미국과 유럽의 피해상황을 목격한 많은 개발도상국들이 국가자본주의에 매력을 느끼고 있지만, 이 시스템을 채택하고 있는 중국조차도 장기적으로는 이 모델을 수정할 수밖에 없을 것이다. 낮은 임금과 낮은 땅값, 천연자원이 풍부한 나라에 한해서만 단기적으로 쓸 수 있는 카드이기 때문이다."

게다가 중국이 현재의 고용률을 유지하려면 매년 1200만 명 이상의 신규고용을 창출해야 하는데, 그것도 쉽지 않다고 얘기한다. 연 9.5%의 고성장을 유지하는 것은 곧 한계에 도달할 수밖에 없다는 것이다.

따라서 그는 "개인들이 기대하는 경제적 번영은 자유시장 자본주의체제에서만 가능하다"고 결론짓는다.

그렇다고 자유시장경제에 단점이 없다는 것은 아니다. 그가 단기 성과에 집착하는 경영 시스템을 지적한 대목은 귀담아들을 만하다.

"주가가 오르느냐 내리느냐에 따라 경영진의 능력이 평가되기 때문에 경영진은 비용절감을 통해 주가를 최대치로 끌어올리려 애쓴다. 문제는 건전한 장기 투자전략을 외면한 채 분기별 이익만을 극대화할 때다. '자리'를 지키고 싶어 하는 경영인이라면 누가 감히 주주들의 배당금을 모른 척할 수 있겠나. 하지만 2008년처럼 시장이 휘청거리게 되면 단기 이익에 급급한 결과가 얼마나 심각한 것인지 명백해진다."

함께 읽으면 좋은 책

- 《리더가 사라진 세계》
  이언 브레머 지음 | 박세연 옮김 | 다산북스
- 《세계 경제 축의 대이동》
  램 차란 지음 | 김현구 옮김 | 21세기북스

사물인터넷 활용 공유경제 시대 온다
《한계비용 제로 사회》

제러미 리프킨 지음, 안진환 옮김, 민음사 펴냄

재화와 서비스를 생산하고 유통하는 데 드는 한계비용이 제로에 가까워지면 어떤 일이 벌어질까? 모든 산업 분야에서 지능형 과학 기술이 노동자를 대체하고, 기업들이 전통적인 노동력을 쓰는 것보다 더 지능적이고 효율적이며 문명화된 상업활동을 펼치게 된다면? 경제생활에서 대중노동과 전문노동이 사라진다면?

세계적인 미래학자 제러미 리프킨이《한계비용 제로 사회》에서 던지는 질문들이다.《노동의 종말》과《소유의 종말》로 자본주의의 위기를 예언한 그가 이번에는 자본주의를 대체할 새로운 패러다임으로 협력적 공유사회Collaborative Commons를 제시한다.

협력적 공유사회란 저렴한 휴대전화나 컴퓨터를 이용해 제로에 가까운 한계비용으로 각자 정보를 생산하는 동시에 네트워크화된 세상에서 이것을 협력적으로 공유하는 사회를 말한다.

그는 협력적 공유사회를 가능하게 만든 일등공신으로 사물인터넷IoT을 꼽는다.

"역사 속의 거대한 경제혁명들은 결국 인프라 혁명이며, 거대한 인프라 혁명이 변혁적인 힘을 갖도록 만드는 것은 바로 새로운 커뮤니케이션 매개체와 새로운 에너지 체제의 융합이다. 지금까지 사물인터넷이 가장 극적인 영향을 미친 영역은 보안시스템이다. 주택과 사무실, 공장, 상점, 심지어 공공장소 등에서 우리는 범죄행위를 감지하기 위한 센서와 카메라를 빈번히 목격할 수 있다. 이렇게 IoT는 보안 서비스 업체와 경찰을 신속한 대응 조직으로 변모시키는 한편 범인을 체포하는 데 필요한 데이터 단서까지 제공하고 있다."

그는 이미 사유재산제도에 바탕을 둔 자본주의와 시장경제가 극에 달해 쇠퇴하고 상호 의존성이 높아지는 글로벌 공유사회로 바뀌고 있다고 말한다.

"극도의 생산성이 주도하는 글로벌 네트워크가 모든 사람과 모든 사물을 연결함으로써 우리는 더욱 빠르게 재화와 서비스가 거의 무료 수준인 시대로 이동하고 그와 더불어 자본주의는 다음 반세기에 걸쳐 쇠퇴하며 협력적 공유사회가 경제생활을 조직하는 지배적인 모델로 자리 잡을 것이다."

그는 자본주의의 발달과 기업 간 경쟁, 기술혁신 덕분에 극도로 높아진 생산성이 제품 1개당 추가되는 한계비용이나 자본이윤을 거의 제로 수준으로 떨어뜨리는 결과를 가져왔다고 분석한다.

"경제학자들은 모종의 기술혁명이 '극단적 생산성'을 불러일으키고 그로 인해 한계비용이 제로 수준으로 떨어지며 정보와 에너지 그리고 많은 물리적 재화와 서비스가 풍부해지는 동시에 가격은 제로에 가까워져 더 이상 시장교환이 이루어지지 않는 상황은 예상하지 못했다. 21세기에 접어들어 십수 년이 흐른 지금 바로 그런 일이 벌어지기 시작했다."

비용 '0'를 가능하게 하는 사물인터넷과 공유경제

이 같은 환경에서 수백만의 프로슈머들이 3D프린팅 제품과 에너지를 제로에 가까운 한계비용으로 생산하고 공유하도록 도우면서 커뮤니케이션 인터넷 막 태동하는 에너지 인터넷, 물류 및 운송 인터넷과 결합해 슈퍼 IoT 플랫폼을 창출하고 있다는 게 그의 진단이다. 그는 이 IoT 플랫폼이 21세기 전반기에 걸쳐 글로벌 경제를 근본적으로 바꿔놓을 것이라고 전망한다. 수십억 개에 달하는 센서가 모든 기기와 전기제품, 기계, 장치 및 도구 등에 부착되며 경제적 가치사슬 전반을 아우르는 촘촘한 신경 네트워크로 모든 사물과 모든 인간이 연결된다는 것이다.

한계비용이 제로에 가까워지는 것은 공산품뿐만 아니라 식량 생산에도 적용된다고 본다. 물론 식량과 물을 한계비용 제로로 생산할 수는 없지만 극적으로 한계비용을 낮출 수는 있다는 것이다. 여러 언론 인터뷰에서도 밝혔듯이, 그는 이것을 가능하게 만드는 방법을 3가지로 요약해 설명한다.

첫째는 육식 위주 식습관을 채식 중심으로 바꾸는 것이다. 세계 경작지의 40%를 사람의 식량이 아니라 동물 사료를 만드는 데 쓰는데, 그렇게 비효율적으로 생산되는 육류 소비를 줄이고 채식 중심으로 옮기면 땅을 효율적으로 쓸 수 있다고 한다.

둘째는 화석에너지에 의존하는 농업을 지역 중심 유기농으로 개편하는 것이다. 화석연료와 비료, 살충제, 플라스틱 등 비효율적인 부분을 줄이고 지속가능한 유기농업으로 바꾸면 농작물 가격도 많이 낮아질 것이라는 얘기다.

셋째는 지역사회가 농촌과 긴밀히 연계해서 소비자와 농부가 협동조합처럼 연결되는 '커뮤니티 지원 농업'이다. 중간 유통 과정도 없애면 가격이 더 저렴해지고 도소매 유통비용, 운송비용도 줄어들어 한계비용이 제로에 가까워진다는 얘기다.

한계비용 제로 사회는 제3세계에서도 가능하다고 한다. 선진국은 이미 깔린 인프라가 부담이 되지만 개도국은 인프라가 아예 없기 때문에 깨끗하게 시작할 수 있다는 것이다.

"인도에서는 협동조합이나 비영리단체가 태양광 패널과 스마트폰을 설치해서 1주일에 1달러의 대여료를 받고 빌려준다. 2000달러로 200개 넘는 움막에 전력을 공급할 수 있다. 전기 없는 곳이 전 세계 20%이고 전기 공급이 원활하지 않은 곳이 15~20%라고 하는데 유엔이 가장 시급하게 추진하는 일이 2030년까지 모든 인류에게 전기를 공급하는 것이다. 이런 날이 곧 오리라 본다. 태양광, 지열, 풍력 발전 모두 가격이 내려가서 싸게 쓸 수 있다."

새로운 경제시대를 위한 '스마트 인프라'에 관한 견해도 흥미롭다. 그는 스마트 IoT 인프라의 규모가 늘어나면 시장경제와 협력적 공유사회 양면에서 새로운 사업기회가 생기고 수백만 명에게 일자리를 다시 안겨줄 것이라고 내다본다.

스마트 인프라의 확대… 새로운 일자리를 창출할 것

"3차 산업혁명의 생산성은 1차 및 2차 산업혁명의 생산성을 훨씬 뛰어넘을 전망이다. 우리는 IoT 플랫폼을 단계적으로 도입해 한계비용 제로 수준 사회로의 전환을 촉진해야 하며, 이로써 인류는 사회발전에 지대한 영향을 미치는 새로운 경제시대로 돌입할 수 있다."

한마디로 컴퓨터와 인터넷이 정보 생산과 유통에 드는 비용을 '0'에 가깝게 만들어 인터넷 공유 문화를 꽃피운 것처럼 이런 일을 통신·물류·에너지 분야까지 확산시킬 수 있다는 얘기이기도 하다. 물론 그가 말하는 공유사회가 인간 본성과 얼마나 조화를 이룰 수 있을까 하는 것은 다른 차원의 문제다. 이에 앞서 자본주의의 미래와 공유경제로 가는 징검다리를 누가 먼저 놓느냐, 어떤 방법으로 놓느냐 하는 것을 깊이 생각해볼 필요가 있다. 그런 성찰의 직접적인 계기를 바로 이 책이 만들어주고 있다.

100년 안에 지구상의 절대빈곤층 사라진다
《새로운 부의 시대》

로버트 J. 실러 외 지음, 이경남 옮김, 알키 펴냄

세계의 석학들이 전망하는 100년 후 모습은 대체로 낙관적이다. 에이즈를 비롯한 각종 질병은 사라질 것이고, 신체 기능을 향상시키는 약물이 영양제나 기호식품처럼 여겨질 것이라고 말한다. 약물의 힘을 빌려 능력을 향상시키는 것처럼 태어날 아이의 자질도 일부 선택해 조작하는 일도 빈번해질 것이라고 내다본다. 또 새로운 형태의 일부다처제나 다부일처제가 나타날 가능성도 예측하고 있다.

세계적인 경제학자 10명이 《새로운 부의 시대》에서 내다보는 인류의 미래다. 이 책은 케인스가 대공황 때인 1930년에 쓴 미래 예측 에세이에서 영감을 받았다. 기획자는 런던정경대학의 이그나시오 팔라시오스-후에르타 교수다. 케인스가 "100년 후 생활수준이 네 배에서 여덟 배가량 좋아질 것이며, 사람들의 주당 근무시간은 약 15시간으로 줄어들 것"이라고 말한 것에 자극을 받은 그는 '앞으로

100년 뒤에는 어떨까'를 곰곰이 생각했다.

그러다 그는 스타 경제학자 10명과 '예측 드림팀'을 구성하고 전문 분야별 미래 시나리오를 한데 모았다. 참여학자들의 면면은 화려하다. 행동경제학의 대부로 2013년 노벨경제학상을 받은 로버트 J. 실러 예일대학 교수,《국가는 왜 실패하는가》로 유명한 MIT의 젊은 경제학자 대런 애스모글루, 2012년 노벨경제학상 수상자 앨빈 E. 로스 하버드대학 명예교수, 1987년 노벨경제학상 수상자 로버트 M. 솔로 MIT 경제학과 교수, 에드워드 L. 글레이저 하버드대학 경제학과 교수….

낙관적 시나리오: 경제 성장과 기술 혁신은 계속된다

이들이 정리한 100년 후 모습은 케인스처럼 낙관적이다. 주당 근무시간만 빼면 거의 비슷하다. 대부분은 세계 경제의 성장이 계속될 것이며 세상의 연결성은 더 긴밀해질 것이라는 데에 공감한다. 기술혁신에 따른 생활수준과 건강·수명의 향상에 대해서는 특히 그렇다. "개발도상국 사람들은 지금 선진국 중산층만큼의 물질적 번영을 누릴 것"(앨빈 E. 로스)이고, "지금처럼 능력 있고 돈 많은 사람에게 유리한 쪽으로 나아가긴 하지만 가장 가난한 하위 10% 사람들의 생활수준도 크게 향상될 가능성이 크다"(에드워드 L. 글레이저)고 본다.

로버트 M. 솔로 교수는 특히 저개발국의 미래를 밝게 보면서 "경제적으로 성공한 개발국은 19세기와 20세기의 산업국가보다 더 빠르게 성장할 것"이라고 예측한다. 후발주자는 선진기술을 따라잡을 수 있고 부유한 선진국의 잉여자본을 쉽게 이용할 수 있기 때문에 성장을 가속화할 수 있다는 것이다.

일은 어떻게 진화할까. 스페인 폼페우파브라대학의 안드레우 마스-콜레이 교수는 근무시간이나 학교생활, 직장생활의 경계가 모호해질 것으로 본다. 하루나 1년 단위로 일하는 개념은 크게 달라질 것이며, 일하는 장소가 융통성 있게 바뀌어가듯 근무시간도 훨씬 유연해질 것이라는 얘기다. 커뮤니케이션 기술의 발달로 이미 이런 가능성이 커졌고, 엄격한 스케줄에 묶이지 않고 편의에 따라 일하는 방식도 도입되고 있다.

그는 또 전통적인 단순반복식 재화 생산 대신 맞춤형 재화나 서비스에 대한 기회가 많아지고 질과 독창성으로 평가받는 매우 전문화된 노동력이 재화나 서비스를 생산할 것으로 전망한다.

실러 교수는 정보통신과 빅데이터, 인공지능 등의 기술이 고도로 발전하더라도 일자리가 줄지는 않을 것이라고 본다. 무인자동차가 개발되면 운전기사가 일자리를 잃을지 모르지만 사람만 할 수 있는 일이 많고, 기술발달로 새로 만들어지는 직업군도 적지 않기 때문이다. "이변이 없는 한 요즘 많은 사람이 두려워하는 것처럼 다음 세기에 가서 컴퓨터가 사람을 대체하는 일은 쉽게 일어나지 않을 것이다. 오히려 정보통신 기술 덕분에 사람들 사이의 교류가 활발해져 서로의 목표를 더 잘 이룰 수 있게 될 것이다."

앨빈 E. 로스 하버드대학 명예교수는 자신의 매칭 이론을 미래에 대입하며 100년 뒤엔 약물의 힘이 강해질 것이라는 견해를 내놓아 주목된다. 신체 기능을 향상시키는 약물도 안전하기만 하면 영양제나 기호식품처럼 여겨질 것이란 얘기다.

그는 "교수가 되려는 사람이 논문 심사를 통과할 자신이 없을 때 학과장은 창의력이나 주의력을 향상시키는 약물 복용량을 늘리라고 권할지 모르겠다"며 "약물의 힘을 빌려 능력을 향상시키는 것처럼 앞으로 태어날 아이의 자질을 일부 선택하거나 조작하는 일도 빈번해질 것"으로 내다봤다. 그는 새로운 형태의 일부다처제나 다부일처제가 나타날 가능성도 짚었다.

앵거스 디턴 프린스턴대학 교수는 에이즈를 비롯한 각종 질병의 종말을 전망하면서 건강 분야 등 인류의 삶 전반에 획기적인 발전이 있을 것이라고 장담한다.

비관적 시나리오: 기후변화는 인류의 존속을 위협하게 될 것

우울한 전망도 없지는 않다. 대가들이 공통적으로 강조한 주제는 바로 기후변화와 생물·사회학적 변이다. 대부분 기후변화가 재앙의 잠재적 위험 요인임을 강조했고 비관적 입장의 학자들은 기후변화는 인류 미래의 마지막 결정타라고 지적했다.

이와 관련해 마틴 L. 와이츠먼 하버드대학 교수는 성층권에 태양 복사 유입을 차단할 수 있는 '인공 차양'을 설치하는 아이디어를 제시하면서 온난화에 대한 응급조치로 이보다 더 값싼 해결책은 없다고 역설한다.

애비너시 K. 딕시트 프린스턴대 교수는 "빚과 과소비 풍조에서 벗어날 줄 모르는 미국인들에게 싱가포르에 새 본부를 지은 IMF가 어떤 식으로 돈을 빌려줄지 궁금하다"고 빈정거리며 불평등의 해소만이 새로운 부의 조건이 될 것이라고 지적한다.

글레이저 교수는 인간의 탐욕과 사악한 집단이 주동하는 대규모 테러·전쟁 등 파괴적 행동을 가장 큰 위협으로 꼽았다. 실러 교수는 위험관리법과 함께 세제·직업과 연계된 보험설계를 통한 불평등 완충 아이디어를 내놓아 눈길을 끈다.

이 모든 것을 아우르는 예측방법론은 숱하게 많다. 하지만 저자들의 말마따나 한 가지 자신 있게 예측할 수 있는 것이 있다. 항생제나 집적회로 등 1915년에는 아무도 예측하지 못했지만 이후 100년 동안 우리 삶을 크게 바꿔놓은 것들이 있었듯이, 앞으로 100년 안에 전혀 예측하지 못한 획기적인 발전이 이뤄져 우리 삶에 커다란 영향을 주리라는 사실 말이다.

토드 부크홀츠의 재치 넘치는 경제학 명저《죽은 경제학자의 살아 있는 아이디어》처럼 죽은 케인스가 살아 있는 경제학자들을 움직이는 모습이 재미있고 신선하다.

덩치 커진 중국, 그래도 미국을 넘을 수 없는 이유
《미국의 세기는 끝났는가?》

조지프 나이 지음, 이기동 옮김, 프리뷰 펴냄

2002년에는 미국인의 55%가 '미국이 10년 전에 비해 더 중요하고 강한 나라가 됐다'는 항목에 '그렇다'고 응답했다. 그러나 2011년에는 그런 응답이 38%로 줄어들었다. 2014년에는 28%로 쪼그라들었다. 불과 10여 년 사이에 그들조차 미국의 지위가 불안정하다고 인정하게 된 것이다.

몇 년 전부터는 앞으로 중국이 미국을 제치고 초강대국 자리에 오를 것이라는 전망을 노골적으로 내놓는 학자들이 급증하고 있다. 세계은행도 국내총생산의 구매력 평가 기준으로는 중국이 미국을 추월한 것으로 보고 있다. 환율을 근거로 한 경제력에서는 앞으로 10년 안에 중국 경제가 1위 자리를 차지할 것이라는 전망이 나와 있다. 그렇다면 미국의 세기는 실제로 머잖아 종말을 고할 것인가.

문화가 국력이 될 수 있다는 '소프트 파워' 이론을 주창한 조지프 나이 미국 하버드대학 석좌교수는 이 같은 '미국 쇠퇴론'을 한마디로 일축한다. 국력은 경제력, 군사력, 소프트 파워의 3가지 측면에서 봐야 하는데 중국의 경제 성장이 미국의 쇠락을 의미하지는 않는다는 것이다. 그는 국가의 쇠퇴를 제국주의 식민지처럼 내재적 무능에서 오는 '절대적 쇠퇴'와 타국과의 비교에서 오는 '상대적 쇠퇴'로 나눠보더라도 미국이 쇠퇴한다고 진단할 수 없다고 설명한다.

그는 미국 외교정책에 막강한 영향을 미치는 학자다. 국방부 부차관보와 국가정보위원회 의장을 지냈고 오바마 정부에서 외교정책위원, 국방위원으로 활동했다. 하버드대학 케네디스쿨 학장도 지냈다. 국제정치학계에서 그의 입지는 독보적이다. 그런 점에서 그의 분석과 전망이 갖는 무게는 가볍지 않다.

그의 지적대로 국가의 힘은 경제력과 군사력 등 하드 파워뿐만 아니라 동맹국과의 평화 유지 능력 및 인적·문화적 자원 등 소프트 파워에서 나온다. 지금까지 중국 부상론이 주로 경제적 측면에 집중돼 있다는 점을 그는 지적한다. '미국 시대가 지났다'는 쇠퇴론의 줄기도 경제력 문제에 집중돼 있다는 것이다.

미국의 소프트 파워… 다른 나라는 따라잡을 수 없어

"국력을 재는 기준은 경제력만이 아니다. 따라서 GDP 성장에 기반을 둔 중국은 앞으로 수십 년이 지나도 미국을 따라잡지 못할 것이다. 미국은 앞으로 몇십 년 후에도 군사력, 경제력, 소프트 파워

등 모든 면에서 세계 초강대국의 지위를 유지하고 있을 것이다. 중국, 일본, 유럽연합, 인도, 러시아, 브라질 등 미국의 지위를 위협할 잠재국들을 면밀히 분석한 결과 어느 나라도 미국을 대신할 수 없다는 결론에 도달했다."

그에 따르면 앞으로 다른 국가나 세력권이 미국을 따라잡을 수 없는 이유는 많다. 미국의 잠재 위협국들은 치명적인 약점을 한두 가지씩 안고 있다. 경제력 면에서 보면 중국은 미국을 위협할 수 있는 가장 큰 후보국이지만 그것만으로는 미국을 넘어서기 어렵다.

먼저 외형을 기준으로 한 중국의 경제력 평가부터 잘못됐다고 한다. 중국의 총생산 규모는 늘었지만 1인당 국민소득은 아직 미국의 10% 수준이다. 군사력도 급성장한 것 같지만 한참 멀었다. 미국은 지난 10년 동안에도 군사력을 4배 이상 키웠다. 미국이 동맹국을 확장하며 전 세계 평화 유지에 힘써온 것까지 감안하면 중국의 군사적 움직임은 별다른 의미가 없다.

인구가 많다는 점도 큰 무기가 되지는 않는다. 그는 "중국이 13억 명의 인구를 활용할 수 있다면 미국은 이민정책을 통해 이보다 많은 70억 인구를 활용할 수 있다"는 고(故) 리콴유 전 싱가포르 총리의 말을 인용하면서 중국은 미국의 이민정책과 같은 개방성을 갖지 못하기 때문에 결코 미국을 따라오지 못할 것이라고 내다본다.

소프트 파워 면에서도 그렇다. 시진핑 중국 국가주석의 소프트 파워 향상 전략에도 불구하고 공산당 통제에 따른 시민사회의 창의력 부족, 국영기업의 비효율성 등 내부 문제와 이웃 국가들과의 영토분쟁 등 외부 문제를 해결하지 못하면 별 진전이 없을 것으로 본다. 아프리카나 남미를 상대로 한 중국의 원조 프로그램도 제도적 허점이나 인권 문제가 심각한 나라까지 무차별적으로 가동하고 있어 비효율적이다.

유럽연합은 어떤가. 그는 유럽의 긍정적인 변화에도 불구하고 앞으로 유럽이 미국을 추월할 가능성은 없어 보인다고 단언한다. 무엇보다 유럽은 하나의 결집력 있는 세력이 아니다. 서로 다른 문화와 언어를 가진 분절된 국가들이어서 통합에 문제가 있다. 심각한 인구 감소와 배타적인 이민자 정책도 문제다. 1900년 유럽 인구는 세계의 25%였지만 2060년에는 고작 6%에 불과할 것이다. 그마저도 인구의 3분의 1이 65세 이상 고령인구일 것이다. 군사비도 마찬가지다. 현재는 세계의 15%를 차지하면서 미국에 이어 2위를 기록하고 있지만, 이 또한 군사비 통합이 이뤄지지 않아 별 의미가 없다.

일본도 마찬가지다. 세계 3위 경제대국인 일본은 현대화와 민주주의, 대중문화 같은 소프트 파워 면에서는 강점을 갖고 있지만 편협한 인종주의적인 태도와 그런 태도에 입각한 정책들이 강점을 상쇄하고 있다. 인구 감소와 노령화, 폐쇄적인 이민정책 역시 불리한 조건이다. 그럼에도 미국은 중국의 부상을 견제하기 위해 일본과 동맹관계를 더욱 강화해나갈 것이라고 그는 전망한다.

러시아는 핵무기와 천연자원 외에 별로 가진 게 없다. 자원의 비효율성 문제가 심각하고 제도와 법적인 면에서도 부패해 민간투자가 지속적으로 이뤄지기 어렵다. 시장경제 시스템은 여전히 미비하고 공공보건 등 사회 안전망도 붕괴돼 있다. 러시아가 중국과 힘을 합쳐 미국에 대항하는 시나리오 또한 실현 가능성이 거의 없다. 이들이 전술적인 단기 협력관계를 맺을 수는 있지만 전략적으로 장기 협조체제를 구축하는 데에는 장애물이 많다.

'떠오르는 대국' 인도도 상대가 안 된다. 인도는 인구의 3분의 1이 글자를 읽을 줄 모르고 극심한 빈곤에 시달리는 나라다. 첨단기술부문 수출이 전체의 5%에 불과하다. 중국과 연합해 반미동맹에 나설 가능성도 적다. 오랜 분쟁과 역사적 앙금 때문에 인도는 중국을 동맹 상대로 보지 않는다.

그러면 브라질은? 브라질은 인도의 3배에 달하는 영토를 갖고 있고 2억 인구의 90%가 읽고 쓸 줄 안다. 1인당 소득도 인도의 3배다. 하지만 인프라 부족과 과도한 규제, 심각한 범죄와 높은 살인율 등 성장을 가로막는 요소가 많아서 미국을 따라잡을 가능성은 없다.

결론적으로 미국의 시대를 종식시킬 만한 대국은 앞으로 수십 년 이내에는 나오기 어렵다는 것이다. 이렇게 보면 "내가 죽었다고 한 보도는 대단히 과장된 것"이라는 마크 트웨인의 유명한 재담처럼 미국의 세기가 끝났다는 사망설도 크게 과장된 것이라고 지적한다.

복잡한 국제관계의 이면을 명쾌하게 보여준 통찰력 돋보여

그러나 "앞으로 세계는 힘이 국가의 경계를 벗어나 다양한 분야로 분산되는 시대로 나아갈 것이며, 다가올 미국의 세기도 과거와는 다를 것"이라고 그는 예측한다. 다른 여러 나라가 약진하고 비정부적인 주체들의 역할이 커짐에 따라 어떤 단일 국가가 앞장서서 영향력을 행사하고 행동을 주도하는 일은 더 힘들어질 것이라는 얘기다.

향후 세계 질서에서 미국이 차지하는 몫도 당연히 지난 세기보다는 줄어들 것이다. 그러면 미국은 어떻게 할까. 이 대목에 국제정치학자로서 미국의 미래를 걱정하는 그의 시각이 잘 드러나 있다. "미국의 세기를 지속하기 위해 미국은 압도적으로 우월한 국력의 자원을 통해 전 세계적으로 힘의 균형을 추구하고, 국제적인 공공재公共財를 제공하는 일에 있어서 가장 중심적인 역할을 담당해나가야 한다."

저자의 이름처럼 결론과 주장이 명쾌하다. 21세기 국제정치의 새로운 지형도와 국가 간 동맹, 합종연횡의 근본 원리도 선명하게 일깨워준다. 미국 중심의 논리라는 한계에도 불구하고 복잡한 국제 관계의 이면을 꿰뚫는 그의 통찰력은 여전히 빛난다.

함께 읽으면 좋은 책

- 《팍스 아메리카나 3.0-다시 미국이다》
  함재봉, 모종린 외 지음 | 아산정책연구원
- 《권력의 미래》 조지프 나이 지음 | 윤영호 옮김 | 세종서적

검은대륙을 주목하라
《아프리카 파워》

비제이 마하잔 지음, 이순주 옮김, 에이지21 펴냄

세계의 마지막 블루오션 아프리카

코카콜라가 구멍가게에 냉장고를 자체 비용으로 보급하고 발전기까지 제공하는 곳, 세계의 마지막 '블루오션 마켓'으로 뜨고 있는 아프리카다. 아프리카는 15세 미만 인구가 41%를 차지하는 젊은 시장으로 성장 가능성이 크다. 또한 매우 낙관적이며 진취적으로 도전하는 정신까지 갖추고 있다. 아프리카는 9억 명 이상의 소비자를 가진 가장 빠른 속도로 성장하는 시장으로 부상하고 있는 것이다.

"내가 알제리에서 묵었던 엘 드자자이르 호텔은 100년도 더 된 호텔이다. 2차 대전 당시 드와이트 아이젠하워 장군은 1942년 11월에서 1943년 12월까지 이 호텔을 임시본부로 사용했다. 이 호텔에 머무는 동안 아이젠하워가 묵었던 방을 구경하고 싶다고 부탁했다.

아이젠하워가 지금 그 방을 본다면 아마 깜짝 놀랄 것이다. 그가 이 호텔에 묵었다는 것을 알리는 기념패를 지나가면 대형 삼성 평면스크린 TV가 가장 먼저 눈에 들어온다. 연합군이 아시아에서 전쟁을 하고 있던 당시에 아이젠하워는 자기가 묵었던 방이 한국 기업의 제품으로 장식될 거라고는 상상도 하지 못했을 것이다. 그것은 세계가 크게 달라졌다는 신호이자 아프리카가 달라졌다는 신호이다."

미국 텍사스대학 오스틴 캠퍼스의 매콤경영대학원 종신교수인 비제이 마하잔이 《아프리카 파워》에서 밝힌 체험담이다. 인도 출신의 세계적인 비즈니스 컨설턴트인 저자는 이 책에서 아프리카를 세계의 마지막 '블루오션 마켓'이라고 부른다.

아프리카 시장에 뛰어든 선두 기업들과 그 성공 사례 소개

"아프리카의 과거 '전쟁지대'가 안전한 상업 중심지로 변했다. 삼성 같은 기업들이 아프리카 전역에서 기회를 잡고 있다. 이들은 엘드자자이르 같은 5성급 호텔에 TV를 공급할 뿐만 아니라 고밀도 빈민가 거리에서도 기회를 잡는다. 아프리카는 많은 문제를 안고 있지만 사람들이 생각하는 것보다 더 빨리 성장하고, 변화하고, 발전하고 있다."

삼성뿐만 아니라 LG 얘기도 곳곳에 등장한다. 2000년 모로코에 진출한 LG는 무슬림 명절에 초점을 맞춘 프로모션으로 매년 50% 이상의 성장을 기록했다. 2007년의 경우 라마단 기간에만 연간 가

전제품 판매량의 25%를 팔았다.

"아프리카 시장은 브랜드를 키우기보다는 제품을 판매하는 데 관심이 있는 무역업자들의 지배를 받고 있다. 이것은 LG처럼 투자하는 기업들이 아프리카 시장에서 브랜드를 키울 수 있는 기회를 낳는다. 아프리카 시장에 별로 매력을 느끼지 못하는 기업들도 있을 것이다. 그러나 LG의 성공 사례는 마케팅 커뮤니케이션, 유통, 서비스, 구매습관 이해 등을 바탕으로 시장을 조직화하면 엄청난 기회를 얻을 수 있다는 것을 보여준다."

한편, 이들 국가 간 교역은 지난 20년 동안 두 배로 증가했다. 이들의 교역 규모에서 지역 내 무역이 차지하는 비중은 1990년 7%에 불과했으나 2010년 14%로 증가했다. 남아프리카공화국은 아프리카 역내 교역의 '엔진'으로 전체 수입의 4%를 점유하고 수출은 6%를 담당하는 것으로 나타났다. 주목되는 것은 아프리카 교역의 대부분을 차지하던 선진국 위상은 줄어든 반면 중국과 인도, 브라질 등 신흥국 비중이 강화됐다는 점이다.

IMF는 이런 변화가 지난 10년 사이에 대부분 일어난 것이며 1990년 이들 나라의 비중은 무시할 만한 수준이었다고 언급했다. 인도네시아, 말레이시아, 사우디아라비아, 태국 및 아랍에미리트 등 5개 국가의 대아프리카 교역도 증가해 1990년 전체의 2%에서 2010년 5%로 늘었다. 아프리카의 중국, 인도, 브라질에 대한 수출은 주로 원자재로 이뤄졌고 원유가 70%를 차지했다. 그나마 남아공의 수출을 제외하면 80%에 달한다고 보고서는 덧붙였다.

이 같은 분석을 보면 9억 명 이상의 소비자를 가진 아프리카 대륙이 세계에서 가장 빠른 속도로 성장하는 시장이라는 것을 확인할 수 있다. 저자도 이 점에 주목하면서 엄청난 수요와 막강한 구매력을 지닌 시장에서 지속가능한 비즈니스를 구축한 현지 기업가들과 외국인 투자자들의 사례를 소개하고, 어떻게 인도와 중국이 아프리카 각지에서 막대한 포지션을 차지하고 있는지 설명한다.

특히 중국이 아프리카에 주목하는 것은 단순히 자원 확보를 위한 것만이 아니라고 강조한다. 중국은 아프리카에서 자신들의 과거를 발견하기 때문에 거기서 무엇을 해야 하는지 잘 알고 있다는 것이다. 인도 역시 마찬가지다. 이 책에 중국과 인도 기업들이 자주 언급되는 것도 그런 이유다.

물론 아프리카에는 없는 게 많다. 안정적인 전력 공급이 없고 통신망도 부족하다. 그런데도 시장은 굴러간다. 코카콜라는 오지의 구멍가게들에 냉장고를 자체 비용으로 보급하고 그 냉장고에 전력을 제공하기 위한 발전기까지 주고 있다. 전화망이 없는 곳에서는 휴대폰으로 공백을 채워가고 있다. 휴대폰 보급률은 의외로 높다. 휴대폰 보급은 금융 시스템이 부족한 곳에서 또 다른 혁신을 가능하게 했다. 휴대폰 통화시간을 화폐 대용으로 사용할 수 있도록 한 것이다. 인도와 중국의 과거를 아는 사람에게는 낯익은 풍경이다.

게다가 이미 중국과 인도 시장의 경쟁이 심해졌다는 점을 감안하면 얘기는 더 흥미로워진다. 아프리카는 그동안 '관심 밖의 지역'이었기 때문에 경쟁이 치열하지 않고 성장 가능성이 훨씬 크다.

성장 잠재력이 큰 아프리카 시장, 늦기 전에 투자하라

저자에 따르면 아프리카는 15세 미만 인구가 41%를 차지하는 '젊은 시장'이다. 그만큼 성장성이 크다는 얘기다. 대부분의 경제 선진국은 급속도로 노화되고 있다. 그러나 아프리카의 소비시장은 급속도로 젊어지고 있다. 컴퓨터와 통신, 스포츠, 음악, 영화에 이르기까지 다양한 소비시장을 폭넓게 구성하고 있다는 것이다.

아프리카에는 경쟁자가 많이 없다. 따라서 마진도 크다. 또 매우 낙관적인 시장이다. 아프리카인들의 사고는 낙천적이다. 진취적으로 도전하는 정신까지 갖추고 있다.

"아프리카 시장은 움직이고 있다. 아프리카에 투자를 하거나 관계하고 있지 않다면 지금 아프리카의 재기에 참여해도 늦지 않을 것이다. '나무를 심어야 할 가장 좋은 시기는 20년 전이었다. 그 다음으로 좋은 시기는 바로 지금이다'라는 아프리카 속담을 새겨보자."

아프리카 시장을 뚫기 위한 방법은 의외로 간명하다. 저자가 정리한 '아프리카 마켓 포지셔닝 포인트 7'이 유용하다.

① 아프리카는 우리 생각보다 더 부유하다는 사실을 인지하라: 아프리카는 1인당 국민총소득$_{GNI}$ 기준으로 인도보다 부유하고, 그중 12개국은 중국보다도 부유하다.
② 아프리카 중산층을 겨냥하라: 아프리카의 모든 계층에 기회가 있지만 특히 4억 명으로 추정되는 중산층 시장을 겨냥하라.

③ 시장을 조직화할 기회를 찾아라: 유통업에서 휴대폰과 뱅킹에 이르기까지 인프라를 구축하는 기업들이 성공하고 있다.

④ 전 세계에서 가장 젊은 시장을 위한 전략을 개발하라: 기업들은 나날이 젊어지는 아프리카 대륙에서 기저귀, 음악, 의약품 등 유아와 청소년을 대상으로 한 기회들에 주목하고 있다.

⑤ 아프리카는 '대중매체 암흑' 대륙이 아니라는 사실을 이해하라: 날리우드(나이지리아)의 위성방송과 광역 인터넷에 이르기까지 각종 대중매체가 아프리카에서 폭발적으로 늘어나고 있다.

⑥ 재외 아프리카인들의 숨은 위력을 인지하라: 재외 아프리카인들은 아프리카 발전을 위한 재원과 지식을 가지고 고국으로 돌아올 뿐만 아니라 아프리카 밖으로까지 아프리카의 기회를 확대한다.

⑦ 아프리카 지역사회의 필요를 인지하고 충족시켜야 한다는 의미의 '우분투(당신이 있기에 내가 있다)' 시장을 구축하라: 기본적인 인간의 필요를 충족시킴으로써 수익성 있는 비즈니스, 지속가능한 성장, 사회적 조직을 창출하라.

함께 읽으면 좋은 책

- 《넥스트 아프리카》
  제이크 브라이트, 오브리 흐루비 지음 | 이영래 옮김 | 미래의창

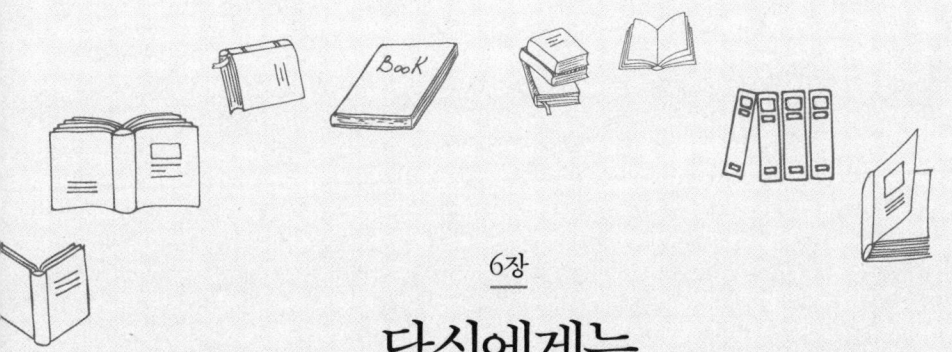

6장

당신에게는 '비밀의 정원'이 있는가

길을 찾는다면 고전을 보라
《CEO, 고전에서 답을 찾다》

유필화 지음, 흐름출판 펴냄

고전 속에 숨은 경영의 노하우

"어떤 일이 어려워서 우리가 과감히 시도하지 못하는 것이 아니라 우리가 과감히 시도하지 않기 때문에 그것이 어려운 것이다."
"내부적인 발전의 큰 부분은 발전하려는 의지에 의해 벌써 결정된다."

기원전 4년에 태어나 69세에 네로 황제의 명령으로 스스로 목숨을 끊은 세네카의 명언이다. 로마의 대표적인 철학자이자 정치가, 문필가인 그는 '의지의 중요성'을 늘 강조했다. 또 목표를 달성하려고 할 때 독창성이 필요하다고 말했다. 그래서 맹목적으로 남을 좇아가는 것을 가장 경계했다.

유필화 성균관대학교 교수는 《CEO, 고전에서 답을 찾다》에서

"창의성을 중시한 세네카의 철학은 21세기에도 여전히 빛난다"며 "경영에서도 남의 것을 베끼거나 흉내만 내서는 앞선 기업을 따라잡을 수 없다"고 얘기한다.

저자는 현대 기업가들이 세네카의 사상 가운데 특별히 유념해야 할 '의지'의 요소를 3가지로 나눠 설명한다.

① 스스로가 원하는 것을 아는 것 - 의지는 전략의 가장 중요한 요소이며 의지의 힘은 개인과 팀, 회사에 강한 활력을 불어넣는다.
② 스스로가 원하지 않는 것을 아는 것 - 경영자는 자신이 원하지 않는 것이 무엇인지 확실히 알아야 쓸데없는 곳에 눈을 돌리지 않는다.
③ 끈질김 - 전략이란 포기하지 않고 참고 버티는 것이며 이 끈질긴 활동의 결과가 곧 기업의 지속적인 성공이다.

"무엇을 원하지 않는가를 확실히 아는 사람만이 스스로가 원하는 일에 온 힘을 집중할 수 있다. 만일 BMW의 경영진이 자신들이 병든 조직을 되살리는 것보다는 제품혁신과 마케팅에 힘을 쏟기를 원한다는 사실을 알았더라면 망해가던 영국의 자동차회사 로버를 인수하지 않았을 것이다. 만약 그런 실수를 저지르지 않았다면 BMW와 그 투자자들은 지금보다 훨씬 큰 부를 이룰 수 있었을 것이다."

저자는 이 같은 관점에서 고전 속 인물들에게서 현대 경영의 해답을 구할 수 있다고 말한다. 사람을 다루고 조직을 이끄는 것은 어느 시대나 인간이 풀어야 할 난제이고 이것이 곧 경영의 핵심이기 때문에 인간의 본질을 다루는 고전 속에 경영의 노하우가 숨어 있다는 것이다.

경영학적 관점에서 살펴본 위대한 리더들의 사상

이 책에서 저자가 다루는 인물은 세네카를 비롯해 손자, 석가, 마키아벨리, 클라우제비츠, 피터 드러커, 헤르만 지몬, 이병철 등 8명이다.

병법의 대가인 손자는 속도경영의 원조로 꼽힌다. 이때의 속도는 목표를 향한 속도를 뜻한다. 손자는 《손자병법》 '제2장 작전 편'에서 시간 단축의 중요성을 이렇게 얘기한다.

"전쟁을 해서 이길지라도 시간을 오래 끌면 병기가 무디어지고 병사들의 사기가 떨어진다. 그리하여 군대가 성을 공격하면 곧 힘이 다하고 전투가 길어지면 나라의 재정이 바닥나게 된다. 그러므로 전쟁은 신속하게 끝내야 한다. 뛰어난 작전치고 오래 끄는 것을 본 적이 없다. 무릇 질질 끄는 전쟁이 나라에 혜택을 준 적은 지금까지 없었다."

이는 경영에서도 마찬가지다. 이른바 '큰 것이 작은 것을 먹는 것이 아니라 빠른 것이 느린 것을 먹는' 시대다. 사업 검토에서 최종 판단까지 걸리는 시간이 짧을수록, 상품기획 단계부터 시장 출하까지의 소요 시간이 단축될수록 기업의 경쟁력은 커지게 마련이다.

마키아벨리에게서는 인사관리와 칭찬경영의 노하우를 배울 수 있다. 마키아벨리는 "부하들을 칭찬하거나 아니면 내보내라"고 했다. 일 잘하는 직원에게는 승진의 기회와 권한을 주고 포상과 표창을 자주 하는 게 좋다는 것이다. 회사에 고마움을 느끼는 직원은 회사를 위해 더욱 열심히 일한다. 그러나 회사에 해를 끼치는 직원은 과감하게 내보내야 한다는 것이다.

시장에서의 싸움에서는 "경쟁자들을 차별적으로 대하라"고 가르친다.

"마키아벨리의 기본 생각은 경쟁자들을 차별적으로 대하라는 것이다. 그는 먼저 약한 경쟁자들을 보호하라고 말한다. 또 모든 수단을 동원하여 비슷하게 강한 경쟁자가 '어떤 이유에서건 그 나라를 침범하는 것'을 막으라고 권한다. 마이클 포터 하버드 경영대학원 교수는 이러한 전략을 '진입장벽 높이기'라고 표현한 바 있다. 이는 협조적으로 행동하는 기존 경쟁사들을 이용하여 새로운 경쟁사의 시장 진입을 막을 수 있다는 뜻이다."

피터 드러커의 인간중심경영 편에서는 기업의 성공이 헌신적인 직원들에게 달려 있다는 것을 일깨운다. 일류 기업들은 직원들에게 권한과 학습의 기회를 주고 이를 적극 활용한다는 것이다. 드러커의 경영철학 중 임원을 위한 대목도 눈길을 끈다. 바로 시간관리다. 거의 모든 경영자가 만성적인 시간 부족에 시달리고 있으며, 경영자의 고민거리 중에서도 시간문제가 가장 큰데, 시간은 돈으로 살 수 없는 자원이기 때문이다.

"이 문제를 놓고 해외에서 조심스럽게 거론되고 있는 아이디어가 바로 시장경제의 원리를 경영자의 시간에도 적용하자는 것이다. 경영자의 시간에 값을 매기고 필요로 하는 사람은 어떤 형태로든 그 값에 해당하는 비용을 부담해야 쓸 수 있게 하는 것이다."

실제로 독일 자동차회사 아우디는 중역회의에서 논의할 안건을 토의하는 데 어느 정도 시간이 걸릴 것인지를 미리 알려 '시간 예산'을 넘으면 토의를 더 빨리 진행한다.

헤르만 지몬의 중소기업경영에서는 '히든 챔피언'의 비결을 알려준다. 강소기업들은 '전략적 초점'을 중시한다.

"이들은 명확한 '집중전략'을 쓰고 있다. '우리는 무슨 분야의 전문가다', '우리는 작은 시장의 거인이 되려고 한다', '우리는 다른 업종을 넘보지 않는다' 등의 말을 한다. 즉 이들은 자기 회사의 핵심적인 강점에 집중하며 또한 그것을 지속적으로 개선하고 있다. 그 결과 그러한 핵심적인 강점은 이 회사들의 믿음직스러운 전략적 경쟁 우위가 되고 있다."

이들의 또 다른 장점 중 하나는 '변화경영'이다. "변화를 가져오려면 어느 정도 인심을 잃을 각오를 해야 한다. 심각하게 변화를 추진하는 사람은 중상모략과 비방에 익숙해져야 한다. 사람들은 결국 이 얘기 저 얘기에 흔들리는 귀가 얇은 사람을 존경하지는 않는다. 그들은 오히려 강인함과 추진력을 더 높이 평가한다."

이병철의 의사결정법에서는 '큰일을 결정할 땐 깊이 생각해야 하지만, 한 번 결정했으면 그대로 밀고 나가야 한다'는 교훈을 얻을 수 있다.

"못 미더운 사람은 아예 쓰지 말라. 하지만 일단 쓰기로 했으면 모든 것을 믿고 맡겨라. (…) 부하에게 지울 수 있는 책임은 한정된 직무상의 책임에 국한되며, 일의 성사나 공과(功過)에 대한 책임은 당연히 책임자가 져야 한다. 물론 책임을 위해서는 권한이 부여되어야 한다. 그러나 명심해야 할 것은 권한을 위양해도 책임은 그대로 남는다는 책임불변의 원칙이다."

'남을 이롭게 하면 그 이로움이 결국 자기에게 돌아온다'는 석가의 고객만족경영, '한순간도 현장에서 눈을 돌리면 안 된다'는 클라우제비츠의 현장경영 노하우도 흥미롭다. 이 모든 것이 MBA(경영학석사) 과정에서는 배울 수 없는 온고이지신의 고전경영 수업이어서 더욱 빛난다.

함께 읽으면 좋은 책

- 《책이 답이다》 동종성 지음 | 타래
- 《서진영의 KBS 시사고전》
  서진영 지음 | 자의누리 경영원구원

고전을 통해 배우는 내면의 깊은 성찰
《일침》

정민 지음, 김영사 펴냄

"원풍 6년 10월 12일 밤이었다. 옷을 벗고 자려는데 달빛이 창문으로 들어왔다. 기뻐서 일어났다. 생각해보니 함께 즐길 사람이 없었다. 마침내 승천사로 가서 장회민을 찾았다. 회민 또한 아직 잠자리에 들지 않고 있었다. 서로 함께 뜰 가운데를 거닐었다. 뜰 아래는 마치 빈 허공에 물이 잠겼는데, 물속에 물풀이 엇갈려 있는 것만 같았다. 대나무와 잣나무의 그림자였다. 어느 날 밤이고 달이 없었으랴. 어덴들 대나무와 잣나무가 없었겠는가? 다만 우리 두 사람처럼 한가한 사람이 적었을 뿐이리라."

한양대학교 정민 교수는 이 글귀를 읽고 일기일회一期一會를 생각했다. 그리고 이렇게 썼다.

"달은 어느 밤이나 뜬다. 나무 그림자는 어디에도 있다. 하지만 그날 밤 내 창문으로 넘어온 달빛, 그 달빛에 이끌려 벗을 찾은 발걸음, 마당에 어린 대나무 그림자, 말없이 바라보던 두 사람이 있어 그 달빛 그 그림자가 일생에 하나뿐이요, 단 한 번뿐인 것이 되었다. 만남은 맛남이다. 모든 만남은 첫 만남이다. 매 순간은 최초의 순간이다. 우리는 경이 속에 서 있다."

일기일회란 일생에 단 한 번, 딱 한 차례의 만남이 아닌가. 그러니 "단 한 번의 일별에 우리는 불붙는다"고 했다. 정민 교수가 《일침-針》의 첫 장을 이 화두로 시작한 이유도 여기에 있으리라. "이 한 번, 이 한순간을 위해 우리는 몇 겁의 생을 기다려왔다. 스쳐가는 매 순간 순간을 어찌 뜻 없이 보낼 수 있겠는가."

고전을 통해 배우는 내면의 깊은 성찰

그동안 《다산선생 지식경영법》, 《미쳐야 미친다》 등 여러 권의 베스트셀러를 통해 옛 성현들의 지혜를 전해주던 그가 이번에는 네 글자로 이뤄진 사자성어의 행간으로 우리를 안내한다. 그는 고전에서 시대정신을 길어 올리는 것뿐만 아니라 깊이 있는 성찰과 현실에 대한 비판까지 사유의 폭을 넓혀간다.

이 책에서는 100개의 글을 '마음의 표정', '공부의 칼끝', '진창의 탄식', '통치의 묘방'이라는 소제목의 네 갈래로 묶었다. 글 제목은 넉자에 불과하지만 세상의 이치를 비추는 성찰의 거울이요, 사고의 결정체라 할 수 있다.

첫 번째 나오는 '마음의 표정'은 '심한신왕心閒神旺', '관물찰리觀物察理',

'남산현표南山玄豹', '지지지지知止止止' 등의 청언소품을 추린 것이다. 그중 '남산현표(남산의 검은 표범)'는 '배고픔을 견뎌야 박히는 아름다운 무늬'를 뜻한다. 검은 표범은 안개비가 7일간 내려도 먹이를 찾아 산을 내려오지 않는다. 털을 기름지게 해서 무늬를 이루기 위해 숨어서 해를 멀리하려는 것이다. 어린 표범은 자라면서 어느 순간 문득 짙고 기름진 무늬로 변한다. 《주역》에서는 '군자표변君子豹變'이라고 했다. '군자'는 '표범처럼 변한다'는 뜻이다.

그는 "사람도 공부를 차곡차곡 축적해서 문득 반짝이는 지혜를 갖추게 된다"며 "당장 먹고사는 일에 얽매여 공부를 내팽개친 채 여기저기 기웃대면 문채文彩는 갖춰지지 않고 그저 지저분한 개털만 남는다"고 했다.

'지지지지'는 '그침을 알아 그칠 데 그친다'는 말이다. 그는 "사람은 자리를 잘 가려야 한다. 꼭 있어야 할 자리에 있는 것이 지지止止다. 떠나야 할 자리에 머물러 앉아 있으면 결국 추하게 쫓겨난다"고 말한다.

마음을 다스리는 사자성어 100개

'공부의 칼끝'에서는 선인들의 공부법과 지식경영법을 얘기한다. '묘계질서妙契疾書'의 '묘계'는 번쩍 떠오른 깨달음, '질서'는 빨리 쓴다는 뜻이다. 이를 통해 그는 메모의 힘을 설파한다. 성호 이익은 묘계질서의 방법을 평생 실천해 경전을 읽다 스쳐간 생각을 메모로 붙

들어두었는데 이것이 모여《시경질서》,《맹자질서》,《가례질서》,《주역질서》 같은 책이 됐다고 한다.

연암의《열하일기》도 연행 도중에 쓴 글이 아니라 귀국 후 여러 해 동안 노정 도중 적어둔 거친 비망록을 바탕으로 생각을 키워 완성했다. 모든 위대함의 바탕에는 메모의 힘이 있었던 것이다.

'견골상상見骨想象'고사에서는 '이미지를 유추해서 본질에 도달한다'는 뜻을 되새긴다. 4000년 전에는 베이징北京을 포함한 중국 전 지역에 코끼리가 살고 있었다. 그러나 전국시대 말기에 이르면 살아 있는 코끼리를 보기가 어려웠다.《한비자》〈해로〉편에 "사람들이 산 코끼리를 보기 힘들게 되자 죽은 코끼리의 뼈를 구해 그림을 그려 산 모습을 떠올려보곤 했다"는 대목이 나오는데 오늘날 우리가 말하는 상상想象의 어원이 바로 여기서 나왔다고 한다.

'진창의 탄식'과 '통치의 묘방'에도 '교자이의敎子以義', '수락석출水落石出', '불통즉통不通則痛' 등 명편이 가득하다. 그가 2011년의 화두로 꼽기도 한 '수락석출'은 '물이 줄자 바위가 수면 위로 드러난다'는 뜻이다. 본래는 적벽강의 달라진 풍경을 묘사한 말이었지만 흑막이 걷혀 진상이 명백하게 드러났다는 의미로 쓴다. 물길이 넉넉할 때는 품어 안아 가려졌던 바위들의 괴상한 모양새가 속속 드러난다.

'불통즉통'은 '통하면 안 아프고 안 통하면 아프다'는 뜻으로 한의학에서도 쓰인다. 그는 "기가 원활하게 흐르면 아픈 데가 없다. 육체만이 아니다. 사회의 기는 언로言路로 소통된다. 거슬려도 쓴소리에 귀를 기울여야 갈등이 사라진다"고 강조한다.

책을 읽고 나서 다시 펼쳐보고 싶은 대목이 많다. 독서와 공부에 관한 '우작경탄牛嚼鯨呑'도 그중 하나다. '우작牛嚼'이란 '소가 여물을 대충 씹어 삼킨 뒤 되새김질을 통해 완전히 소화하는 것'을 말한다. 독서는 우작처럼 한 번 읽어 전체 내용을 파악한 뒤 다시 하나하나 음미하며 읽는 정독을 해야 한다는 것이다. '경탄鯨呑'은 '고래가 한입에 물과 고기를 삼키는 것'을 뜻한다. 다독은 많은 지식을 '폭풍흡입'할 수 있지만 자칫 수박 겉핥기식이 될 수 있다.

따라서 다독이란 책을 많이 읽는 게 아니라 한 번 읽은 책을 읽고 또 읽는 것을 말한다. 그러기에 정독과 다독은 각기 다른 것이 아니라 서로 보완해주는 독서법이라는 얘기다.

세상이 어지러울수록 찬찬히 살펴라

깊게 공부해서 쉽게 풀어낸다는 '심입천출深入淺出', 말은 간결해도 뜻이 깊어야 좋은 글이라는 '사간의심辭簡意深'도 오래 새겨둘 구절이다. 공부가 깊어야 설명이 간결하고 자기가 제대로 이해해야 남들에게 쉽게 이해시키듯이 글 속에 깊은 맛이 있어야 명문이 된다는 것이다.

세상이 어지러울수록 사물의 원리를 제대로 보고觀物 그 속에 깃든 이치를 찬찬히 살펴야察理 한다는 얘기인데 눈으로 보지 않고 마음으로 보고, 마음을 넘어 이치로 읽을 것을 주문한 선인들의 가르침이 지금도 빛나는 일침一針이다. 그래서 저자도 "그 한 바늘 끝에 달아났던 마음이 돌아온다"고 했던 것이 아닐까.

순간에서 영원을 보다*
《시 읽는 CEO》, 《옛시 읽는 CEO》

고두현 지음, 21세기북스 펴냄

'한국의 경영학 구루(스승)'로 불리는 윤석철 서울대학교 교수는 고별강연 '시를 통한 인생·경영탐구'에서 영국 계관시인 테니슨의 시 〈참나무〉를 인용하며 자신의 이론인 '생존 부등식'을 설명했다. 노 교수가 마지막 강연에서 '시와 경영의 감동적인 만남'을 거듭 강조한 이유는 무엇일까.

시의 행간에 깃든 성찰과 감성의 힘이 경영 현장의 창의와 상상력으로 이어지기 때문이다. 시는 경영의 창조적 영감과 맞닿아 있다. 시의 여백 뒤 삶의 고갱이가 있듯 급변하는 경영환경의 이면에는 시적 통찰의 '감성 엔진'이 숨어 있다. 그래서 성공한 리더들은 시 속의 풍부한 상상력으로 '창의적이고 혁신적인 사고의 물레'를 돌린다.

* 이 글은 강경태 한국CEO연구소장의 기고문이다.

애플의 최고경영자 스티브 잡스가 '아이팟 신화'를 일궈낸 창조의 원천은 영국 낭만주의 시인 윌리엄 블레이크였다. 고급 음향기기를 제조하는 하만인더스트리스 설립자 시드니 하만은 셰익스피어의 광팬이다. '경영하는 시인'으로 유명한 하만은 시의 효용성에 대해 이렇게 말한다. "시인들은 우리가 생각한 시스템을 생각해낸 원초적 사상가들이다. 그들은 우리가 처해 있는 복잡한 환경들을 이해 가능한 것으로 바꿔준다."

그러나 시와 경영이 전문적인 영역이기 때문에 둘을 아우르는 작업은 쉽지 않다. 그런 의미에서 《시 읽는 CEO-처음 시작하는 이에게》와 《옛시 읽는 CEO-순간에서 영원을 보다》는 시와 경영을 결합한 국내 최초의 책으로 큰 가치가 있다. 시인이자 한국경제신문 논설위원인 저자는 세계적인 CEO들이 시를 읽는 것에 주목했고, 인문학과 경영학의 경계에서 '시의 꽃'을 피워냈다.

그는 "시란 냉혹한 비즈니스 현장에서도 부드럽고 따뜻한 공감의 꽃을 피워낸다"며 "시에서 얻는 지혜와 창의의 무형자산이 우리를 키우는 최고의 자양분"이라고 말한다. 아침 출근길에 시 한 편의 즐거움을 맛볼 줄 아는 사람과 그렇지 않은 사람의 하루가 왜 다른지 이 책들을 통해 인생과 비즈니스의 예각을 넓혀보자.

《시읽는 CEO-처음 시작하는 이에게》

창조적인 CEO들이 가장 좋아하는 시 20편을 선별해 '자기창조의 지혜'를 전달한다. 단순히 시를 해설하는 산문 수준을 넘어 시에서 발견하는 삶의 지혜와 성공의 원리를 실생활과 접목한 것이 특징이다. '청춘, 격려, 열정, 희망' 등 인생 전반에 걸친 키워드에서 '창의, 인재, 배움' 등 비즈니스와 성공에 대한 마인드까지 폭넓게 다루고 있어 누구나 공감할 수 있다. 이 가운데 몇 편을 소개한다.

위대한 리더의 덕목 '청춘'

청춘이란 두려움을 물리치는 용기,
안이함을 뿌리치는 모험심,
그 탁월한 정신력을 뜻하나니
때로는 스무 살 청년보다 예순 살 노인이 더 청춘일 수 있네.
누구나 세월만으로 늙어가지 않고
이상을 잃어버릴 때 늙어가나니
(사무엘 울만의 〈청춘〉 중에서)

사무엘 울만이 78세 때 쓴 시다. 청춘은 인생의 한 시기가 아니라 '마음가짐'을 뜻한다는 게 핵심 메시지다. '청춘'에는 위대한 리더들의 덕목이 녹아 있다. 〈하버드비즈니스리뷰〉는 세계적 기업의 최고경영자들이 꼽은 최고의 자질을 소개하면서 첫 번째로 이 시에 나오는 '열정적인 마음가짐'을 들었다.

경영의 신으로 불리는 마쓰시타 고노스케도 영원한 청춘을 온몸으로 보여준 사람이다. 그는 약골로 태어나 초등학교도 마치지 못했지만 '지난 1000년간 가장 위대한 경영인'에 뽑혔다. 실제로 그는 허약한 몸, 지독한 가난, 짧은 가방끈에도 불구하고 큰 신화를 이룩했는데 그 비결은 '늘 푸른 청년 정신'과 '역발상의 지혜'였다. 그는 70세에 '청춘'이란 좌우명을 지어 평생 곁에 두고 읽었으며 자서전 제목도《영원한 청춘》이라고 정했다.

세상을 보는 안목 '배움'

무엇을 아무리 얇게 베어내도 거기엔 늘 양면이 있다는 것을.
어느 순간이 우리의 마지막이 될지 모르기 때문에
사랑하는 사람에겐 언제나 사랑의 말을 남겨놓고 떠나야 함을.
더 못 가겠다고 포기한 뒤에도 훨씬 멀리 갈 수 있다는 것을.
(오마르 워싱턴의 〈나는 배웠다〉 중에서)

사무엘 울만의 〈청춘〉과 함께 CEO들이 가장 좋아하는 작품이 오마르 워싱턴의 〈나는 배웠다〉이다. 신재철 전 LG CNS 사장도 〈나는 배웠다〉를 애송한다. 그는 이 시가 일상의 소소한 지혜와 너그러움을 일깨워주고 겸허하게 자신을 돌아보게 해주는 데다 자신의 인생철학까지 반영한다고 말한다.

"이 시에서 '아무리 얇게 베어내도 거기엔 늘 양면이 있다'는 표현, 정말 대단하지 않습니까? 모든 사람과 사물엔 양면이 있지요.

이 두 면을 다 보는 넓은 시야를 가져야 한다는 것을 이 시에서 배웠습니다."

지혜의 창문을 여는 '창의'

잊지 말라.
지금 네가 열고 들어온 문이
한 때는 다 벽이었다는 걸.

쉽게 열리는 문은
쉽게 닫히는 법.
들어올 땐 좁지만
나갈 땐 넓은 거란다.

집도 사람도 생각의 그릇만큼
넓어지고 깊어지느니
처음 문을 열 때의 그 떨림으로
늘 네 집의 창문을 넓혀라.
(고두현의 〈처음 출근하는 이에게〉 중에서)

지식이 많은 사람은 늘 한발 앞서간다. 하지만 지식만으로는 부족하다. 처음에는 정보가 한 걸음 앞서 가는 무기가 되지만, 급변하는 사회 속에서 지식만으로는 한계에 부딪히게 된다. 21세기에는 '지식형 인간'보다 '지혜형 인간'이 필요하다. 지혜형 인간에게 필요한 것은 머리와 가슴을 유연하게 연결하는 '창의력'이다.

창의력을 키우는 방법에 대한 케이스 소여 워싱턴대학 교수의 조언도 귀담아들을 만하다. "가능한 모든 것에서 배우며, 실수를 두려워하지 말라. 실수라는 복병을 이겨내지 못하면 창의력은 물 건너간 이야기다." 저자는 '삶에서 무엇인가 꽉 막힌 느낌이 들면 나만의 창가를 만들어 세상을 바라보며, 창가에서 폭넓고 가치 있는 지평을 향한 창의력을 키우라'고 강조한다.

《옛시 읽는 CEO-순간에서 영원을 보다》

옛시 36수를 봄, 여름, 가을, 겨울이라는 네 번의 호흡으로 나누어 시의 배경이나 등장인물들의 얘기, 저자 자신의 삶을 입체적으로 풀어놓았다.

장쩌민 전 중국 국가주석의 '한시외교' 등 재미있는 일화에 시적 상상력, 사고의 유연함까지 현대적인 감수성으로 녹여냈다. 데이터 분석과 획일적 사고에 젖어든 우리의 생각을 여백의 미학으로 이끌어주는 책이다.

안과 밖을 꿰뚫어보는 '통찰'

어렵게 최고경영자 자리에 오른 사람의 이야기가 첫머리에 나온다. 그는 취임한 지 두 달이 지났지만 조직을 장악하지 못해 곤혹스러워하고 있었다. 부하직원들은 '여태껏 잘해왔는데 무슨…' 하는 관성의 법칙에 젖어 있었다. 어느 날 그는 훈계조의 이야기를 던져 버리고 그 전날 읽은 옛시 한 수를 읊었다. 마지막 시구를 암송하는 순간 취임 이후 처음으로 박수가 쏟아졌다. 그가 읽어준 시는 소동파의 〈서림사 벽에 쓰다〉였다.

옆에서 보면 고갯마루 가로 보면 봉우리
멀고 가깝고 높고 낮음이 제각기 다르구나
여산의 참모습 알 수 없는 것은
이 몸이 산 속에 있기 때문이라네.

여산의 진면목을 알 수 없는 것이 그 속에서만 보았기 때문이라는 대목이 직원들의 마음을 건드린 것이었다. 이것이 시의 힘이다. 그중에서도 옛시의 매력은 한 겹 더한 힘을 발휘한다. 상징과 은유, 비유와 응축의 묘미가 탁월하기 때문이다.

혁신적 발상을 위한 '상상력'

초승달이 낫 같아
산마루의 나무를 베는데
땅 위에 넘어져도 소리 나지 않고

곁가지가 길 위에 가로 걸리네.

(곽말약의 〈초승달〉 전문)

초승달의 생김새가 낫과 같아서 산마루의 나무를 벤다는 발상이 신선하다. 같은 사물이나 환경도 어떤 감각으로 재해석하느냐에 따라 다르다. 일상 속의 세심한 관찰과 아이디어가 결합해 놀라운 발명품이 탄생한다. P&G의 어린이 칫솔, 3M의 포스트잇, 듀폰의 나일론, 켈로그의 시리얼도 우연의 산물인 것 같지만 사실은 그 가치를 알아본 상상력의 변곡점에서 탄생된 걸작들이다.

일상과 통념에 매몰되어 있는 우리의 뇌와 마음을 새롭게 바꾸는 것, 이것이 곧 '초승달로 산마루의 나무를 베는' 아이디어다. 상상력이란 이렇게 사고한 것들을 '발상의 전환'이란 렌즈로 보는 것이다.

진정한 부자의 길 '나눔 경영'

십 년을 경영하여
초가 세 칸 지어내니

나 한 칸 달 한 칸에
청풍 한 칸 맡겨두고

강산은 들일 데 없으니

둘러놓고 보리라.

(송순의 〈십 년을 경영하여〉 전문)

이 시를 읽어주면서 저자는 "욕심과 여유는 다르다"고 얘기한다. 욕심은 남의 것을 빼앗아야만 채워지기 때문에 자신과 남을 다 같이 빈곤하게 만들지만, 여유는 그것을 공유함으로써 더 큰 풍요를 얻기 때문이다. 그래서 욕심 많은 부자는 남의 곳간을 탐내고, 진정한 부자는 남의 곳간이 가득한 데서 기쁨을 느낀다는 얘기다.

세계적인 소매 면세점 듀티프리쇼퍼스DFS의 창업자인 척 피니는 집도 차도 없고, 밥도 허름한 식당에서 먹는다. 그러면서도 25년간 4조 원이 넘는 돈을 남몰래 기부했다. 그는 앤드루 카네기의 가르침을 실천하면서 진정한 행복을 얻었다고 말한다. "돈은 매력적이지만, 그 누구도 한꺼번에 두 켤레의 신발을 신을 수는 없다"는 그의 가르침은 그래서 더욱 빛난다.

송순이 〈십 년을 경영하여〉에서 얻은 교훈은 자연을 정복하려는 욕심보다 세상을 품는 그릇이 얼마나 더 소중한지를 깨닫는 것이었다. 진정한 부자, 기업의 진정한 나눔이란 바로 이런 것이다. 자신만 크겠다는 욕심으로는 위대한 기업이 될 수 없다.

시는 창조경영의 최고 도구

이 두 권의 책은 직장인들과 기업 리더들에게 상상력을 발휘할 수 있는 여백을 선사한다. 한 편의 짧은 시에 인생의 희로애락을 담고 한 줄의 행간에 삶의 통찰을 담은 시인들의 능력은 감탄할 만하다. 시 읽기를 통해 내 안에 숨어 있는 상상력을 발견하며, 일상에 치여 밀려나 있던 자신의 가치를 되새기면 좋겠다. 시에서 경영의 묘안을 발견하는 것이 '개선'의 출발점이라면 그 속의 교훈을 온몸으로 체득하고 실천하는 것이 '혁신'의 종착점이다.

함께 읽으면 좋은 책

- 《시에서 아이디어를 얻다》 황인원 지음 | 흐름출판
- 《한시에서 배우는 마음 경영》
  홍상훈 지음 | ㈜새빛에듀넷(새빛북스)
- 《나를 세우는 옛 문장들》 김영수 지음 | 생각연구소

언품이 있어야 마음을 얻는다
《언품》

이기주 지음, 황소북스 펴냄

언어에도 품격이 있다

 일출 구경 인파로 북적이는 행주산성 입구. 무릎담요를 파는 상인이 한 쌍의 연인에게 말을 걸었다. "담요 사세요. 따뜻해요." 그러나 반응이 없다. "쌉니다. 최고급 원단이에요." 역시 소용없다. 걸음을 재촉하는 연인에게 다른 상인이 한마디 건넸다. "둘이 참 잘 어울리네요." 남자가 웃었다. "사귄 지 얼마나 됐어요?" 여자가 대답했다. "이제 100일째랍니다. 기념 삼아 해돋이 구경 왔죠." 그러자 상인은 "깨소금이 쏟아질 때네요. 참, 정상에 오르면 기온이 뚝 떨어져요. 여자친구 감기 걸릴지 몰라요"라고 덧붙였다. 남자가 금방 지갑을 꺼냈다. "이런, 담요 하나 챙겨서 올라가야겠네요. 얼마죠?"
 《언품言品》의 저자 이기주 씨가 책머리에 소개한 경험담이다. 그는 이처럼 '아' 다르고 '어' 다른 대화의 묘미를 여러 사례로 보여주면서 말의 품격이 얼마나 중요한지를 일깨운다. 연인의 마음을 건드려 자연스럽게 지갑을 열도록 하는 이런 대화법은 이른바 '토크쇼 화법'의 한 갈래다.

그는 방송인 신동엽의 성공 비결도 여기에 있다고 말한다. 한 번 말하고, 두 번 듣고, 세 번 맞장구치며 대화의 장을 화기애애하게 만드는 노하우가 그것이다. 그러고 보니 신동엽은 중간에 말을 자르지 않고 상대가 편하게 말할 수 있도록 배려하면서 적절한 시점에 "그렇게 됐군요." "그다음은요?" 등의 추임새를 넣는다. 그러면 게스트가 없던 용기도 낸다. 다른 프로그램에서 공개하지 않은 내밀한 사연을 과감하게 털어놓는다.

이런 얘기와 함께 저자는 서울경제신문 기자와 대통령 스피치 라이터로 활동한 경험까지 엮어가며 '사람에게 인품이 있듯이 말에도 언품이 있다'는 것을 증명해 보인다. 전작 《적도 내 편으로 만드는 대화법》에 이어 이번 책에서는 동서양 리더들의 지혜로운 대화법 25가지를 상세하게 가르쳐준다.

동서양 리더들의 대화법에서 엿본 언품

경청의 힘으로 명량대첩에서 대승을 거둔 이순신 장군부터 '마라톤 화법'으로 피의 역사를 극복한 엘리자베스 2세, 긍정의 승부사 박태환, 벽을 허물고 만인과 소통하는 프란치스코 교황까지 소개하면서 언품의 수준을 높이는 방법을 알려준다. 흑과 백 모두를 아우른 넬슨 만델라, 테러로 혼란스럽던 뉴욕을 구한 루돌프 줄리아니, 토크쇼 진행자처럼 대화를 이끄는 버락 오바마, 협업을 이뤄내며 전설로 남은 폴 매카트니와 존 레논, 짧지만 강력한 화술을 지닌 싸이, 호신술을 펼치듯 상대의 말을 활용하는 반기문 총장, 식사 정치로 국민에게 다가간 시진핑 주석의 성공도 마찬가지다.

또 협상에서 대안을 제시하는 방법과 상담효과를 높이는 분위기 조성법, 조직원의 동기를 이끌어내는 노하우를 제시한다. 불편한 상대에게 말 거는 기술, 야단의 앙금을 줄이는 법, 직원 간 소통을 촉진하는 방안, 효과적인 칭찬을 위한 원칙 등의 팁까지 곁들인다.

다섯 장의 소제목만 봐도 느낌이 온다. '이청득심以聽得心-들어야 마음을 얻는다, 언위심성言爲心聲-말은 마음의 소리다, 과언무환寡言無患-말이 적으면 근심이 없다, 대언담담大言炎炎-큰 말은 힘이 있다, 이심전심以心傳心-마음에서 마음으로 전한다.'

먼저 그는 말의 한자 '언言'에 숨어 있는 뜻부터 일깨운다. 두 번二 생각한 뒤에 입口을 열어야 비로소 말言이 된다는 것이다. 말로 흥하고 말로 망하는 이유가 여기에 있다. 고위층의 말 한마디 때문에 온 나라가 흔들리기도 하고 골치 아픈 상황이 말끔히 정리되기도 한다. 말 한마디의 파장은 참으로 크다. 그런데 말의 품격은 갈수록 낮아지고 있다는 게 문제다. 그래서 그는 "더 늦기 전에 우리 사회가 말의 품격, 즉 언품의 가치를 회복해야 한다"고 강조한다.

대화를 이끌고 상대의 마음을 얻는 힘, 언품

그에 따르면 언품은 '언어의 품격'인 동시에 '대화를 이끄는 힘'이다. 언품에 진심이 더해지면 상대가 입과 귀, 마음까지 열게 된다. 언품을 기르면 소통의 벽을 허무는 것과 함께 불필요한 다툼을 줄일 수 있다. 갈등과 대립이 아니라 대화와 타협을 통해 사회적 문제를 해소할 수도 있다.

1장 이청득심以聽得心에서 그는 "진심으로 귀를 기울이면 사람의 마음을 얻을 수 있다"고 얘기한다. "얼핏 교과서적인 얘기 같지만 꼭 그렇지만도 않다. 인생을 살아가다 보면 다양한 인간관계에서 비롯된 수많은 문제와 마주하게 된다. 이를 해결하기 위해선 상대에게 적절한 말과 행동을 건네야만 한다. 이때 본질적인 해결책은 다름 아닌 상대방의 말속에 들어 있는 경우가 많다."

그래서 '동의하지는 않더라도 상대가 말할 권리를 존중하라, 누군가를 설득하기 위해선 친구가 되는 게 먼저다, 상대방은 당신의 입이 아니라 귀를 원한다, 대화 도중 청신호와 적신호를 구별하자' 등의 구체적인 실천전략이 필요하다는 것이다.

2장 언위심성言爲心聲의 키워드는 '마음의 소리'다. 닫힌 마음을 여는 건 동정이 아니라 공감이고, 강하다는 건 딱딱한 게 아니라 유연한 것이며, 사람들은 당신의 말을 들은 뒤 행동을 지켜본다고 그는 말한다. 그다음 '뜨거운 말보다 차가운 말이 힘이 세다, 작은 것에 연연하지 않아야 큰 것을 얻는다, 다다익선보다 단단익선이 효과적이다, 긍정의 언어가 궁극의 기술이다'는 지침이 이어진다. 사실 긍정어법을 쓰는 사람은 원하는 것을 부드럽게 얻지만, 부정어법을 쓰는 사람은 금세 대결상황을 만들고 만다.

"원망과 빈정거림이라는 뾰족한 돌기로 그 결에 깊은 내상을 입혀서는 안 된다. 말로 생긴 상처는 '사랑의 유효기간'을 단축한다. 서로의 마음을 할퀴는 말을 건네지 않을 때 갈등의 골을 메우고 사랑도 이어갈 수 있다. '과언무환寡言無患'이라는 말처럼 상처가 될 말을 줄이면 근심도 없어진다. 사랑도 마찬가지다."

칼은 칼집에 있을 때 위력을 발휘하기 때문에 함부로 말을 내뱉지 말라는 조언도 유용하다. "고수는 소리 없이 강하지만 하수는 소란스럽다. 하수는 상대 무사(듣는 이)를 보자마자 주저 없이 칼(말)을 휘두른다. 거침없이 진격하면서 전력을 쉽게 노출하고 매번 싸움에서 패배한다. 말이 많으면 필패한다는 '다언다패多言多敗'라는 구절이 괜히 나온 게 아니다. 무릇 칼은 칼집에 있을 때 위엄이 있는 법이다. 무작정 꺼내 들면 칼의 위력은 줄어든다. 칼의 크기와 날카로움이 단번에 드러나는 탓이다. 그 때문에 고수는 칼(말)을 함부로 빼들지 않는다. 당신은 칼을 쉽게 빼지 않는 고수인가, 아니면 무작정 휘두르는 하수인가?"

그러니 상대의 단점을 지적할 때는 장점을 먼저 말하고, 상대가 당신의 손이 아닌 달을 보도록 말하며, 제압하기보다는 상대의 말을 활용하는 게 더 중요해진다. 직장 대화법 10계명과 인생 대화법 10계명도 외워둘 만하다.

말은 우리의 인생을 좌우한다

"말이란 건 참 오묘하다. 말은 자력磁力과 같다. 말속에 어떤 기운을 담느냐에 따라 그 말에 온갖 것들이 달라붙는다. 말에 두려움이 담겨 있으면 공포가 엄습하고 재미가 있으면 눈길을 끌어당긴다. 그뿐이랴. 꿈이 가득하면 희망이 뒤따라온다. 그리고 사랑이 녹아 있으면 사람이 다가온다."

쓰기에 따라 약도 되고, 독도 될 수 있는 말. 속되게 함부로 뱉는 막말은 독화살과 같다. 시위를 떠난 화살은 되돌릴 수도 없다. 그래서 옛사람들도 지혜로운 혀는 세상을 선하게 하고 어리석은 혀는 제 몸을 벤다고 했다. 남의 입에서 나오는 말보다 자기 입에서 나오는 말을 잘 들으라는 경구도 있다. 고작 9cm밖에 안 되는 혀가 90 평생을 좌우하느니…. 언품을 높이는 것이야말로 스스로를 존귀하게 만드는 첫걸음이라는 것을 다시 한 번 일깨워주는 책이다.

직장 대화법 10계명

① 한 사람 말만 듣고 전체적인 상황을 판단하지 마세요.
② 험담은 언젠가 더 큰 험담으로 당신에게 돌아옵니다.
③ 때로는 동료의 장점을 공개적인 자리에서 칭찬하세요.
④ 늘 동료를 비난하는 직원은 칭찬에 목마른 사람입니다.
⑤ 거절해야 할 때는 다른 대안을 제시하는 게 좋습니다.

⑥ 최악의 동료는 실천 없이 말만 번지르르한 직원입니다.

⑦ 불평을 입에 달고 살면 곁에 사람이 모이지 않습니다.

⑧ 상사와 부하 직원의 어느 한 면만 보고 얘기하지 마세요.

⑨ 어렵다고 피하면 다른 곳에서 또 그런 사람과 만납니다.

⑩ 직장에서 한 번 뱉은 말은 영원히 주워 담을 수 없습니다.

인생 대화법 10계명

① 잘 듣는 것이야말로 인생에서 최고의 화법입니다.

② 좋은 말로 상대방을 높이면 결국 내가 높아집니다.

③ 말한 사람은 잊을 수 있지만 들은 사람은 기억합니다.

④ 화가 났을 때는 차라리 입을 다무는 게 상책입니다.

⑤ 상대의 단점만 들추면 인생길을 함께 가지 못합니다.

⑥ 모르는 걸 모른다고 할 때 결국 아는 사람이 됩니다.

⑦ 감사하다는 말을 입에 달고 살면 화를 면하게 됩니다.

⑧ 때론 침묵 속에 말보다 더 많은 것이 담겨 있습니다.

⑨ 하지 말아야 할 말을 알 때 비로소 말문이 트입니다.

⑩ 모든 문제와 해결책은 당신 안에 씨앗의 형태로 있습니다.

인생을 바꾸는 한 줄의 힘… 어떻게 쓸 것인가
《명사들의 문장강화》

한정원 지음, 나무의철학 펴냄

"1985년 어느 봄날이었다. 파나마 열대연구소에서 저녁을 마치고 식당 문을 나서려는 순간, 나는 마치 내가 천국으로 들어서고 있는 듯한 착각을 일으켰다. 수많은 천사들이 온 하늘을 뒤덮고 있었다. 어디선가 장엄한 음악 소리마저 들리는 듯싶었다. 정글의 해는 유난히 일찍 진다. 서편에는 아직 해가 남았지만 나무에 가려 어둑어둑해진 숲으로부터 하얀 날개를 단 천사들이 쏟아져 나와 내 온몸을 감쌌다. 그러곤 마치 나를 하늘나라로 끌어올리기라도 하려는 듯 내 몸을 휘감아 올랐다. 팔이며 얼굴이며 그들의 얇고 흰 날개들이 내 피부를 애무했다."

글 잘 쓰기로 이름난 자연과학자 최재천 이화여자 대학교 석좌교수(국립생태원장)의 《열대예찬》에 나오는 대목이다. 여기서 '날개를 단 천사'는 흰개미를 말한다. 그는 흰개미들의 혼인비행을 이렇게 우아하고도 감각적인 문장으로 표현했다. 온몸을 감싸고 날아오르는 흰 개미들의 웅장한 모습이 눈앞에 선하다. 그는 이어 "정글의 새벽은 막 건져낸 두부 같다. 잠에서 깨어나 기지개를 켜는 정글은 세상을 향해 향기로운 김을 뿜어낸다"고 썼다. 참으로 아름답고 맛깔스러운 글이다. 그 김 속에서 퍼 올리는 글의 소재는 마를 리가 없다.

글쓰기는 작가의 전유물이 아니다

"이 세상 모든 일의 끝에는 글쓰기가 있다. 끝에 가면 모든 게 글쓰기로 판명이 난다"고 말한 이유도 알 것 같다. "학자는 논문을 써야 하고, 회사에 들어가면 기획안을 써야 하고, 연인을 얻으려면 연애편지를 잘 써야 하고, 식당을 새로 연다면 이름을 지어야 하고, 가게를 광고하려면 전단지도 만들어야 하는데 그것도 모두 글쓰기다. 그러므로 글쓰기는 작가의 전유물이 아니라 우리 모두의 것이다."

그에게만 해당하는 얘기가 아니다. 우리는 누구나 어떤 형태로든 평생 글을 통해 자신을 표현하고 타인과 교감도 한다. 글을 쓴다는 것은 좀 더 겸손하고 진지한 자세로 삶을 성찰하는 일이요, 타인과 세계, 우주와 풍요롭게 소통하는 일이기도 하다. 한 줄의 글이 누군가의 삶을 통째로 바꾸고 한 권의 책이 인류의 역사를 바꿔놓기도 한다. 그런데도 우리는 글을 잘 쓰는 방법을 몰라 곤혹스러워한다. 빛나는 영감과 아이디어, 가슴 벅찬 감동과 사람들을 황홀하게 끌어당기는 이야기를 어떻게 풀어놓을 수 있을까.

우리 시대 문장가 10인이 알려주는 글쓰기 비법

《명사들의 문장강화》는 바로 이런 고민을 함께해온 사람들을 위한 책이다. 방송작가이자《지식인의 서재》,《CEO의 서재》의 저자이기도 한 한정원 씨가 시인 고은부터 자연과학자 최재천, 문화심리학자 김정운, 소설가 김홍신, 종합지식인 남경태, 전방위 문학인 장석주, 드라마 작가 김영현, 시인 안도현, 자기계발서 작가 이지성, 생태경제학자 우석훈까지 우리 시대 문장가 10명의 글쓰기 비법을 자세하게 알려준다.

이들이 말하는 글쓰기란 무엇인가. 이들은 왜 글을 쓰고 어떻게 쓰는가. 시와 소설, 평론 등 150여 권의 책을 펴낸 고은 시인은 글쓰기를 '모든 시민의 행위'라고 정의한다. "글쓰기는 자기를 표현하는 행위예요. 자신을 표현하는 능력이죠. 글쓰기는 문인에게만 주어져서는 안 돼요. 모든 시민의 행위예요."

그는 또 혼자만의 시간에 사색하고 책 읽고 글 쓰는 기회를 가져야 성찰할 수 있고 통찰력을 갖게 된다고 말한다. 그러면 서술 능력은 자연히 따라오게 된다는 것이다.

"표현은 따라오게 되어 있어요. 수레바퀴가 굴러가면 바퀴 자국이 생겨요. 이것이 표현의 문법이고 장르이고 양식입니다. 문법이 먼저 있어서 그 길을 따라가는 게 아니고 내가 가야 문법이, 또 문체가 생기는 것입니다. 시론이 있고 시가 있는 그런 송장 같은 이야기가 어디 있습니까? 시는 캄캄한 카오스 속에서 나오는 것이에요. 그래요, 그런 거죠."

문화심리학자 김정운 여러가지문제연구소장은 글쓰기의 엄숙주의를 경계하라고 말한다. "글을 써서 폼 잡는 시대는 갔어요. 지금은 재미있어야 해요. 자기가 겪은 재미있는 이야기를 쓰기 시작하면 됩니다. 그 재미를 통해 느낀 것을 쓰세요. 재미와 의미가 교차되는 지점이 글쓰기의 핵심이에요." 그는 자신이 쓰면서 행복해지고 자신에게 그런 재미를 주는 글을 쓰라고 강조한다.

《인간시장》의 작가 김홍신 씨는 '단련'이라는 키워드로 글쓰기의 치열함을 얘기한다. "'단'은 천 번 연습하는 것이고 '련'은 만 번 연습하는 거예요. 철을 두드릴 때도 천 번 두드리면 '단'이고 만 번 두드리면 '련'이거든요. 그런 단련 없이 원래 타고난 것만 갖고는 그 무엇도 될 수가 없어요." 아울러 이런 태도로 죽기 전에 세 권을 써보라고 권한다. 수필, 자서전, 전공 서적이 그것이다.

"아무리 천재라도 고통의 크기가 작으면 절대 명문장이나 좋은 글을 쓰기가 어려워요. 글은 다양한 의식과 생각, 철학, 사고력, 이 모든 것이 조합을 이루어야 되거든요. 단순한 문제가 아니죠." "자기 분야에 대해 많은 것을 글로 써서 남겨주면 후학들이 실패할 확률이 작아집니다. 그럼 자연히 발전의 속도가 빠를 수밖에 없지요. 성공한 나라들을 보면 활발한 글쓰기가 있어요. 이것은 글을 잘 쓰고 못 쓰고의 문제가 아니겠지요?"

여러 장르를 넘나드는 전방위적 글쓰기로 유명한 장석주 씨는 새벽 4시에 일어나 글을 쓰고, 오후에 산책하고 돌아와 책을 읽고 글을 쓴다고 한다. 그는 하루 6시간 이상 글을 쓰면서 스스로를 문장 노동자라고 일컫는다. 그에게 글쓰기란 곧 에너지를 분출하는 일이다.

그는 글을 잘 쓰기 위해 책을 잘 읽는 것도 중요하다고 말한다. "좌뇌는 언어·논리·수리를 관장하는 부분이고, 우뇌는 모든 기억과 지식을 그림으로 받아들이죠. 대부분의 사람이 책을 읽을 때 주로 좌뇌를 사용하게 되는데, 책의 전체적인 개요를 이미지화하면서 책을 읽으면 우뇌도 같이 사용하게 됩니다. 저에게 변화가 일어나고 있다는 것을 느끼기 시작한 것은 20대 초반이었어요. 책을 2000권 정도 읽었을 때였죠. 책을 읽는 순간 이미지 맵이 만들어지면서 키워드별로 한 권의 책이 머릿속에 정리되는 거예요. 뇌가 갖고 있는 잠재력은 놀라워요. 그 잠재력을 일깨워주는 게 바로 독서죠."

인문학 대중화에 앞장서는 남경태 씨는 '현대의 고전'이 될 만한 책을 쓰라고 권한다. 그러면서 전문 분야의 지식이 상아탑 속에서 나와 대중과 섞이면서 '종횡무진' 소통하기를 바란다.

"이제 저자가 자기만 아는 정보와 지식을 갖고 거들먹거리며 고압적으로 책을 쓰는 시대는 지났어요. 그렇다고 해서 대중성을 지향한다는 명목으로 독자에게 이미 익숙한 내용을 되풀이하면 책이 아니라 쓰레기겠죠. 내용과 주제가 무엇이든 저자가 새롭게 각색하고 문체마저도 자신의 것이 아니면 안 되는, 독특한 향기를 불어넣은 책, 이런 현대의 고전이야말로 살아남는 책이 되리라고 봐요."

저자가 머리말에서 얘기했듯이 좋은 글은 글 쓰는 이뿐만 아니라 그 글을 읽는 독자까지 치유하고 감동시킨다. 대체 어떤 책, 어떤 문장, 어떤 표현이 우리의 가슴을 뒤흔들고 상처를 어루만지기까지 하는 것일까. 이 책에서 글쓰기의 기술적인 작문법보다 무엇을 어떻게 써야 하는지를 먼저 배운다면 누구든 훌륭한 글쟁이가 될 수 있다. 타고난 천재가 아니라면 어떤가. 끊임없이 노력하는 방법이야말로 최선의 길이다.

아인슈타인 같은 경우야 장외 홈런이나 만루 홈런을 줄곧 친 경우이지만, 피카소처럼 수없이 많은 단타를 치면서 엄청난 양의 작품을 남기는 케이스도 있다. 그렇게 꾸준히 오래하다 보면 안타도 나오고 홈런도 나오는 것이다.

글쓰기란 무엇인가?

- 최재천(이화여대 석좌교수)
- 이 세상 모든 일의 끝에는 글쓰기가 있다. 끝에 가면 모든 게 글쓰기로 판명이 난다.

- 고은(시인)
- 글쓰기는 자기를 표현하는 행위예요. 자신을 표현하는 능력이죠. 글쓰기는 문인에게만 주어져서는 안 돼요. 모든 시민의 행위예요.

- 김정운(문화심리학자)
- 글을 써서 폼 잡는 시대는 갔어요. 지금은 재미있어야 해요. 자기가 겪은 재미있는 이야기를 쓰기 시작하면 됩니다. 그 재미를 통해 느낀 것을 쓰세요. 재미와 의미가 교차되는 지점이 글쓰기의 핵심이에요.

- 남경태(종합지식인)
- 이제 저자가 자기만 아는 정보와 지식을 갖고 거들먹거리며 고압적으로 책을 쓰는 시대는 지났어요. 내용과 주제가 무엇이든 저자가 새롭게 각색하고 문체마저도 자신의 것이 아니면 안 되는, 독특한 향기를 불어넣은 책, 이런 현대의 고전이야말로 살아남는 책이 되리라고 봐요.

함께 읽으면 좋은 책
- 《서울대 인문학 글쓰기 강의》 이상원 지음 | 황소자리
- 《힘 있는 글쓰기》 피터 엘보 지음 | 김우열 옮김 | 토트출판사

동서양사의 씨줄과 날줄을 꿰다
《종횡무진 역사》

남경태 지음, 휴머니스트 펴냄

    1405년 명나라 영락제는 환관 정화를 시켜 '남해 원정'을 보냈다. 규모는 어마어마했다. 길이 150m짜리 초대형 선박 60여 척과 선원, 병사, 통역관, 목수까지 약 3만 명이 움직였다. 해상 원정으로는 동서양을 통틀어 최대 규모다. 원정로도 남중국해와 태평양, 인도양을 거쳐 아프리카 동해안까지 장대했다.

    중국이 1433년까지 7차례의 남해 원정을 마칠 무렵 유럽의 서쪽 이베리아는 '서행 원정'을 출발했다. 포르투갈과 에스파냐가 대서양에 진출하면서 대항해시대의 발견과 정복의 역사가 시작된 것이다.

    역사는 이 지점을 중화 문명권이 힘을 잃고 유럽 문명권이 부상하게 된 변곡점으로 본다. 중국보다 한 세대나 늦게 이뤄진 서양의 원정이 더 크게 성공한 이유는 무엇일까.

    남경태의《종횡무진 역사》는 바로 이런 질문의 경계에서 독특한 가치를 보여준다. 그에 따르면 당시 중국은 나를 남에게 알리는 데에 관심이 컸고, 유럽은 남을 알고자 하는 목적이 더 컸다. 중국 황제의 의도는 신생 중화 제국인 명을 만천하에 알리고 위엄을 과시하려는 것이었다. 이미 중화권 세계에 완전히 속했다고 여긴 조선과 일본에는 들르지 않고 동남아로 곧장 남행한 것도 이 때문이다.

이와 달리 지중해 무역로를 북이탈리아 상인에게 빼앗긴 에스파냐와 포르투갈은 동방 무역로를 개척하는 게 급선무였다. 그래서 바깥세계를 알려는 노력이 절실했다. 바다를 향한 두 문명권의 근본 시각이 달랐던 것이다.

동양사와 서양사, 흩어져 있던 역사를 한 줄로 엮어

《종횡무진 역사》는 이런 문명권의 '권력 이동' 배경을 역사의 씨·날줄로 엮어 종횡으로 보여준다. 2014년 세상을 떠나기 전까지 저자는 한국 출판계에서 역사와 철학 분야를 넘나들며 지적 자유를 마음껏 발휘한 '종합지식인'으로 활동했다.

그의 설명을 듣다 보면 중국과 유럽의 비슷한 시기가 전혀 다른 제국의 역사로 다가오는 등 흩어진 역사가 한 줄로 꿰어진다. 서로 비교하는 과정에서 새로운 의미도 드러난다. 생전에 남긴 저서가 40여 권이고 번역서도 100권이 넘었으니, 그 박학다식이 이를 가능하게 했다.

그는 문명사적 관점에서 한국사, 동양사, 서양사를 쓰고 이를 세계철학사로 넓혀간 전작들을 바탕으로 한국사+동양사+서양사의 융합을 보여준다. 그에 따르면 동아시아의 역사는 뿌리가 뻗은 자리에서 그대로 자란 나무였고, 유럽의 역사는 뿌리내린 곳과 열매 맺은 곳이 달랐으며, 지금도 끊임없이 이동하고 있다. 동양이 중국을 기둥 삼아 동심원적으로 권역을 넓혀가면서 이동하지 않는 반면, 서양은 고향인 오리엔트를 벗어난 뒤 아메리카까지 계속 서쪽으로 중심을 옮겨간다.

동양 문명은 동심원적 확장이 끝나자 문을 닫아걸고 체제 안정에 만족하지만, 서양 문명은 끊임없이 이동하면서 체제를 실험하고 시행착오를 통해 변화와 업그레이드를 반복했다.

왜 동양은 실패하고 서양은 성공했을까

그 차이의 뿌리를 더듬어보자. 모세가 십계명을 받고 그리스인들이 트로이 전쟁을 일으키던 기원전 14~기원전 13세기 무렵 중국에서는 주나라 시대에 통일을 위한 중화사상과 유학의 뿌리 이념이 만들어졌다. 기원전 3세기에 진시황이 최초의 통일을 이룬 이루에는 중앙집권적 제국 체제가 확립됐다. 이에 비해 유럽은 중국보다 1000년 후에야 통일을 위한 이념(그리스도교)이 생겨났다.

이념이 먼저 만들어지고 그것을 구현하는 통일 제국이 생겨난 중국과 달리 유럽은 이념보다 먼저 로마 제국이 성립한 탓에 지배 이념을 담을 현실적 구조가 없었다. 이 점이 문명사적 변화의 핵심 포인트다. 유럽에서는 신성과 세속의 분업이 이뤄졌고, 교회의 통일과 달리 국가는 분립됐다. 중국에서는 천자가 하늘과 땅의 결집체로 군림하는 중앙집권 체제가 계속됐다.

이는 훗날 서양 문명이 승자의 길을 걷게 된 원인과 직결된다. 이른바 '통일'과 '분산'의 역학에서 동서양의 승패 요인을 찾는 그의 시각이 흥미롭다.

통일은 강력한 힘과 사회 안정을 가져다주지만 사회 발전의 동력이 약하며, 분산은 역동성을 주지만 외부의 공격에 취약하다. 통일 중에서도 가장 강력한 정치적 통일의 맛에 일찍부터 길들여진 중국은 내내 통일을 추구했고, 가끔씩 찾아오는 분열을 '극복해야 할 현상'으로만 간주했다. 반면 자연스런 분산에 사회 진화를 내맡긴 유럽은 외부로부터의 침략을 견뎌낸 덕분에 분열의 치명적인 결함을 드러내지 않으면서 세계 문명으로 발돋움할 수 있었다.

그는 '노블레스 오블리주'도 도덕적 개념이 아니라 역사적 개념이라고 설명한다. 공화정 역사가 오래된 서양의 지배자를 국가 관리자, 동양의 지배자를 '오너'라고 볼 때 서양의 지배자는 그 자격을 증명해야 했다. 지금도 서양 왕족은 아들을 군인으로 전장에 내보낸다. 하지만 동양은 그럴 필요가 없다. '천자'인 왕이 죽으면 사직이 끝나기 때문에 전쟁 중 도피한다. 선조가 임진왜란 때 의주로 도망가고 고려 현종도 거란 침입에 나주로 달아났다. 그러고도 살아남았다. 서양 같으면 혁명이 일어날 일이다.

이처럼 노블레스 오블리주는 도덕보다 군사적 목적에서 나온 역사의 결과라고 한다. 동양 사회에서 지금도 노블레스 오블리주의 실천이 부족한 것은 도덕성이 모자라기보다 그런 역사 자체가 부재했기 때문이라는 얘기다.

　세금에 관한 인식도 다르다. 공화정의 서양에서는 납세가 의무이자 권리이지만 동양에서는 오로지 의무로 받아들여진다. 왕토 사상의 세금 관념 때문이다. 동양의 농민이 경작하는 토지는 원칙적으로 왕의 소유였으므로 세금은 절대적인 의무였다. 그래서 동양에서는 세금을 무조건 피해야 하는 것처럼 인식했고, 서양에서는 상속세를 올려달라는 '희한한 주문'까지 나오게 된 것이다.

역사가 낳은 동서양의 차이

　그는 "모든 시사의 배후에는 역사가 있다"고 말했다. 지금의 대학 입시와 고시가 과거제의 유산이라는 것도 그 중 하나다.

　"중국에서 제국을 부활시킨 수나라 황제가 과거제를 채택했는데 이는 귀족과 호족의 영향력을 줄이고 관료들을 직접 통제하기 위한 것이었다. 고려 광종도 건국 초기의 불안정한 중앙권력을 과거제로 안정시킬 수 있었다. 이 때문에 과거제는 합리적인 관리임용제라기보다 기존 사회 체제와 지배구조를 온존시키기 위한 제도가 돼버렸다. 과거 시험 과목도 유학 경전을 얼마나 읽었느냐는 '명경'과 경전 문구를 인용해 글을 짓는 '제술'이었다. 명경의 경전을 교과서로 바꾸면 수능고사, 제술은 대입 논술고사에 해당한다. 미국의 수능에 해당하는 SAT가 학문을 위한 적성 테스트이고, 프랑스의 바칼로레아가 교양시험 성격인 것과 확연히 비교된다."

그의 말마따나 IMF 사태를 제대로 이해하기 위해서는 신용과 계약으로 이뤄진 서양의 금융 시스템을 알아야 하고, 현대적 성격의 은행이 탄생한 17세기 초 플랑드르와 신용이 제도화된 13~14세기 북이탈리아, 계약의 개념이 생긴 고대 용병제까지 거슬러 올라가야 한다. 시사적인 사안마다 그 배후에는 이렇게 깊고 오랜 역사가 있는 것이다. 그러니 오늘의 해법을 찾기 위해서는 어제의 뿌리를 더 들어봐야 한다.

예전에는 바이어가 사인한 다음에 술 접대만 하면 됐는데 요즘은 우리나라 문화나 사회, 역사를 알고 싶어 하고 유적까지 둘러보려 한다. 기업 대표나 임원들에게 인문학적인 사고가 요구되는 것도 이 때문이다.

이처럼 세속적인 수요를 굳이 들먹이지 않더라도 이 책은 동서양 역사와 문명의 궤적, 인간과 문화의 교감, 재미와 성찰의 깊이까지 갖춘 통섭의 인문서라 할 만하다.

> **함께 읽으면 좋은 책**
> - 《개념어 사전》 남경태 지음 | 휴머니스트
> - 《생각의 탄생》 피터 왓슨 지음 | 남경태 옮김 | 들녘

진취적 개혁가 한 무제…
2000년 중국 문명을 설계하다
《한 무제 평전》

양성민 지음, 심규호 옮김, 민음사 펴냄

2000년 중국의 시스템 설계자 한 무제

한 무제는 진시황과 더불어 '진황한무秦皇漢武'로 불린다. 약 100년 앞뒤로 태어난 두 사람은 비슷한 데가 많다. 진시황은 춘추전국시대를 종식하고 중국 역사상 최초의 통일 제국을 수립했으며, 한 무제는 현재의 중국 판도에 속한 강역을 만들고 2000년 이상 이어지는 통치 시스템을 정립했다. 전쟁을 많이 하고 신선을 찾으며 장생불로를 추구한 점도 닮았다.

그러나 다른 점도 적지 않다. 진시황이 법치를 중시하고 유가를 멸시해 분서갱유를 저질렀다면, 한 무제는 유가와 법치를 모두 중시하고 서적 수집에 심혈을 기울이면서 다른 학파의 학자를 두루 임용했다.

인재들의 출신 성분을 가리지 않았기 때문에 그의 곁에는 항상 유능한 인재가 넘쳤다. 게다가 잘못을 인정하고 바로잡는 결단성까지 갖춰 진시황을 능가하는 업적을 남겼다. 그의 치세를 중국 역사상 가장 빛나는 시대로 평가하는 이유도 여기에 있다.

《한 무제 평전》은 54년 동안 황제로 재위하면서 로마 제국에 비견될 정도로 전성기를 누린 그의 치세를 다룬 역저다. 저자인 중국의 역사학자 양성민楊生民 전 수도사범대학 교수가 그의 공적과 잘못을 복기하듯 재구성했다. 기원전 141년 16세로 제위에 오른 한 무제는 기원전 87년 70세로 세상을 떠나기까지 반세기 이상을 개혁과 발전을 통해 중국을 살찌운 황제였다. 그는 즉위 9개월 만에 치국의 원대한 청사진을 제시하고 당면한 문제에 대한 주요 지침을 밝혔다.

유학과 법치주의, 백가의 학문을 두루 끌어들이고 덕치를 통해 사회를 안정시키며 중앙집권을 강화하는 것이 큰 줄기였다. 경제개혁으로 빈곤을 물리치고 문화와 과학기술을 중시하며 이민족을 평정해 안정된 제국을 완성하는 것도 주요 목표였다.

그는 중국 최초로 연호를 시행했고, 태초력을 반포해 처음으로 정월을 세수歲首로 삼았다. 도가의 일종인 황로사상 대신 유가사상을 통치이념으로 삼았다. 그가 유학을 국시로 정한 것은 궁중 내부의 피비린내 나는 권력쟁탈과 인명경시 풍조에 염증을 느꼈기 때문이었다. 후비 소생의 10번째 아들로 9명의 형을 제치고 황제가 된 그가 기존 틀을 깨고 변화와 개혁을 실천하는 방편이기도 했다.

과감한 개혁정신과 틀을 깨는 인재 등용

그의 인재등용 방식은 당시 사회질서를 깨는 파격의 연속이었다. 흉노 정벌에 공을 세운 대장군 위청과 곽거병 등은 노복이거나 노비의 자식이었고 승상 공손홍, 어사대부 아관 등도 가난한 평민 출신이었다. 궁형에 처한 사마천도 나중에 불러 다시 중용했다. 정치가이자 경제학자인 동중서, 문학가 사마상여, 외교가 장건, 음악가 이연년 역시 이 시절 인물이다.

그는 태학을 세우고 우수한 성적을 거둔 졸업생들을 관리로 임용했다. 태학의 학생들은 연말에 엄격한 시험을 거쳐 황제의 신변을 살피는 낭관이나 군국의 속리로 파견했다. 성적이 나쁜 학생들은 곧바로 퇴출시켰다.

이렇게 시작된 태학 출신 관리는 무제 이후 100여 명에서 원제 때에는 1000여 명, 동한 말기에는 3만 명으로 증가했고 이후 2000년 이상 지속된 중국 관리양성 집단의 모태가 됐다.

사상과 문화도 활짝 꽃피웠다. 사마천은 치욕적인 궁형까지 당했지만 "예능의 길을 널리 열었고 백단(百端)의 학문을 모두 끌어들였다"며 백가를 두루 받아들인 그의 문화정책을 격찬했다.

한편으로는 제후들이 장자 이외의 다른 자손들에게 작위와 영토를 상속할 수 있도록 길을 터줌으로써 그들의 욕구를 충족시키면서 자연스럽게 제후국의 힘을 분산시켜 중앙집권 강화 효과까지 거뒀다.

대외적으로는 눈엣가시 같던 흉노를 물리쳤다. 앞서 진시황이 만리장성을 쌓은 것도 유목민족인 흉노의 침입 때문이었다.

진나라 멸망 후 초한楚漢 전쟁 때 흉노의 묵돌 선우는 북쪽으로 바이칼 호 일대를 통일하고 서쪽으로 서역을 굴복시켰으며 동쪽으로는 요동, 남쪽으로는 장성에 이르는 광활한 지역을 장악했다. 흉노는 수시로 영토를 넘보며 약탈하는 데다 대군을 몰고 와 왕조에 위협을 주기도 했다.

동아시아 군사강국 성장과 실크로드 개척

그는 집권 후 무장을 강화해 흉노의 심장부에 대군을 파견했고 수차례에 걸친 강공 끝에 치명타를 입혔다. 여기에서 그치지 않고 흉노의 오른쪽 어깨를 끊어버리기 위해 서역 경영에 나섰다. 왼쪽 어깨를 끊어버리기 위해 요동에 진출했고, 더 나아가서는 고조선을 무너뜨리고 한사군을 설치했다. 그래서 우리에겐 침입자로 기억돼 있다. 아무튼 동아시아 북부의 넓은 지역에 있던 군사강국 흉노를 격파함에 따라 그는 중국을 세계적인 제국으로 우뚝 세웠다.

이 과정에서 장건을 서역으로 파견해 실크로드를 개척했으며 동서교역과 문화교류에 결정적인 영향을 끼친 것도 그의 업적이다. 그는 이민족을 정복하면서도 다민족국가의 특성을 잘 살렸다. 풍속이나 사회제도가 각각인 소수민족들에게 고유의 전통을 유지하도록 허용하면서 광활한 영토를 유연하게 통치했다.

저자는 "다행스럽게도 무제는 그 나라의 풍속을 따르는 인기고 속因其故俗 정책을 취해 관리하고 통치했는데 소수민족에게 일국양제를 실시한 것은 오늘날 홍콩과 비슷하다"고 설명했다. 이는 지금도 중국의 통일국가 유지에 매우 중요한 조건이다.

과오를 반성하고 새롭게 시작하는 결단성

그의 미덕 중 하나는 잘못을 반성하고 다시 시작하는 것을 주저하지 않았다는 점이다. 집권 후기에 국력이 쇠약해졌을 때 농민들의 봉기가 빈발하자 그는 '윤대조輪臺詔'를 발표하여 과오를 깊이 반성하고 새롭게 출발할 것을 다짐했다.

지나친 출병으로 피폐해진 국가재정과 민생을 위해 더는 군사를 동원하지 않고 부민정책을 통해 농업 발전을 도모했다. 저자도 "정책을 추진하면서 잘못을 반성하고 다시 시작함에 주저함이 없었다"고 평가했다.

그런가 하면 오랜 전쟁으로 인한 재정적자를 메우기 위해 여섯 차례의 화폐개혁을 단행했다. 이를 통해 국가가 화폐주조권을 독점함으로써 사수전(위조화폐)의 문제를 말끔히 해결하기도 했다.

법치를 내세운 만큼 친인척 비리는 절대로 용납하지 않았다. 누이동생의 아들인 소평군의 죄를 판결해달라는 대신들의 주청에 그는 "법령이란 선제께서 만드신 것이다. 동생 때문에 이를 어긴다면 내가 무슨 면목으로 고조의 사당에 들겠는가. 또한 아래로 만백성을 대할 수 없으리라"며 사형에 처했다. 그는 또 한 고조 사후 여태후를 등에 업은 여씨들의 횡포를 보아왔기 때문에 태자를 확정한 후에는 태후를 제거함으로써 외척의 횡포를 미리 방지했다. 이런 노력 끝에 한나라는 그의 이후 소제와 선제 때 발전을 거듭할 수 있었다.

그의 열린 사고와 과감한 인재경영, 자신의 과오를 반성하고 새롭게 시작하는 결단성, 창업뿐 아니라 수성까지 생각한 안목은 21세기 지도자에게도 귀감이 될 만하다. 800쪽이 넘는 분량이지만 읽기에 부담스럽지는 않다.

함께 읽으면 좋은 책

- 《당 태종 평전》
  자오커야오, 쉬다오쉰 지음 | 김정희 옮김 | 민음사
- 《강희제 평전》 장자오청, 왕리건 지음 | 이은자 옮김 | 민음사

고통 속에서 핀 꽃… 역작 '사기'
《사마천 평전》

지전화이 지음, 김이식·박정숙 옮김, 글항아리 펴냄

"사마천의 주요 전기 자료는 《사기史記》의 '태사공자서太史公自敍'와 《한서漢書》의 '사마천전司馬遷傳' 두 편에 있을 뿐이고 나머지는 《사기》 여러 편의 논찬과 《사기》 이외의 몇 가지 자료인데 모두 단편적이고 완정하지가 않다."

중국 역사학의 거두 지전화이季鎭淮가 《사마천 평전》 초판본 서문에 쓴 글이다. 사마천은 BC 134년에 태어났으니 구체적인 자료가 거의 없는 인물. 그러니 어디서 어떻게 자랐으며 무슨 일을 했는지 정확하게 기술하는 게 거의 불가능하다.

지전화이는 평전 쓰기의 어려움을 이렇게 얘기했다.

"역사 인물의 전기를 쓰는 데 중요한 것은 인물의 구체적인 행적의 서술을 통해 생동감 있고 선명한 형상을 만들어내며 확실히 믿을 만한 결론을 끌어내야 한다는 것이다. 조금 전 언급한 자료에서 드러나는 사마천의 일생과 활동은 마치 잎과 가지가 무성한 한 그루의 나무가 2100년이라는 세월의 풍상을 겪으며 무수한 가지와 낙엽이 잘리고 떨어져나가 이제 단지 약간의 뿌리와 줄기만 남아 있는 것 같다. 이것이 바로 오늘날 우리가 본 사마천의 행적 전부인데, 사소한 부분은 물론이고 간략한 줄거리를 만들기에도 전혀 온전히 갖춰지지 않은 자료다. 그러므로 이에 근거해 사마천의 전기 한 편을 상세하게 쓴다는 것은 분명 어려운 일이다."

궁형 받은 사마천, '사기'를 완성하다

그렇다면 그는 사마천이란 인물을 어떻게 그렸을까. 그는 "인물 전기는 기본적으로 역사과학의 범주에 속하는 것으로 상상을 개입시켜서는 안 된다"며 "사마천의 전기를 쓰는 것도 이런 약간의 자료에 근거해서 말할 수밖에 없기 때문에 공백은 그대로 남겨두는 것 외에 도리가 없다"고 했다. 또 "이 약간의 자료라도 필자가 십분 활용하려고 하면 비록 말은 쉽게 해도 이런 내용들이 어마어마하게 넓은 지식의 영역, 즉 고대의 사회문화 전체와 매우 광범위하게 관련되어 있기 때문에 어디서부터 실마리를 찾아 풀어야 할지 막막함을 느끼게 된다.

사마천의 전기를 쓰는 데 있어서 필자의 가장 근본적인 문제는 학식이 부족하다는 것이다. 사마천의 전기는 고대 문화를 연구할 수 있고 또 그럴 만한 역량을 갖춘 전문가가 써야 한다"며 겸손해했다.

결국 그는 여러 학자가 작성한 사마천 연보年譜에 큰 도움을 받았는데 그중에서도 왕궈웨이의 《태사공행년고太史公行年考》가 많은 난제를 해결해주었다고 한다.

사마천의 일생을 대략적으로 옮기면 이렇다. 태어난 곳은 중국 산시성陝西省으로 알려져 있다. 7세 때 아버지 사마담司馬談이 천문 역법과 도서를 관장하는 태사령이 된 이후 무릉에서 자랐다. 약 20세가 되던 해 낭중郞中(황제의 시종)이 된 그는 무제를 수행해 여러 지방을 여행했다. 아버지가 사망한 후 무제의 태사령이 됐고 태산 봉선封禪(흙을 쌓아 제단을 만들고 제사를 지내는 의식)을 수행해 장성 일대와 하북·요서 지방을 다니면서 견문을 크게 넓혔다. 이때 《사기》를 저술하는 데 필요한 귀중한 자료를 많이 수집했다.

그러나 흉노의 포위 속에서 부득이하게 투항하지 않을 수 없었던 이릉李陵 장군을 변호하다 무제의 노여움을 사서 남자로서 가장 치욕스러운 궁형宮刑(생식기를 제거하는 형벌)을 받았다. 옥중에서도 저술을 계속해 황제의 신임을 회복하고 환관의 최고직인 중서령中書令이 됐으며 이후 필생의 역작인 《사기》를 완성했다.

사마천의 '실록정신'으로 철저한 고증

《사기》 완성의 정확한 연대는 모르지만 BC 91년 그가 친구인 임안이 옥에 갇혔다는 소식을 듣고 보낸 편지를 통해 추정해볼 수 있다. 이 편지 '보임안서報任安書'에서 그는 자신이 옥에 갇히고 궁형을 당한 경위와 그에 더욱 분발하여《사기》를 저술하는 데 혼신의 힘을 쏟은 심경을 고백했다. 그 내용으로 보아 이 시기(BC 91)에 거의 완성된 것으로 보인다.《사기》는 본기^{本紀} 12권, 연표^{年表} 10권, 서^書 8권, 세가^{世家} 30권, 열전^{列傳} 70권 등 모두 130권 52만 6500자에 이른다. 그는 이를 완성한 지 2년 만에 세상을 떠났다.

저자는 "사마천의 가계는 춘추시대부터 잡아도 정말 그 연원이 오래됐고, 그중 직접적으로 영향을 미친 인물은 역시 아버지 사마담"이라고 말한다. 그래서 이 책의 1부에서 사마천의 '오래된 가계'부터 아버지 시대, 그의 일대기를 자세하게 이야기한다. 사료가 턱없이 부족한데도 불구하고 사마천의 집안 내력과 출생 및 성장 과정, 《사기》를 저술하기까지의 여정을 들려준다.

2부에서는《사기》의 특징과 가치를 살피면서 사마천이 위대한 역사가이자 문학가라는 점을 부각한다. 사마천의 '실록정신'을 이어받아 한 구절 한 구절을 철저하게 고증하면서 학문적 깊이를 보여준다.

3부에서는 중국 문화사에서 차지하는 그의 위치와 영향을 다룬다. 역사와 문학뿐 아니라 정치, 사상, 천문, 지리 등 다방면에서 활동하던 그의 삶을 통해 '문화 거인'의 위상을 드러낸다.

이 책의 중국어판본은《사마천^{司馬遷}》(베이징출판사, 2004년)이다. 1955년 상하이인민출판사에서 나온 초판본과 1979년 출간된 개정판을 바탕으로 2002년 베이징출판사가 기획한 시리즈 '대학자의 저술, 대중을 위한 포켓북'에 포함돼 재출간됐다. 중국에서 이처럼

지속적으로 인기를 끄는 것은 저자가 현대《사기》연구의 선구자이
기 때문이다. 이 책 이전에는 사마천이나《사기》관련 전문 연구서
가 거의 없었고, 이후 각종 연구의 대부분도 이 책을 밑거름으로 삼
아 이루어졌다고 한다.

역사가의 진정한 모습, 사마천

1979년에 나온 재판본은 초판본과 몇 가지 달라진 내용을 담고
있다. 본모습을 바꾸지는 않았지만 독자들이 이해하는 데 편리하도
록 사마담의 〈논육가요지論六家要旨〉와 사마천의 〈보임안서報任安書〉 전편
을 고스란히 옮겨놓았다. 또 초판본 출판 후 얼마 지나지 않아 '사
마천은 역사 인물의 전기를 어떻게 썼는가'라는 글도 넣었다. 이 글
은 사마천의 뛰어난 문장과 서술전략이《사기》의 위대한 문학성을
만들어냈다는 것을 매우 구체적이면서도 다채롭게 입증하고 있다
는 점에서 더 눈길을 끈다.

재판본 서문에서 그는 말한다. "내가 여러 해 동안《사기》를 읽고
나서 마음속에 느낀 점이 있다고 말한다면 다음의 3가지다. 하나
는 사마천이 전국시대와 진·한사秦漢史, 즉 그 시대의 근대사와 당대
사에 대한 '실록정신實錄精神'과 실천을 중시했다는 것, 다음은 끝까지
자신의 저술 이상을 굽히지 않고 견지했다는 것, 셋째 역사학과 문
학을 교묘하게 결합하여 기전체 사학과 전기문학을 새롭게 만들어
냈다는 것 등이다. 이 셋은 밀접하게 연결되어 있기에 따로 떼어놓

고 얘기할 수 없다."

한마디로 이 책은 사마천의 삶을 다룬 최초의 연구서로서 사마천의 실록정신으로 철저한 고증을 거쳤으며, 문학과 역사의 결합으로 《사기》의 문장을 분석하고, 역사가의 진정한 모습이 무엇인지를 깊이 성찰한 통섭적 전기문학의 역작이라 할 수 있다. 한국어판 부록에 《한서》의 〈사마천전〉을 붙여 사마천과 가장 근접한 시대를 살았던 역사가 반고班固가 사마천의 삶을 어떻게 평가하고 정리했는지를 파악할 수 있게 해준 것도 의미 있다.

함께 읽으면 좋은 책

- 《완역 사기본기》 사마천 지음 | 김영수 옮김 | 알마
- 《사마천 사기 56》 사마천 지음 | 소준섭 옮김 | 현대지성

나만의 비밀정원에 '10개의 씨앗'을 심자
《마이 시크릿 가든》

데니스 웨이틀리 지음, 안계환 옮김, 클라우드나인 펴냄

그는 1955년 미국 해군사관학교를 졸업했고, 행동심리학 연구로 박사학위를 받았다. 1960년대에는 국제교육학회 회장으로 베트남 전쟁 포로의 갱생 프로그램을 진행했다. 베트남에서 송환된 미군 포로들의 자문도 맡았다. 1970년대엔 미 항공우주국 소속 우주비행사인 친구의 요청으로 항공우주국과 관계를 맺었다. 아폴로 우주선 조종사들의 시뮬레이션 가상훈련에서 받는 정신적 압박감을 해결해 어떤 상태에서도 최상의 심리상태를 유지할 수 있도록 도왔다. 1980년대 이후 10년 동안 미국 올림픽 대표팀의 심리 트레이너로 일했고, 〈포춘〉 선정 500대 기업의 경영 컨설팅을 담당하며 경영 마인드와 리더십 트레이닝 분야에서 이름을 떨쳤다.

그의 이름은 데니스 웨이틀리. 미국의 저명한 경영컨설턴트이자 리더십 트레이너다. 14개 국어로 번역된 저서들의 누적 판매부수가

1000만 부를 넘어선 베스트셀러 작가이기도 하다. 수십 년간 우주비행사와 올림픽 국가대표, 프로선수, 대기업 경영자, 훌륭한 자녀를 둔 부모, 각 분야의 지도자들을 연구한 끝에 그가 찾아낸 성공 비결은 10가지다. 그의 저서 《마이 시크릿 가든》에 그가 평생 체득한 '성공의 10가지 비밀'이 들어 있다.

친근한 문체로 풀어낸 성공의 10가지 비밀

그가 이야기를 풀어가는 방식은 좀 특이하다. 여느 성공학 저서와 달리 이렇게 저렇게 하라고 다그치는 게 아니라 한가롭게 할머니의 정원 이야기를 들려주는 식이어서 다소 낯설지도 모른다. 서문의 제목도 '당신에게는 비밀의 정원이 있는가'다.

그는 마하 2의 속도로 해군 제트기를 타고 항공모함에 착륙했고 위험한 스포츠를 즐기며 스스로를 '남자다운 남자'로 여겼지만, 언제나 할머니를 생각하면 눈시울이 붉어진다고 고백한다. 특히 제2차 세계대전이 터진 해에 9세가 된 그가 53세인 할머니와 '빅토리 정원'을 가꾸며 함께 씨앗을 심던 때를 잊지 못하겠다고 말한다.

그때 이후 그는 할머니와 많은 이야기를 나누었고 인생을 '이해하는' 법을 배웠으며, 어떻게 살아야 하는지를 깨달았다. 13세가 됐을 때에는 살구나무와 자두나무를 교배해서 키운 나무의 살구자두 맛을 보면서 할머니로부터 "항상 심은 대로 거두게 된다. 위대한 생각의 씨앗을 심으면 위대한 사람이 된다"는 원리를 배웠다.

"위대함의 씨앗은 아기의 옹알이, 규칙, 가족의 일상 대화, 자기 전에 들려주는 옛날이야기, 친구 사이의 소문같이 사소하고 그냥 지나쳐버리는 환경으로부터 받아들이고 배우는 태도와 마음가짐이란다. 처음에는 엉성한 거미줄처럼 약하고 투명해 보이지만 시간이 갈수록 강철 사슬처럼 단단해져서 평생 우리의 성격을 결정한다."

할머니가 해주는 옛날이야기와 미래의 상상이 워낙 재미있어 할머니 집으로 가는 두 시간 동안 그는 프랜시스 호지슨 버넷의 소설 《비밀의 정원》의 딕슨이 된 듯했다고 말한다.

'위대함의 씨앗'은 삶의 마음가짐에서 싹튼다

그가 마침내 발견한 10가지 위대함의 씨앗은 곧 '자아존중감-사랑하고 사랑하라', '창조성-상상하면 현실이 된다', '책임감-뿌린 대로 거둔다', '지혜-정직이 최상의 방책이다', '목적-인생 계획을 세워라', '대화-말의 힘을 믿어라', '신념-긍정적인 믿음이 인생을 좌우한다', '적응-위기는 기회다', '인내-흔들리지 마라', '관점-위대한 사람이 되라'로 요약할 수 있다.

자아존중감을 키우는 방법부터 보자. 그는 잘못을 꾸짖을 때조차 "잘못한 과정은 비판하더라도 사람은 칭찬하라"고 권한다. 그마저도 남들이 안 보는 곳에서 은밀히 하라고 한다.

나쁜 예를 들어보자. "당신은 항상 납품 날짜를 지키지 않습니다. 계속 이런 식이라면 우리 부서는 올해 적자를 낼 겁니다." 좋은 예는 어떤가. "이번 납품 기일을 지키려면 당신의 도움이 필요합니다. 우리 부서는 이익을 내기 위해 효율성을 높여야 하는데 당신이 이바지해주기를 기대합니다. 덧붙여 이 분야에서 당신은 좋은 성과를 내고 있다는 평가를 받고 있습니다. 고객 불만이 감소한 것은 당신 덕분입니다."

창조성을 발휘하는 것이란 무엇을 의미할까. 그는 "상상력이 세계를 지배한다"(나폴레옹), "상상력은 지식보다 중요하다"(아인슈타인) 등의 명언을 인용하며 베트남에서 돌아온 전쟁 포로들의 얘기를 들려준다.

"내가 그들과 인터뷰하는 과정에서 가장 인상 깊었던 것은 그들 간의 대화가 금지돼 있었다는 것이다. 하지만 그들은 기발한 의사소통 시스템을 개발했다. 모스부호의 알파벳 표를 이용해 모스부호를 변형했다. 그리고 숙련된 타자원이 중요한 문서를 바쁘게 작성하듯 벽, 파이프, 바닥, 천장을 두드려 대화를 나눴다."

그들은 그렇게 대화하며 주일예배에 사용할 성서 구절을 다양하게 기억해낼 수 있었고 옆방 동료와 어린 시절 추억이나 꿈도 나눌 수 있었다고 한다. 한 번도 만난 적 없는 사람들도 그랬다. 그들은 감옥 속에서 수많은 사업 아이템을 고안하고 부모의 집을 새로 지었으며 아내와 아이들에게 "잘 자요. 사랑해요"라고 말했다. 그들이 서로 작별 인사를 나누는 방식도 놀라웠다. "탁, 탁! 탁, 탁, 탁! 탁, 탁!" 하고 두드리는 건 "신이 축복하기를!"을 의미했다.

책임감의 씨앗을 심는 방법에 대해서는 7가지 자기조절법을 강조한다. 남다른 사람이 되기 위해서는 시간, 생각, 인간관계, 의사소통, 실행력, 원인분석, 관심사를 잘 조절하라는 것이다.

지혜의 씨앗과 관련해서 '성공한 사람들은 모두 풍부한 어휘력을 갖고 있다'는 얘기도 신선하다. 보통 사람들은 학력과 상관없이 400단어만으로 80% 이상의 일상 대화를 한다고 한다. 사전에는 45만 개 이상의 어휘가 수록돼 있지만 대부분은 같은 단어만 반복해서 사용한다. 어휘력을 늘리는 가장 좋은 수단은 당연히 독서다.

토머스 울프가 《거미줄과 바위》에서 "타고난 재능을 쓰지 못한다면 실패한 인생이고, 반만 쓴다면 반만 실패한 인생"이라고 했듯이 재능을 다 발휘하는 것은 완전한 성공과 승리를 의미한다는 것이다.

그는 나아가 "지혜는 단어를 몇 개 알고 있느냐가 아니라 우리가 다른 사람과의 대화에서 어떻게 사용하느냐에 달려 있다"며 "우리는 이 지혜를 아이들과 동료에게 발휘해야 한다"고 강조한다.

대화의 중요성에 대해 얘기할 때에는 뜻밖에도 "겉모습부터 먼저 다듬어라"고 조언한다. "단정한 외모는 내면의 가치를 상대방에게 충분히 전달하는 역할을 한다. 그것은 서점에 가득 꽂힌 책 중 가장 잘 팔리는 책과 같다. 대화를 잘하는 사람은 낯선 사람에게도 먼저 손을 내밀 줄 안다. 악수는 예의 바르게 다른 사람의 인격을 존중해주고 인정해주는 표현이다."

'적응의 씨앗' 부분에 나오는 아버지 얘기도 특별하다. 어릴 때 그의 아버지는 케이크 위의 촛불을 끄듯이 방 불을 꺼주고 캄캄해지면 이렇게 말했다고 한다. "잘 자라, 아들아. 불이 꺼지면 세상이 암

흑 속에 잠긴다는 점을 항상 기억해라. 빛과 삶은 보는 사람의 시각에 달려 있다. 언제나 눈을 빛내며 어둠 속에 빛을 밝혀주어라. 인생은 너의 손에 달려 있단다…. 인생에서 일어나는 일은 네 인생을 바꾸지 못해. 그 일을 받아들이는 네 태도가 중요하단다."

마지막으로 '관점의 씨앗'에서 "인생은 수집하는 것이 아니라 축하하는 것"이라고 정의한 대목 또한 의미 깊다. 그에 따르면 인생의 선물은 보물찾기가 아니다. 보물은 내 안에 있기 때문이다. 그저 발견하기만 하면 된다. 수집의 삶을 축하의 삶으로 바꾸는 것이 그 비결이다. 그러므로 성공의 모든 비밀은 우리가 인생을 바라보는 시각이라고 그는 말한다. 그러면 비로소 다음 명구의 의미까지 터득할 수 있다. "당신이 인생에 공헌하는 만큼 배울 책임이 있다는 것도 이해하게 된다."

책의 표지 역시 말랑말랑한 메시지에 어울리게 꽃무늬 정원 이미지를 담고 있다. 그래서 천천히 음미하며 읽기에 더욱 좋다.

함께 읽으면 좋은 책

- 《나는 오늘부터 나를 믿기로 했다》
  케티 케이, 클레어 시프먼 지음 | 엄성수 옮김 | 위너스북
- 《인생은, 단 한 번의 여행이다》
  엘사 푼셋 지음 | 성초림 옮김 | 미래의창

경영의 품격

1판 1쇄 인쇄 | 2017년 12월 11일
1판 1쇄 발행 | 2017년 12월 18일

지은이 고두현
펴낸이 김기옥

사업1팀장 모민원 편집 변호이
커뮤니케이션 플래너 박진모
경영지원 고광현, 임민진, 김주현
제작 김형식

디자인 제이알컴
인쇄·제본 민언프린텍

펴낸곳 한스미디어(한즈미디어(주))
주소 121-839 서울특별시 마포구 양화로 11길 13(서교동, 강원빌딩 5층)
전화 02-707-0337 | 팩스 02-707-0198 | 홈페이지 www.hansmedia.com
출판신고번호 제 313-2003-227호 | 신고일자 2003년 6월 25일

ISBN 979-11-6007-210-5   14320
ISBN 979-11-6007-208-2 (세트)

책값은 뒤표지에 있습니다.
잘못 만들어진 책은 구입하신 서점에서 교환해 드립니다.